本書獲二〇二一年貴州省出版傳媒事業發展專項資金資助
本書獲貴州省孔學堂發展基金會資助
本書據國家圖書館藏明李生文、張瑀等刻本影印

【陽明文庫】古籍整理系列

鄒子存真集

【〔明〕鄒元標 著 陸永勝 編】

孔學堂書局

本書獲二〇二一年貴州省出版傳媒事業發展專項資金資助
本書獲貴州省孔學堂發展基金會資助
本書據國家圖書館藏明李生文、張瑀等刻本影印

圖書在版編目（CIP）數據

鄒子存真集 / (明) 鄒元標著 ; 陸永勝編. — 貴陽:
孔學堂書局, 2023.6
（陽明文庫. 古籍整理系列）
ISBN 978-7-80770-438-6

Ⅰ. ①鄒… Ⅱ. ①鄒… ②陸… Ⅲ. ①雜著－中國－
明代 Ⅳ. ①Z429.48

中國國家版本館CIP數據核字(2023)第087200號

陽明文庫（古籍整理系列）
鄒子存真集　〔明〕鄒元標　著　　陸永勝　編
ZOUZICUNZHENJI

項目執行：蘇　樺
責任編輯：陳　真　禹曉妍
書籍設計：曹瓊德
責任印制：張　瑩

出　　品：貴州日報當代融媒體集團
出版發行：孔學堂書局
地　　址：貴陽市烏當區大坡路26號
印　　刷：雅昌文化（集團）有限公司
開　　本：889mm × 1194mm 1/16
印　　張：21. 5
版　　次：2023年6月第1版
印　　次：2023年6月第1次
書　　號：ISBN 978-7-80770-438-6
定　　價：138.00元

陽明文庫

鄒元標其人其書其學

一、鄒元標其人

鄒元標（一五五一至一六二四年），字爾瞻，號南皋，江西吉水人。元標初從歐陽德、羅洪先的弟子胡直游，閱名山大川，訪書院諸家。後又師事王門弟子羅近溪、鄧以讚，爲第三代王學弟子。黄宗羲認爲元標之學『以識心體爲入手，以行恕於人倫事物之間、與愚夫愚婦同體爲功夫，以不起意、空空爲極致』[一]。《四庫全書總目提要》亦云：『其學亦陽明支派，而規矩準繩持之甚嚴，不墮二王流弊。』[二]可見，元標之學深得陽明心學之精髓，而無陽明後學之流弊。

萬曆五年（一五七七年），元標中進士，觀政刑部。初入仕途的鄒元標不以位卑忘國憂，針砭時弊，忠言直諫，意圖改革朝政。同年十月，針對張居正居喪不丁憂，『以奔喪爲常事而不屑爲』，鄒元標三次上疏反對『奪情』，並以此爲大不敬事提出彈劾，結果被廷杖八十，謫戍貴州都勻衛。都勻六年，鄒元標與黔中心學名士，被稱爲貴州『理學三先生』的馬廷錫、孫應鰲和李渭相與講學論道，甚爲相得，並爲李渭《先行録》作序，其中有云：『古之學者，學之爲君臣焉，學之爲父子焉，學之爲昆弟夫婦朋友焉，言理便是實理，言事便是實事。……子知先生之學，則予昔之未以子躬行爲是，今以先生躬行爲正。』[三]由此可知，鄒元標之學也是真切之實學。鄒元標在都勻『張公讀書堂』大講陽明良知之學，開黔南一時講學之風，並培養了陳尚象、吴鋌、余顯鳳等大批都勻王學弟子。鄒元標離黔幾十年後，仍不忘獎掖貴州後進，如他在《答陸鍾陽孝廉》中説：『貴地孫淮海、李同野當時在人争易之，今爲貴州人品，吾弟輩有一人向此路行，吾志遂矣。』[四]其黔中弟子爲紀念他，遂在其講學之地建南皋書院。郭子章《黔記》記載：『爾瞻謫都勻，至則修張公讀書堂，日與勻士

[一] 黄宗羲：《忠介鄒南皋先生元標》，《明儒學案》卷二十三，沈芝盈點校，中華書局二〇〇八年版，第五三四頁。
[二] 永瑢等：《四庫全書總目》卷一百七十二，中華書局一九六五年版，第一五一四頁。
[三] 郭子章：《藝文志下》，《黔記》卷十五，萬曆三十六年刻本。
[四] 鄒元標：《答陸鍾陽孝廉》，《願學集》卷三，萬曆四十七年龍遇奇、郭一鶚刻本。

講業，謳吟自適。所著詩文，門人刻之，名曰《雲中存稿》。都勻，昔名都雲也。』[一]余顯鳳曾以詩高度評價鄒元標在黔南的講學活動對當地士風的影響：『鄒先西江來，清風被吾里。竟挽劍河流，換却西江水。』[二]清代貴州巡撫田雯在《黔書》中說：『蓋自王文成、鄒爾瞻講學明道，人知向學，故黔之士能望的而趨，握瑾以售，正不乏人。』[三]應柱史朝卿爲其《雲中稿》序曰：『雲中者，夫非公之龍場乎？讀公之製，感慨入靈均之思而不忘其樂；豪舉似淵明之達，而不廢其憂；格言名理，繼文成之響而壹稟於忠懇。彼其了悟心性，鋭意聖賢，即名節二字，且目爲障。奚知順逆險易，又豈以動庸加損。迺天下想望丰采，則方以公之隱顯卜世道盛衰。是稿也，固宜與《龍岡集》並傳不朽也與？』[四]可見，後人對鄒元標都勻講學及其著作均與王陽明同等視之，給予很高的評價。在《明儒學案》中，黄宗羲基於地緣關係將鄒元標劃定爲江右王學，但由以上所論及史料可以看出鄒元標對都勻王學的巨大開創和推動作用，故從地域學派建構角度看，鄒元標是當之無愧的都勻王學之先師，亦是黔中王學的重要一員。

萬曆十一年（一五八三年），張居正去世後，鄒元標受召回京，擢升吏科給事中。鄒元標起用後即上書請求恢復全國書院，並多次上疏改革吏治，醫治民瘼，直諫『培君德、親臣工、肅憲紀、崇儒術、飭撫臣』[五]五事，並假慈寧宫火災，諷諫明神宗節欲，觸犯了皇帝，被皇帝視爲『訕君賣直』。此間，鄒元標還彈劾罷免了首輔申時行的姻親禮部尚書徐學謨以及南京户部尚書張士佩，遭到申時行的不滿。適遇黨争，遂再次遭到貶謫爲南京刑部照磨，後調任南京兵部主事，再徵召改任吏部。先後歷任吏部員外郎、刑部郎中，至因病免職。後起用候補驗封，便陳述吏治十事，百姓疾苦八事，奏疏接近萬言。鄒元標居南京三載，便辭病歸里。後雖起爲吏部郎中，不赴。後母殁，遂居家講學，未涉仕途。從萬曆十八年（一五九〇年）至萬曆四十八年（一六二〇年），鄒元標居家講學三十載。期間，鄒元標主持吉水仁文書院，並講學於吉安青原會館、白鷺洲書院、白鹿洞書院等，從游者甚衆。同時，鄒元標與顧憲成、趙南星成爲『東林黨三君』。明

[一] 郭子章：《藝文志下》，《黔記》卷十五，萬曆三十六年刻本。
[二] 莫友芝等：《南皋書院落成呈陳給諫尚象吴解元鋌》，《黔詩紀略》卷十一，關賢柱點校，貴州人民出版社一九九三年版，第四一九頁。
[三] 田雯：《設科》，《黔書》，羅書勤點校，《黔書·續黔書·黔記·黔語》，貴州人民出版社一九九二年版，第一二頁。
[四] 郭子章：《藝文志下》，《黔記》卷十五，萬曆三十六年刻本。
[五] 黄宗羲：《忠介鄒南皋先生元標》，《明儒學案》卷二十三，沈芝盈點校，第五三二頁。

光宗即位後起用爲大理寺卿。尚未到任，被提拔爲刑部右侍郎。

天啓元年（一六二一年），任刑部右侍郎，不久改任吏部左侍郎，轉左都御史。針對當時朝廷內激烈的黨争，鄒元標進諫『和衷』之議，憂國之心，溢於辭表。在舉薦人才方面，鄒元標舉薦重用涂宗濬、李邦華等十八人，並請求徵召録用葉茂才、趙南星、高攀龍、劉宗周、丁元薦，以及撫恤、起用羅大紘、雒于仁等十五人，明熹宗均贊同接納。鄒元標不計前嫌，進言協助平反張居正，『江陵功在社稷，過在身家，國家之議，死而後已，謂之社稷之臣，奚愧焉』，最後使其復官復蔭。在治軍理政方面，鄒元標疏陳開發荒地，積集財賦，加强軍備等數事，並提出保證安寧的四項規條，得到朝廷的認可。在書院講學方面，鄒元標與左副都御史馮從吾建首善書院，集合志同道合者講學其中，不意受到給事中朱童蒙、郭允厚、郭興治等的彈劾，於是上疏請辭，被賜乘驛車回家。後進呈《老臣去國情深疏》，陳述軍國大計，不忘國憂。

天啓四年（一六二四年），鄒元標病卒於家中，享年七十四歲。天啓五年（一六二五年），御史張訥疏請毁天下書院，詆毁鄒元標，魏忠賢矯旨剥其官籍。崇禎元年（一六二八年），追贈爲太子太保、吏部尚書，謚忠介。

總之，鄒元標一生清正廉直，潛心治學，憂國憂民，名譽頗高，堪稱一代名賢。

二、鄒元標其書

鄒元標一生著書不輟，著作等身，從現有文獻資料來看，其著作主要有《願學集》《存真集》《南皋鄒先生會語講義合編》《鄒忠介公奏疏》《岳武穆精忠傳》《雲中存稿》《太平山居疏稿》《日新編》《仁文會語》《奏疏補遺》等十餘種。然鄒元標生於明末亂世，不少著作散佚不見，目前可查者主要有五種，多爲後世整理刊刻本。

一、《願學集》八卷，這是鄒元標著述中流傳最爲普遍的一種，主要有四個版本，其一爲明萬曆四十七年（一六一九年）龍遇奇、郭一鶚刻本，另三種均爲清代本：清乾隆十年（一七四五年）特恩堂刻本、清乾隆十二年（一七四七年）吉水鄒氏刻本和清《文淵閣四庫全書》補配清《文津閣四庫全書》本。從時間和清代四庫全書『選書』的角度出發，明刻本的價值不言而喻。

二、《存真集》六卷。《存真集》主要有兩個版本，其一爲明李生文、張瑀等刻本；其二爲清乾隆十年（一七四五年）特恩堂刻本。

這兩種刻本都很少流傳，形如『孤本』。其中特恩堂刻本現存於南京圖書館，與《願學集》合編爲《鄒忠介公合集》十六卷。

三、《南皋鄒先生會語講義合編》四卷，學界慣稱爲『語義合編』，其重要版本爲明萬曆四十七年龍遇奇刻本。該版影印收入《四庫全書存目叢書》，由齊魯書社於一九九七年出版。

四、《鄒忠介公奏疏》五卷，目前可查者爲明崇禎十四年林銓刻本，爲孤本。

五、《岳武穆精忠傳》六卷六十八回，由鄒元標編訂，其現存刻本兩種皆爲清代本，一爲清一枝山房刻本，一爲清乾隆三十六年（一七七一年）寶仁堂刻本。《岳武穆精忠傳》爲傳記體文學作品，且是編著，因此在鄒元標哲學思想方面價值較小。

除了以上著述，目前文獻可查，鄒元標還有一些散佚之作，如《鄒南皋先生集》一卷（清康熙洪洞范鄗鼎五經堂本）；《集句叢鈔》四卷「清嘉慶十五年（一八一〇年）林茂莝刻本」和《古詩十九首》「明天啓四年（一六二四年）行書拓本」等。

鄒元標的著作目前還沒有得到全面的整理和出版，部分著述在一些大型刻本影印叢書中已得到出版。但就目前所見，多爲清代四庫本，故在版本價值方面遜於明刻本，且因爲多爲大型紙質圖書，對於研究者而言，查閱甚爲不便。主要涉及以下幾部叢書：四庫全書存目叢書編纂委員會編：《四庫全書存目叢書・子部一四》，濟南：齊魯書社，一九九五年；顧廷龍主編、《續修四庫全書》編纂委員會編：《續修四庫全書》（第四八一、四八二、九四二册），上海：上海古籍出版社，二〇〇二年；商務印書館四庫全書出版工作委員會編：《文津閣四庫全書》（第四三二册），北京：商務印書館，二〇〇五年；王鍾翰主編、四庫禁毀書叢刊編纂委員會編：《四庫禁毀書叢刊補編》（第二三册），北京：北京出版社，二〇〇五年；紀昀、永瑢等編纂：《景印文淵閣四庫全書》（第一二九四册），臺灣商務印書館，二〇〇八年；徐永明、樂怡主編：《美國哈佛大學哈佛燕京圖書館藏明代善本別集叢刊》（第二三册），桂林：廣西師範大學出版社，二〇一七年等。

三、鄒元標其學

鄒元標生活在明代晚期，其所面對的社會狀況更是千瘡百孔，社會弊病層出不窮，朱明王朝江河日下。正如《明史・吕坤傳》所載：『自萬曆十年以來，無歲不災，催科如故。臣久爲外吏，見陛下赤子凍骨無兼衣，饑腸不再食，垣舍弗蔽，苫藁未完；流移日衆，棄地猥多；留者輸去者之糧，生者承死者之役。』[一]天下疾苦無以復之，内憂必有外患，時值遼軍進犯，並在數月内攻克撫順、清河等地，大明王朝岌岌可危。然而此時的萬曆皇帝依舊奢侈無度，『數年以來，御用不給。今日取之光禄，明日取之太僕，浮梁之磁，南海之珠，玩好之奇，器用之巧，日新月異。……以至覃恩錫賚，小大畢霑；謁陵犒賜，耗費鉅萬。錙銖取之，泥沙用之』[二]。特别是在張居正死後，作爲國之棟梁的大臣們不但束手無策，反而清言自高，危言聳人，黨同伐異，『帝怠於政事，章奏一概不省，廷臣益務爲危言激論，以自標異。於是部黨角立，另成一門户攻擊之局』[三]。仕風如此，國事休矣。伴之而隨的是民風刁詭，棄善揚惡，『世間與人爲善者少，忌善者多；明善之脉絡者少，不明乎善者多』[四]。學風亦是不知務實踐履，清高搏譽，『吾鄉學問極能纏縛英豪，三尺豎兒口能談陽明，問其所以爲陽明，白頭不知也，言及此令人厭甚』[五]。此學之弊，對於胸懷儒家内聖外王理想、以天下蒼生爲念，行濟世化民之道的鄒元標而言自然是厭惡至極。這種社會生態同時也構成了鄒元標經世思想的社會文化背景，成爲其經世之學批判和建構的語境。

鄒元標的經世思想突出特點在於更注重思想理論及實踐方法的針對性，因此，不但當時他本人身體力行之，而且從現在的個人治理、民間治理、政治治理等角度看也依然具有實踐性和啓發性。作爲心學的代表人物之一，鄒元標的經世思想仍然是在心學的體系内展開的，心、性、仁是其經世之學本體論的核心範疇，作爲致思維度的知行合一貫穿其整個心學功夫理論，在本體和功夫的基礎上建構的實踐論顯然更具有深刻性、針對性和實用價值。作爲時代與學術發展衍變的印迹，鄒元標的經世之學思想與陽明及其一代、二代弟子相比，其對朱學和佛教思想有了更多的包容。這種包容不是學者一般意義上的『陰攝』，而是表現在其言行之上的。但毋庸諱言，在當時的學術生態下，這種包容是有局限性的，有别於晚明的逃禪思潮。總體而言，鄒元標的經世之學體現爲三個方面：

[一] 張廷玉等：《吕坤傳》，《明史》卷二百二十六，中華書局一九七四年版，第五九三八頁。
[二] 張廷玉等：《孟一脈傳》，《明史》卷二百三十五，第六一二六頁。
[三] 趙翼：《明言路習氣先後不同》，《廿二史劄記》卷三十五，中華書局一九六三年版，第七三八至七三九頁。
[四] 鄒元標：《答粤中友》，《願學集》卷三，萬曆四十七年龍遇奇、郭一鶚刻本。
[五] 鄒元標：《柬友人》，《願學集》卷二，萬曆四十七年龍遇奇、郭一鶚刻本。

（一）實心

鄒元標經世之學的本體即是仁、性合一的實心，作爲實體的心是功夫論、實踐論的基礎。龍遇奇曾評價鄒氏的學術思想風貌道：『先生之學以透性爲宗，以宗爲教，故無教非宗，即體即用，即下學即上達，其實修實證，無一不歸之日用倫常，而其活活潑潑，元元本本，無問談神化，抉性命即隱若奧深微爲謦。』[一]可謂中肯！其指點出了鄒氏之學『透性』『體用合一』『實修實證』『不離日用倫常』的特點。從鄒氏經世之學本體論的角度言，在『透性』之外，鄒元標仍有對心體之仁、心體之實的論述，從而構建起其心性合一的實存實有的實心本體論。

鄒元標認爲仁是人的本質和自然本性，而且是體現儒家最高價值原則的本體範疇。鄒氏主張仁，在很大程度上是爲了避免日益玄虛的良知、心等提法，具有針砭時弊的責任意識。當然，鄒元標的仁學思想亦有其突出之處——强調識仁、行仁及將作爲善惡標準的仁轉化爲是非標準，這一方面突出了仁的行動性，另一方面建構起一套嚴格的道德標準，對道德之惡進行嚴厲的擯除。鄒元標仁學思想的這些特質在某種意義上是爲了對治當時的空疏之風及政治層面、民間層面、士大夫層面存在的道德弊病，從而建構起以道德爲内核的務實踐履的實學思想，因此具有突出的時代價值和意義。

鄒元標曾説，『予最佩服《識仁》一書，直入聖域』，並提出了其『識仁説』。鄒元標依循《易傳》的『生生之謂易』的理論模式，認爲仁具有生生的性質，仁之體即心，仁生生不已，心亦生生不已。生生即是體也是用，内存於人的心，既具有天地生生之根本的本體意味，又被賦予了强烈的倫理情懷，其超越人倫日常，又不離人倫日常，所以依鄒氏之言，仁是行動的。仁的倫理内涵爲其在倫理道德實踐領域中的展開提供了必要的理論依據。鄒元標肯定先聖的識仁之教，要求學者先做識仁的功夫，識仁是爲仁的前提，爲仁只在復禮，即按照仁的要求而行。鄒元標從兩個方面談到識仁的問題：一方面，從心即仁出發，强調識仁要做自訟和日減的功夫。另一方面，從體用關係出發，强調在日用事爲中歸仁。在鄒元標看來，仁體自足，體用合一，心體本無體，以萬事萬物爲體，所以盡心就要盡物，求心就要在人倫日用中求，不可外物求心。可見，鄒元標的識仁説是立足於現實生活的，這也爲其經世思想的展開提供了理論基礎。

鄒元標認爲仁在本質上是行動性的，而且這種行動性是内在自發的，因此，人行仁應該是一種自覺自爲的行爲。鄒元標肯定由仁義

[一] 龍遇奇：《刻鄒南臯先生語義合編序》，鄒元標：《南臯鄒先生會語合編》，萬曆四十七年龍遇奇刻本。

行，而否定行仁義，他認爲由仁義行即是順性而動，不染人爲；行仁義則作而致其情，滿足一種爲仁的情感。前者體現了仁的自發動、自驅動、自主宰的本體地位，後者則以仁義爲目的，不免有自私用智之嫌。鄒元標同時也認爲，由仁義行要建立在心體自信基礎上，人如果不能自信其心，自信其仁，那麽就是無主宰，不免虛生浪死。鄒元標的行仁思想並不僅僅停留在意識的層面，而是落實於日常生活和道德實踐中的，因此具有現實的意義和價值。在儒家倫理中，仁與惡相對，其本是道德評價標準，但鄒元標將其强化爲是非標準。如他説：『學在識仁，識仁則無之非是，不識仁則無之而是。』[一]識仁則是，不識仁則非，鄒元標的這種轉化在明晚期良知學日益空疏，脱離本體，追逐於情志的環境下具有對治時弊的實際價值，通過這種嚴格的標準，對社會中不符合仁義道德的行爲進行嚴厲的擯除。

鄒元標的『實心』説另一重要維度即是對『性』的關注。鄒元標對朱熹、王陽明等理學家關於性的思想都有所繼承，並有發展，其最大創新之處在於强調了『透性』的教化作用，這即是對其心學思想的豐富，也是對性的學説的發展。鄒元標認爲性通天地民物，外人物而無性。盡性，惟盡人物之性而已。在心學中，心爲本體，心即性，即是强調性的本體地位。性即理，理發之於萬物，則性亦發於萬物。鄒元標認爲，無性，則無古今天地萬物，盡性，則天地萬物一體。人之七情五倫亦是性的發用，所以情盡而性盡。因此，在某種意義上可以説，性無體，以萬物爲體，性無真亦無妄，性存在於物性之中，求性之真，性之妄，都是執着、病痛。只有悟得性之真、妄是不可求，方見性。可見，鄒元標將性與仁、義統一，將七情歸爲性之發用，具有一定的倫理實踐意義。鄒元標認爲人做得盡性功夫，那麽就可以達到内外合一、萬物一體的樂的境界。從内外、體用的角度言，『學者果透本性，則知克塞宇宙皆此理也。何内外之可言。内外者，體用之謂也，體用不二』[二]。性貫通天地萬物，因此，學者透性，則天地萬物皆此性也，無有内外，體用不二。同時性包含五倫七情，盡人之性，則盡人倫之情，盡物之性，則盡萬物生生之意，這是一種人倫和美，無不自得，萬物和生，無有缺失的境界。

鄒元標的透性説並没有僅僅停留在義理論析的層面，而是落實於現實的道德踐履之中，心與性的合一使其本體論和透性功夫具有更爲切實的現實價值和意義，成爲鄒氏經世之學的重要組成部分。

如果説鄒元標通過對『識仁説』和『透性説』的哲學分析建構並豐富了心體的内涵，是對其實心本體論的正向建構，那麽，其通過

[一] 鄒元標：《龍華會紀》，《南皋鄒先生會語合編》上卷，萬曆四十七年龍遇奇刻本。
[二] 鄒元標：《鷺洲會紀》，《南皋鄒先生會語合編》下卷，萬曆四十七年龍遇奇刻本。

『以心釋空』論證心體的實存性，則是一種反向建構。實存性的本體是儒家哲學的理論基石，是其功夫、發用、體用、境界、踐行等的依據。鄒元標在儒佛之辨的視域内，以『心』釋『空』，間接地論證了心的實體性存在，爲其經世思想奠定了實心的本體論，體現出其詮釋價值之一面。另外，鄒元標的詮釋立場在明末儒非佛的語境中凸顯出鮮明的心學立場，表現出其儒家本色。可以説，鄒元標對空的詮釋，一方面體現出其時儒佛交融的學術語境，另一方面體現出鄒氏的心本論立場和對心體『實有』的持守。鄒氏的這種詮釋立場和視角同時也賦予了其心學本體『空』爲表徵、『實』爲本質的特點，使其顯得空靈而富有詮釋能力，這主要體現在對『體空』『性空』『空空』的詮釋上。

在鄒元標看來，空之體並不是體之空，空本身也是一個實體性的存在。正是在此意義上，鄒元標否定空是佛教的斷滅，認爲浮雲蒼狗，變幻無常，從『相』的角度言，是相空。而相之體則不爲變幻所轉，所以能够把握空空之體，就能以天地在手，萬化生身。關於『性空』的詮釋主要是圍繞『煩惱即菩提』展開的。世之學者爲學功夫未精，未能悟得性體，便曰性本空，煩惱即菩提，這是執着於煩惱或表像，而否定『性』的存在，以致流爲無忌憚。從佛學的『緣起論』而言，煩惱因緣而起，因緣而滅，性本爲空。真正的菩提路是因緣而悟，而不是罪性空。因爲，罪性空的邏輯前提即是以性空爲實體，這是不符合佛學義理的。鄒元標認爲煩惱即菩提，不是要人執着於煩惱，而是要在煩惱上體悟性體，用儒家的話來講，就是要在日用常行中磨練功夫，體悟本體。在此意義上，人如果能悟得性空，那麽作爲表像的煩惱即以性空爲體。所以，從體用的角度講，煩惱即菩提。作爲本體的性空具體指什麽？鄒元標認爲，真性作爲本體是超越外在形骸的，因此從本體與功夫的角度言，不悟本體，功夫便執着於外物，遂有犯手處；悟得本體，功夫便未致絲毫氣力。但未致氣力，並不是不做功夫，而是以無功夫爲功夫，在本體上做必有事焉的功夫。

鄒元標在《南都會紀》中與學生討論《論語·子罕》『吾有知乎哉？無知也，有鄙夫問於我，空空如也，我叩其兩端而竭焉』時提出了『空空』的觀點。鄒元標認爲，一般人常常執着於兩個對立的事物中，不能釋懷，不能做到廓然大公。而聖人則能超越對立面，而歸於空空。那麽，空空指什麽？它與兩端的關係如何？鄒元標認爲，聖人致知於無知，格物則不聞不見，無知之知和不聞不見都是空，但二者又是不同的。不聞不見之空指不執着於物，以外物爲空。無知之知之空則指事物的本質爲空。由此可見，鄒元標所謂的本體之空即是外於對立兩端的中和心體。因此，在根本上，空空之本體乃是實體之心。鄒元標的實心思想正是建基於此。

總之，鄒元標通過對仁、性、空的論述，建構起其心學經世思想的實心本體論，爲其實學功夫論和仁治觀奠定了理論基礎。從中我們可以窺視到鄒氏之學的精嚴細密和在心學傳承中的重要地位，而其實功的功夫論和實行的仁治觀亦在其中矣。

（二）實功

鄒元標在其思想體系中對心學功夫的論述始終體現出一種時代的緊迫感與使命感，這既有時代社會、文化、政治生態的外因作用，也和其實心本體論及心學自身發展演變相關聯，正是在内外因的雙重作用之下，鄒元標的功夫論體現出鮮明的實學特色，其針對時弊建構了以心爲體，以知行合一爲内在維度的實悟、實修相結合的功夫論，具有突出的實踐價值。

鄒元標對作爲功夫内在維度的知行合一的論證有着實踐與義理的雙重考慮。鄒元標的時代，爲學之風日益弊陋。心學自陽明光大之後，大有功於明初僵化理學所導致的知行不一學風的改善，然而到了明末，王門後學的一些重要弟子片面追求心性，清談務虚，崇尚高明一路，不事踐履，再次重蹈了知行不一的覆轍。歷史的吊詭在於，王陽明當年爲了對治『病革臨絶』的社會弊病而提出的良知學説和知行合一功夫，後來在其王學内部分别成爲攻擊的目標和武器。但深究之，我們發現，明末所攻擊的良知學已經不是王陽明所宣導的真良知學，而是一種假道學，作爲武器的知行合一是不變的真理，但假道學的知行合一仍然不是陽明的真知行合一。

首先，鄒元標强調了知行合一的功夫維度。明末出現的種種學弊歸其要即是知行不一，因此强調知行合一在功夫各個層面的展開也是鄒元標心學思想的主要内容之一。鄒元標從先立其大的思想出發，認爲形上與形下、道與器本是一，因此不能僅在口頭上説是一是二：『在人信得及，豈口頭説得是一是二，信得者説二是一，信不得者説一即二。』[一]信得者是從本體上説，信不得者是從形氣上説，二者，即是有對待、有執着，便不是真學問，『道無對待，有對待者，非道也。學無等待，有等待者，非學也』[二]。所以，鄒元標對是一是二問題的解決最終還是要從本體回到功夫上，只有在功夫上體悟知行合一，才是真知行合一。

其次，鄒元標在知行合一的功夫維度下，强調心、功夫與物事的合一。鄒元標曾在《偶占七首》中説：『初學苦支離，閑心自得師。

[一] 鄒元標：《問仁會録》，《南皋鄒先生會語合編》上卷，萬曆四十七年龍遇奇刻本。
[二] 鄒元標：《龍華密證》，《南皋鄒先生會語合編》上卷，萬曆四十七年龍遇奇刻本。

纖毫皆帝力，無語付天倪。』[一]其中表現出了功夫在心、物之間無入而不自得的境界。在鄒元標看來，實學功夫要從悟得心體做起，收拾頭顱，明心見性，才能事無不妥。否則，一味强求心與事合，便是多了個心，未免湊泊。在功夫與物事之間，鄒元標認爲功夫要在事事爲爲中展開，二者不可分離，故人倫日常皆是功夫之地，明心見性，修身成聖，齊家治國平天下皆可於此窺見一斑。

最後，在知行合一的維度下，鄒元標特別强調了修悟合一的功夫方法，其在《仁文會語》中提出了『先悟』『重修』『貴證』三種方法。『悟』是爲學的入門方法，鄒元標將悟分爲省悟、奮悟和透悟三種，省悟、奮悟所悟者，事爲而已，而透悟者何？吾之心也。悟得心體靈靈明明，則周流無滯，臻入自得之境。所以，在鄒元標看來，只有透悟才是聖道之正宗，是最切於己者。『修』是一種以身行之的實踐功夫，且具有現實的針對性。修的内涵包括惇倫、崇禮、慎辭受取三個方面。惇倫者，在於盡五倫而不使有失；崇禮者，在於循於禮而不使有越；慎辭受取即在於合於節。三者合一即是實有諸己的修身功夫，所修者，亦吾之心也。所以，從功夫目標來講，悟和修是一致的。悟者，即悟其所謂修者，修者，修其所謂悟者。而『證』並不是一個具體的功夫方法，它是悟和修之間的辯證邏輯所在，體現了二者的互證關係，保證所悟者與所修者的一致性。以悟證修，則修不會誤入歧途，以修證悟，則悟不會落入元虚之弊。所以，悟與修在根本上是内外合一、雙融的。因此，在鄒元標的功夫論體系中，悟和修都是實有的功夫，實有於本體，實有於修身，是實悟、實修的功夫，具有明顯的實學色彩和實踐價值。

可見，鄒元標的功夫中包含着實悟、實修與實證的辯證統一，實證作爲論證邏輯方法，體現了實悟與實修的互證關係，悟有修證，修有悟證，從而使得鄒元標的功夫論體系更爲嚴密和圓融，呈現出『實功』的實學特色。鄒元標的經世實學思想對於人的實踐活動具有多方面的指導意義，而其功夫則是貫穿此實踐活動的内在維度。

（三）實行

鄒元標的功夫論以心性合一爲本體基礎，以修悟合一爲外在功夫特徵，以知行合一爲内在功夫維度，將本體與功夫、心與意、心與物結合起來，建構起體用合一、内外合一，富有實學特色的功夫論體系，其『實』不僅表現爲明道方面的實有於心、修德方面的實有於身、

[一] 鄒元標：《偶占七首》，《願學集》卷一，萬曆四十七年龍遇奇、郭一鶚刻本。

通經方面的實有於學，還包括致用方面的實有於世。這四個方面圓融於同一個思想體系内，最大程度地體現了鄒元標心學思想中以仁爲核心的治理觀。鄒元標不僅是一個思想家，而且是一個行動的思想家，是心學知行合一思想的踐履者，他的仁治觀集中反映了其治理實踐中思想、方法與踐行的合一。

一方面鄒元標生活的明代晚期，社會風氣每況愈下。而鄒元標作爲一個秉承儒家内聖外王信仰與理想的士大夫，則奮起救世，力圖挽明朝於頽敗之勢。然而，由於時代的局限性，鄒元標可資以爲用的救世方法僅有講學覺民，並以爲政和奏疏格君以治世。鄒元標曾感嘆道：『天下治亂，係於人心；人心邪正，係於學術；法度風俗，刑清罰省，進賢退不肖，舍明學則其道無繇，無偏無黨，王道蕩蕩，無黨無偏，王道平平。』[一]鄒元標把學術提高到關係人心邪正、吏治清平、天下治亂的高度，這和王陽明有相同的認識，陽明也説：『今夫天下之不治，由於士風之衰薄；而士風之衰薄，由於學術之不明；學術之不明，由於無豪傑之士者爲之倡焉耳。』[二]可見，重視學術的教化作用已經成爲明代中後期士人的共識，體現出士大夫憂樂天下的責任感。故鄒元標創辦書院，講學不輟，並表彰『耿定向洞徹道源，力維名教，以成就人才，爲真修而質行式端乎表率，以康濟民生爲實學』[三]，『羅汝芳性資超脱，行誼高貞，惟道是慕，富貴功名不入其心，逢人必誨，貴賤賢否，不知其類』[四]。從中我們可以體會出鄒氏明道覺民的思想，正如祁承㸁在《讀鄒南皋先生語義合編》中所説：『尹亦有言，予將以斯道覺斯民也，夫豈取諸尹之所有者而覺之哉！明之乎斯道實斯民之道，而尹之覺即民之覺也，然則先生之立教意在斯乎？讀是編者淂其覺民之意則可矣！』[五]可見，鄒元標講學覺民爲政思想中包含着道德責任和情懷。

另一方面，鄒元標汲汲於奏疏以格君心，希望能够鼓舞士心，以肅吏治。他在《直抒膚見疏》中以堯舜相期於君的理想相期於政，『夫談天下國家之事，在握其要，得其要，則衆政畢舉，不得其要，興一政釐一弊，亦徒竭精神已爾。史稱堯舜之知在急先務，矧知不若

[一] 鄒元標：《陳共學之原以定衆志疏》，《鄒忠介公奏疏》卷五，崇禎十四年林銓刻本。
[二] 王陽明：《送别省吾林都憲序》，《王陽明全集（新編本）》，吴光等編校，浙江古籍出版社二〇一二年版，第九二六頁。
[三] 鄒元標：《敬采輿論共推士品懇乞查明録用昭雪疏》，《鄒忠介公奏疏》卷一，崇禎十四年林銓刻本。
[四] 鄒元標：《敬采輿論共推士品懇乞查明録用昭雪疏》，《鄒忠介公奏疏》卷一，崇禎十四年林銓刻本。
[五] 祁承㸁：《讀鄒南皋先生語義合編》，鄒元標：《南皋鄒先生會語合編》，萬曆四十七年龍遇奇刻本。

堯舜者，能役役爲天下用哉』[一]，並嚴厲指斥在危難之際，不願爲君盡忠、爲國出力的朝臣（侍郎熊廷弼、張鶴鳴、王在晉、祁伯裕），國家危難，召而不至，有負於君，『英雄之氣安在』？[二]『知父莫若子，知君莫若臣，臣子不知君父，是處光天化日之下，而不知天之高、日之朗，惡所稱子臣也者』[三]。同時，鄒元標還在奏疏中條陳了種種具體的治理方法，如在《敷陳吏治民瘼事宜疏》中，他列舉了『定等則』『洗佞習』『便升轉』『議久任』『重京考』『褒名德』『慎撫臣』『搜遺逸』『審邊臣』『恤遠臣』等吏治方法，並列舉了時民之苦，『秤頭之苦』『虛糧之苦』『繇票之苦』『積荒之苦』『科場之苦』『積疫之苦』『清軍之苦』『驛遞之苦』等。正如鄒元標在爲其弟子陳尚象等編寫的《萬曆貴州通志》所作的序中所説：『讀茲者，感甲兵强弱則思振，熟土苗馴梗則思馭，會錢穀多寡則思裕，稽盜賊出沒則思靖，察士習民風淳漓則思正。』[四]在鄒元標的奏疏中，我們亦可以深切感受到他的這種振世善俗覺民的士人理想和責任意識。可見，在鄒元標奏疏格君以治世的思想中亦有者顯明的道德至上意識和憂世情懷。故李邦華在《鄒先生語義合編序》中表彰鄒元標曰：『先生振世覺民之心之無窮也。』[五]此言可謂恰切。

總之，鄒元標的經世思想在諸多方面繼承和發展了陽明的心學實學思想，是對明末心學末流學風的反對，其實心本體論、實功功夫論、實行仁治觀都體現出踏實的實踐作風。

陸永勝

二〇二三年二月一日於南京

[一] 鄒元標：《直抒膚見疏》，《鄒忠介公奏疏》卷一，崇禎十四年林銓刻本。

[二] 原文见鄒元標：《乞嚴明振作以救臨危疏》，《鄒忠介公奏疏》卷三，崇禎十四年林銓刻本。

[三] 鄒元標：《救郭中翰疏》，《鄒忠介公奏疏》卷五，崇禎十四年林銓刻本。

[四] 鄒元標：《貴州萬曆通志序》，郭子章：《藝文志上》，《黔記》卷十四，萬曆三十六年刻本。

[五] 李邦華：《鄒先生語義合編序》，鄒元標：《南皋鄒先生會語合編》，萬曆四十七年龍遇奇刻本。

《鄒子存真集》序

《鄒子存真集》是鄒元標繼《鄒子願學集》之後付梓的文集，刊刻於明天啓年間，由時賢周汝登、曾鳳儀編纂。後由門人李生文、張瑀、曾天復、李賓、婁文華、婁文蔚、徐弘祖、曾子愉、王濟、王汲、王皞等重梓。全書共六卷，包含書、序、譜序、記、傳、贊等文體，多爲『爲文』之作，『先生乃出其文集屬余爲序』（趙南星語）『兹復有集者何？大都與人往復尺牘及所草叙記志傳表狀也，命曰存真。』（瞿式耜語）其中詩文創作時間跨度約從萬曆五年（一五七七年）至天啓二年（一六二二年），幾乎横跨鄒元標整個學術生命歷程，因此，《鄒子存真集》亦可謂鄒氏心學思想、心路歷程的記載。

文以載道。《存真集》者何爲？趙南星序曰：『先生自名其集曰存真，真也者，神理也，此與天地終始者也。』瞿式耜亦序曰：『夫文章者，神明之所寄也。』神理者，神明者，道德也。鄒元標之學以仁爲體，以透性爲功夫，是體用合一、實修實證的實學。這一實學特徵也同樣體現在文章事業中，『先生之文非浮華雕飾之文，壹本於道德而立誠之文也』。『觸權貴遭困頓，講學悟道，進德修業於世間，一切愛憎利害了不掛也。而時事之得失，人物之好醜皆在胸中，皆在筆下，以故風雲雷雨應腕而至，權衡銖兩匠心而成，大小方圓青黄黑白信口而肖，冠裳佩玉戈矛劍戟随照而寫，未嘗如雕蟲之技斤斤焉，窮搜酷擬也。』（瞿式耜語）鄒元標生活於明末救世思潮中，汲汲於道德救世，匡扶倫理綱常，其爲文，重在修辭立其誠，此在《鄒子存真集》中處處可見其『真』。如其作《歷朝忠義録序》《三祀志序》等表彰忠義、孝慈等道德，又作《貴州通志序》，表彰地方名儒，期許邊疆良序，如此等等。在此意義上，『先生之文參天人通今古，發揮道德之微眇者』（瞿式耜語），可謂『經國之大業，不朽之盛事』。其文其情其事，繪『真』而行遠也。

文如其人。鄒元標與顧憲成、趙南星合稱『東林黨三君』，其立於朝，正直威嚴，令人望而生畏，故觸權貴遭貶謫，幾起沉浮，時人稱『割不盡的韭菜地，打不死的鄒元標』，由此成就了鄒元標剛直之名。鄒氏之『剛』體現在其文章中則是『至仁』，『與天同德至剛也，代天育物至仁也』。『惟剛乃能仁，惟仁乃能剛。』鄒氏之仁於文章而言，體現於字裏行間，不屈於權貴，不阿諛奉承，不空論無物，一意於道德表彰，以仁淑人，以仁治世，以仁行道，直抒真性情，真胸臆，真格局，真一體之仁，故其能不畏流言，不拘小節，是乃剛也。『天下之人皆以先生剛者，而不知其好學也，剛而不學僅足爲氣節之士耳！及其歸而求友聚徒著書立言，闡明聖人之學，人皆以先生好學而不知其所學者仁也。今仁已成矣。』（趙南星語）鄒元標之文章，以學爲政，所以能如此，在仁矣，鄒元標之剛直，亦在仁矣。

讀《鄒子存真集》不在其文采，而在仁、在人，人而仁也，故剛，故真。讀其文，存其真，可逆元標之志。相信各位讀者自能開卷會其意也！

陸永勝

二〇二三年 四月二十日於南京

目録

鄒子存真集目録卷之二　

序

鄒子存真集目録卷之三 一〇二

譜序

鄒子存真集目録卷之四　一四〇

序

鄒子存真集目録卷之五

記

鄒子存真集目録卷之六　二四六

傳

贊

鄒子存真集自序

予管窺叢付劂學集矣茲復有存真集者屏跡田間士亦知強以文徵予亦自畏而以文匯於歐臣名人臣有詩若揔一真多相傳也鄉里村墟衢巷事其言雖俚其實可味予雖亦斐真意猶存而有繪真者一攻阿堵在別亦歸一衣裳撻撻而無神情子子孫孫必以神情為肖似詩者宜何擇焉今推作者

因何李李亦可當已奪明大概可備獻徵敝中雜賈胡合人迷悶予半為塞破化綠淵等宴客白水為饌亦清士不厭也惜傳鄉鹿先師詒回子志道宜搏精一變乃可入室文精華所寄子寅著而發端文發生家徽迹具與土爭伎倆也半生學師教在禪宗山和間心生涯多已游步誦讀於古人奇範濃艷媧心駭目受未流誤第一

故腹中筆嗽然可備當作者
辛挥心末恩靈捐惟不与出手使
倆故使倆止此
瞿史鄉之標也于五四
叢密高

鄒爾瞻先生文集序

余自客歲之春起家田閭由郎署而爲少司空以身與世衰無意再出時爾瞻先生先起爲御史大夫數貽書相招今年冬勉出至京城外暫憩天寧寺則先生杜門上疏求去矣乃悔其出山意鬱伊不自得也明日先生與高存之來余望見先生幅巾深衣飄然偉然入門相與道故舊余覺此身猶在山林之中雲霞之上忘其鬱伊不自得也先生判不肯留余亦不復留之

先生乃出其文集屬余為序先是
安節吳公曾刻先生之文見寄先
生有作每寄我山中所見已多獨
未多見其詩耳流傳既久諸公論
贊之備矣憶昔癸未晤先生于天
津作長歌贈之今四十年矣非惟

其時不能知先生即四十年間數
相聞問未若天寧寺一見之知之
眞也先生誠難知哉方其弱冠通
籍千言不諱犯宮牌金虎之勢遠
戍夜郎幸而生還游歷榮要復以
直言再貶天下之人皆以先生剛

者而不知其好學一剛而不學僅
足為氣節之士耳及其歸而求友
聚徒著書立言闡明聖人之學人
皆以先生好學而不知其所學者
仁也今仁已成矣仁則靜合于太
空而動緣于天倪不見其剛安有

氣節淳古既遠中庸鮮能世所謂
豪傑之士大都皆厲氣節為名高
謂為極則事以終其身此先生之
所稱而不屑也夫氣節未可即謂
之剛也惟剛乃能仁惟仁乃能剛
公固渾渾乎其若嬰孩坦坦乎

其無町畦也悃悃懇懇乎其引人
于善也
今上沖年踐祚正如
神宗乃中外多故時事艱危非復昔
之太平設有大臣如江陵者更為
可虞先生豈能容默而已哉先生

之道德自足以不朽何必以文惟
其林棲多年故得以為文耳然古
之聖賢未有不能文者也不見夫
龍乎與天同德至剛也代天育物
至仁也而體被五采興而為雲為
卿為靄倏變忽化無攸不有何文

如之先生自名其集曰存真真也
者神理也此與天地終始者也余
初入京塵冗宂集會有事于
慶陵乃以暇時命筆陶淵明所謂別
後相思之資也若夫先生之所以
去則太史氏自能載之矣

天啓壬戌冬十月通家弟趙南星
頓首拜撰

南皐先生存眞集序

易不云乎脩辭立其誠謂道德之外無文章文章卽道德也代而降也道德文章判若兩途故性命之談不必脩辭而浮華雕飾之語無當於立誠文之失眞也久矣蓋自南皐先生之文出而千秊雕㭊之業復歸於條貫若根枝源流自生自達世之脩辭者始有所折衷焉先生先有頤學集行世矣玆復有集者何大都與人往復尺牘及所草叙記志傳表狀也命曰存眞先生謙言不斐眞意猶存也云

爾棒成而以屬予小子俾一言爲穢秕之導予小子代匱恩江辱先生不鄙而教之得無隕越敢哆口評先生文哉無已請借立誠之旨而演其說夫文章者神明之所寄也名物事變之所綜也忠臣孝子志士能人激情與衷之所托也古之人言其中之所有而眞也後之人則中必不有而言之卽有所言矣而或宕於才而或牽於情而或怵於勢得失好醜不能自主則吾方寸中且閡塵弗暢安能使千百歲後讀其文如目擊其事脩辭

之謂何以繪眞而行遠也先生之文參天人通今古發揮道德之微眇者予不能窺其樊第讀之而見其因物賦象隨地班形凡其中之所有而欲言與夫人之所難言不能言者一經先生之手無不洞然劃然曉暢於心

目乃知先生之文非浮華雕飾之文壹本於道德而主誠之文也蓋先生天才卓絶浩氣充塞既挺然杰出為一代眞人品中間更以觸權貴遣困頓講學悟道進德脩業於世間一切愛憎利害了不掛也而時事之得失

人物之好醜皆在胞中皆在筆下以故風雲雷雨應腕而至權衡銖兩匠心而成大小方圓青黃黑白信口而肖冠裳佩玉戈矛劍戟隨照而寫未嘗如雕蟲之技斤斤焉窮搜酷擬也第言其中之所有而眞文章出焉千

百歲後讀之者想見其人如目擊其事豈繫他人之眞往往賴先生之文以存即先生生平中行獨復以道德為世師表者從是集而求之面目逼眞矣夫惟有眞道德而後有眞文章謂千秊雕析之業至先生而復歸之

條貫者非虛語也後之脩辭者且折衷於先生其行遠也又奚疑而猶未也今先生出矣霖雨乎文明乎事業爛焉天下之文章又莫大乎是古稱三立而兼有之者其在先生哉其在先生哉予小子何能贊一詞惟是托先生而得以不朽也有厚幸矣

海虞後學瞿式耜頓首拜撰

鄒子存真集目錄

卷之一

書

鄒子存真集卷之一

吉水鄒元標爾瞻父著
紹興年弟周汝登
同郡年弟曾鳳儀仝編
門人李生文重梓

書

謝張鳳盤內閣

不肖其吉州鄙儒也丁丑歲幸附門墻之末雖未嘗進奉玄咳竊窺我師精神凝注有閔世嫉俗之心有轉移世道之志私嘗偕諸同志曰他日解嚴酷之網登天下衽席者必我師也壬午秋守內喁喁想望天下者何啻大旱雲霓已而覃恩一詔澤及八埏貂璫一逐威肅廊廟昔人謂奸雄之逐如距斯脫正人之登如茅斯拔令日見之獨憶師生平學術養之淵然發之沛然不疾不徐古大儒恐未是過豈君實學術自誠實中來耶其蓋欲請事而未之能矣譚者以蒼生不淂終徼大惠為恨不肖則謂善謀國者以一日遺百年之利吾師則不肖所謂一日遺百年之利者即數月亦未為覂也

時未可為則優游以俟事既有成則奉身而退即
人事偶值乃承寵厚吾師者亦可涯涘窺哉不肖
其自擯斥五嶺以來日濱九死母倚閭而長盻子
瞻雲而長號至今回首猶為酸鼻今幸得長懽膝
下雖
聖皇浩蕩殊恩精隱調幹我師有大造焉
壽授省垣私計此身已出望外苟報知遇捐糜何
辭不謂心欲盡職守之實言偶冒迂愚之過
聖皇殊恩猶得從冠裳之列徼升斗之養於不肖
分願已足但念此身一出無能上裨國是下荅蒼

赤則中心有隱恫焉近時士子類以能言為高殊
多慨慷激烈之氣不肖心竊恥之夫古之言者所
以明道為人也為己為人名實攸分不肖有一於
是乎門墻之罪人也望師終教之自入都門為家
慈患咳遂久稽通候茲因去國謹齋沐貢尺疏奉
布衷曲并申候忱臨楮瞻依

謝申瑤泉內閣

從祀真儒舉二百年以來之曠典聳斯道雲霄之
上者其功誠偉也藏之史冊灼爍後代無所容喙

矣不肖非泛泛門墻者比竊願効愚計左右惟師
垂聽焉邇者正人滿朝如茅斯拔矣然采其名須
循其實人自入仕以來歷官必有可紀之績一無
建明而冒華名者此必彌縫以吊高譽者也若人
而用則亦兔絲燕麥者流某願師用人之貴責實
也先年舟過淮揚莽灌極目築堤治河歲無虛日
夙所拖欠原出流亡前覩住俸督催之疏人皆扼
腕夫大司農惟懼以詘常額為己責不聞藏富於
民之義謂何賴師調護因而中止法行民幾無生

理矣一切常賦可緩者願師寬一分使下民受一
分之賜也蜀中采木之役寂官家難辦事公帑出
一千民陪數千始克襄事何者入山亂石叢叢虎
豹晝皐則采取之難出山勦架廂道稍碎盡棄則
搬運之苦出水江濤湍湃萬馬奔騰則漂流之患
某戍所所親目者備茲三難欲槩歸咎諸有司恐
未必無無辜者在蜀民有為一二官稱冤者南中
甚以為公論願師之惜材也國家財賦倚辦東南
東南民力竭矣邇者水田之議慨然舉行有志謀

國者懼聲載道夫天下無不可為之事特不得人耳得人補天柱地之績可坐而奏况區區水田之末議乎今既已得人矣碩師假之事權寬以歲月無惑三至之疑無計目前之効必有可觀庸愚之人難與慮始可與樂成從古已然事成而休澤與社稷相為靈長矣碩師為之必要其成也又十餘年來言路壅塞一旦開道未免古所謂傷人必多者亦其勢也師於此際須以道眼照了千古堅忍凝定竊觀載籍元夫端士未有不從此永終譽者

即如先年廷議繁興師一疏羣情恬然其明效灼灼可觀記矣碩師留神焉

啓申瑤泉內閣

其學問粗率不善任使伏蒙移官銓曹即當遵命供職緣某有苦情具前揭中不敢復瀆其閒育材者譬之種樹然曾觀東南之植木者矣方其手植之也惟恐其不成也始成也忽為霜露之所摧折牛羊之所踐踏闇闇然日夜灌溉之惟恐其不甦也既甦也則遲之歲月聽其堅且實故爾是材也卒為鉅材以其植立者固也其握鉛槧而録南宮非師之所手植乎迄北闕而初官青鎖再叨職方非師之所灌溉乎然才識蹇淺闇通時宜則亦朽葉朽實者類耳師不遐以歲月而遽材之則雖有凌霄之資其不與樗櫟等者幾希敢以愚誠上干天聽伏望老師曲為調護除南吏部某亦不敢輕承外或別部或本部得以優游職事是師始終而肉骨之也某聞宋之名相有一士獨遲遲用之衆皆駭其故一日問及則應云吾固知彼材俟公論

定用彼未晚終身無復窒礙矣迄今以為名言老師誦法孔孟不當與宋相較優劣其甕牖豎子亦無及古人萬分一輙敢云云者因其語有致是故始終言之而不以為瑣也伏望師垂仁而曲憐焉

賀朱金庭老師內閣

不肖元某歸農十年無一開顏事忽聞　冊立爰立之息喜極欲狂至爰立而得我師則猶喜不可言自我師東歸不肖中夜思我老師之德玉潤金涵我師之學意誠心正我師之才神閒刃解至纖

惠隱微無一而非胎育元氣保全善類竊疑當為
世舟楫霖雨乃十餘年責于丘園謂天意何今而
後知天意篤吾師者良深且厚矣昔新法之興海
宇騷皇一旦相司馬即外夷猶聳觀瞻今　聖主
相司馬矣蘭陰龍卧不減有莘追鋒　特召何讓
三聘北望舉首加額我　聖主度越千古始知十
年鄭重手弄文淵閣印不輕畀者蓋有所待也惟
師為能膺此典亦惟師為能不負此典昔伊尹膺
聘而出其存心惟在視民飢溺若己推而納之溝

中明道先生所至題視民如傷四字先正曰如此
自不會錯撻人夫相天下者一邑之積也引一民
失所為己辜亦何至斯世斯民不得其所乎師勉
矣胎育元氣保全善類不使一物失所竊于師生
平覘之矣謹肅荒狀用歎踴躍惟師慈鑒之

又

近得老師所寄清江兄台札以非常之命為苦不
肖聞之曰此我老師實心實意老師高卧逍遙樓
中與天者游今出而相天下一日二日萬幾匹夫

匹婦勝予老師柰何不苦惟老師苦在一人而知
樂在天下今老師不以非常之命為榮則將來所
以增榮社稷者必有歸矣

賀朱老師

蓋自我師入朝門生雖棲藪澤乎北望斗杓心常
在左右所不敢通尺一呈候者台垣崇邃恐成唐突
閒居屈指時屆孟秋金風薦爽正我師懸弧之辰
顧知命時門生逐隊劉維衛留都拜祝師六十時
門生在家園同袁子壽遙祝今師進酌大斗海宇

萬國祝師者何限門生即欲進蕪詞左右此何異
草虫鳴春無當化工萬一門生竊窺師玉潤金相
海涵春育生平無疾言厲色不以一念一意傷天
地之和不以大賢大智先人閔閔默默惟近裏著
己位至而彌謙福臻而彌斂人觀師之油然與偕
咸以為師可親矣不知師胸中耿耿如砥柱不可
移易焉人睹師中情泠然似以為難犯叅而不知
師所過即化未嘗有成心焉昔吾夫子至七十而
從心所欲不違矩世儒謂從者縱也縱其心無之

非是此近世流弊為吾道蠹賊門生竊謂矩方也從心所欲員也員不離方欲不離矩矩無可考太學曰絜矩絜矩又在老老幼幼長長而天下平夫子生平志在老安友信少懷汲汲皇皇未得其位我師有其位矣門生少慕古人相業以為太平不知何自境象素荷師訓近始有味于平之義平澹也澹泊無味至味雋永又常也常無可喜而能經久不變孟氏曰人人親其親長其長而天下平今親長言平章即堯舜孔孟復生不能令天下人讙不親其親長其長有所以使之騷皇不得安寧則其故可知也　上奈自聖神機妙轉圜有緣有因難以言語爭難以歲月必望吾師無求治于太急無以新法為驟可更無以世道必不可為無以人心必不可化惟凝此一段真精神以似遇合勿汲汲求遇精神一真九天九地何之不入天地　祖宗且陰相之此一息萬古一刻萬年所以祝頌師者結為無期不似世間松鶴崗陵之祝已也望我師鑒之

答朱老師

兩荷師台札下存以先兄之變兼信使難逢即有信使又必一無求于相師門者適可通也坐是不能兼得遂不得申謝非敢一息忘大德隆恩惟有心企去歲竊窺諸注曆種種匠心及冬間一旦豁然如重雲之覩朗日私忖曰此必吾師作用未敢逢人問即問亦皆不知至今年夏晤黃秀水觀察始知出自吾師與黃公叨在同門把酒呼天而慶者再世之號曰師曰弟子云者無復為千秋計門生無別念　二祖列宗時繖鄰先輩多有內閣舉動稍有聞知惟頭師暮年一出光昭令德扶漢九鼎門生叨世世之榮無涯極世常頌相者曰伊傅周召不肖以為我師一心一德上追伊傅周召曾因時拯救機括不能一律常思近世華亭一段細心處令人可想中秘銓曹臺省出自華亭手植皆為顯人亦間有可觀至處諸言事起家者亦皆有致常思其用心處未嘗不為之歛衽後適各以其意之所愛不量人之稱與否故兩無成也中間有

其人未必不與華亭角華亭卒善下之柔其人為用不肖常謂華亭得餘姚之用者若後人未嘗與之角稍有時名即不願禮輒千思百計逐而錮之矣愚嘗讀師冕章曰此真相天下者法度冕欲升與之階欲坐與之席欲知其人告之某在斯何等宛曲詳摯夫以瞽者如此其非瞽者因物付物愛可知矣今天下人擾擾而往攘攘而來總之各有所欲欲名者欲建豎者若一一如夫子相師一段大慈令之各得其所更復何說既以介人已愈有說以與人己愈多則何天地之不我監神鬼之不我佑乎秦誓曰休休有容子孫尚亦有利哉說者謂國家之子孫不肖則謂有容一段國家子孫與大臣子孫並提而論頃見師將二十年閒故紙中陳人真心拈起與呂文正夾袋子補牘之風何殊即此一心天地祖宗何以報我師但念當時操此一術起此一念禁錮不解以為秘傳異術人莫能窺其倪者是果何心至今老者病者化為異物者天地秀氣鬱而未展言之酸鼻史冊含羞師及諸

人可也再無以門生為念門生老矣病矣入耕深山四體沾濕二毛蕭搔策鼓難前昔猶欲得一官借名色之青州為司寇師身後後人地今知不得皆一切抹擻不知師功成還山得曳杖入會稽拜瞻師綠野之堂否且窮骨酸態熬煎已定譬之老婦百般醜態能成生育之功乎師用天下諸人即所以用門生也或者以李文靖不用浮薄新進喜事之人為言師韋折之曰今皆二三十年來人物非新進喜事者比二十年朝無浮薄新進喜事之臣其境象亦是如此惟師初念無替諸遺佚幸甚社稷幸甚門生戀戀君師一念沒齒不敢忘敬直心布愚衷不文不恪惟師曲貸

又

師于今廢弛處宜當振飭但當以廣大慈仁為主仁可過也義不可過倘有奏請窮民利病或賑濟或拖欠豁除者或當減三徵七者師大開曠蕩之恩一洼筆海宇生春頃兩　詔雖未盡行師恩普矣今年加徵號必免行刑再免得數年更彰師始

生之德
一海内清軍事極害里甲軍以不清為清　朝廷
不受一臂之力四海受剥削之苦倘有清軍票旨
宜寬
一雲南貴州軍官来選者兵部不勝刁勒磨折言
之可憐師倘有票旨時章一語明正其弊以両院
文書為主到即入選無聽司吏查先世軍功遐方
小官更生
一常思宋時以恩禮待士大夫故終得士大夫之

報我朝士夫苦至謫戍極矣寧可死死不過一刻
之苦士夫在戍所苦楚一日難當不肖思凡自萬
曆壬午以後士夫謫戍者悉宜寬宥頃　恩詔不
一提起想人心未一師留此一念在胸中自有用
日
一謚有得而濫者有當得不得者不肖所覩記如
朱鑑塘先生其清介端確無愧屋漏之人品生平
慕濂洛之學不失尺寸今不得謚更謚河人望師
知之

門生常誦江門語時時心氣要調亭心氣功夫一
體成莫道求心不求氣須教心氣両和平門生覺
此等功夫儘可行持常窺老師日間深心養冲和
之氣故心和氣和氣和形和令天地之和自應之
自今一切千撼萬撞老僧不見不聞者自定一日
千古一事萬年政在此日門生拭目為老師望之
别無它語来致書者門生授業門人韋同出老師
門墻其人方正博大均沾化雨三生有縁不盡衷
腸惟師體亮至于腐儒甘心溝瀆無繁凋刻則前

啓詳之矣

柬申瑶泉内閣老師

曩者曾托李山人布二十餘年弟子情于師而師
過為財荅使弟子不得一申鄙情殊深怏怏恭惟
我師萬福欣慰欣慰敝邦縉紳聚首譚吉州閣臣
十餘人後裔隆隆而正卿數十餘人後不得與之
並莫測其故僉歸咎于堪輿不肖曰此非難知閣
臣百善有外人不知者有一華而海宇回春者此
惟天地鬼神知之故昌其後以報之若正卿窮年

存真集　卷二　十四

累月其功不足閣臣十之一我師入相十四年江陵在事我師小心翼翼不露聲色癸未以後獨秉國政當大倉未入國前遺逸滿朝振綱餙紀容容與與其風可想今不可復淂矣惟是大倉一至師以渠海宇人心屬望不無推遜大倉自負高華眇天下無人又一二諸言事故與政地忤政府不一意揉之而諸士各負意氣角政府不察其人氣類有合不合不無玉石俱焚初意曰不用浮薄新進喜事之人宋臣名言不知遂漸漸多事矣辛卯師未歸前逐客不過數人倘師在朝寧今日至此師必無之心必無之事也後遂漸漸銓曹并司而逐者四臺省併署而逐者不一亡論他處即蘇常金焦閭遺佚滿野今咎其成聚者誰之使乎此桐臣責也壬辰不肖推少京兆票旨云鄒某狂肆輕躁故屢推不用竟用楊端潔不肖捧之云吾師乎吾師乎師不在朝矣借錮不肖以為錮言臣榜樣其書云此　上親筆不肖思云古之狂也肆重為輕根靜為躁君　上未必知我若是之深斯知我矣

存真集　卷一　十五

例當報滿新建徜數致書促不肖入都門甚懸又發天指誓不肖時在白下急東圖書告老母曰歸休乎予無所事一官矣老母遂偕不肖歸隱六年幸以天年終使淂申母子情者其賜也二十餘年門生無百里之遊常懼負其四字之訓即文潔往惟在家置位哭之門生常私欲走師函丈布生平感德念知顧我患難之情九頓以謝師有再入朝息故不敢言今師想倦遊矣敢直述如此即親友門生子弟不知其故世人不知訛以傳訛師閱仕籍饋歷鄒生服官八九任省中諸疏俱報可誰之為政乎師歸後朝無不肖跡矣世妄以為師難我師平生慈愷機如轉圜不處置人窮極之地弟子非無知之甚不敢作是念嗟乎世以為人非官不足榮人不知仕路如人飲水各充其量記淂沈純父粵歸時過文江與不肖言不肖云淂一僉事便了我生平不肖即官一選郎一京堂足矣使當時如秉銓如閣府自以為是所不周物情世故而使人含寃者不知其幾喜居林下千磨百練歷歷繇

悉物情諳人理萬一一意鞭辟着己休心一路庶幾古人自責自省自誠自道之义它日稱師門腐儒弟子乃所以報師不盡在遇之屈伸為也屈者伸乎伸者屈乎患不自立耳又常念師在朝諸受師恩及登八座者滿朝師歸家皆反面謂與師左至形之志狀吾誰欺欺天乎師之獨處嘆詫者知必衆多之人也君不可以為臣士不可以為友今海宇人孰真孰假孰男子而妾婦於師一無所求者誰師必洞之悉矣若人以自致功名歸之己而

師以提人奬人之功付之爐冶如是而已望師都置度外顧養天和天之報施師者未艾也

啓吳曙谷内閣

奏記未幾即聞　大拜之息喜不自勝譚者為里中氣運色喜不肖則謂此　社稷蒼生之福也惟翁以海涵川肓之量如金如玉之養醇心醇行潛脩默証者不知其幾故　簡在　玄宰默啓帝心行見宇宙回春日月斡旋四海亨太平之福不言可知年來海宇鄙薄西江人極矣至謂九五之數亦多非翁光九五之運應五百之期而起西江人寧有吐氣乎頤翁早出慰　聖明夾席之求不肖腐儒一犂山中無能拜舞德門空向沙堤遥瞻紫氣如雲如色曰此我新相公赴召日也書不旣心統望台涵

又

得君心未必得外人心得外人心未必得君心此處煞難言惟相公一段真誠自有天作之合者中外咸孚此有天意難強必也

萬曆初凡士謫謫戍江陵及為江陵戍者倘有恩詔均乞赦宥此國家世及之仁士夫家至戍若極矣

里中官運自遷官解及省上枷倉皆極為民便望力持之

家師朱鑑塘先生古之人古之人在王洪陽之上洪陽有謚家師獨缺亦世道所關蒙翁業許次贊必載章無忘

答劉

遭大事如理亂繩急之則絶令忙不得自有開霽日也僕生平不干一事一人轉法輪撥動關捩子便有天地變化氣象

東劉雲嶠學士

世眼羨入仕者以為登仙道眼見從仕者以為泛海山皆乎意之也吾無意于用世未見其榮無意于必用未見其苦山皆有天意存烏天之生我者豈偶然哉其行其蔵其泰其否順天之命了夙因而已如是則世覩驚濤拍天長年三老破浪而去

長歌而返若入無人之境其心定故也翁兄年深靜養頤以無意而答天下天下人人在太虛中游衍無一毫意、其間都下猶之乎江門也萬一時不如吾意西山一榻自在不佞弟先為翁拂塵以似

答楊二山冡宰

私憂過計者曰國猶家也家之人慈孝貞順雝雝睦睦家道用熾今國何異是也不肖應云不覩夫名家鉅族乎一事之興也龎眉耆耇之老以為必不可行而少年英鋭之夫以為必可行何者老成之士其涉世日長違心之徒其歷世日淺雖見有不同識者謂其家之有人使前無所啓而後無所承君子悲其祚之衰而祜之薄也如先年之舉言官交爭於下大臣主持於上得無類是歟以是知祖宗恩澤流衍未艾似未足為治世病也

答陳心谷冡卿

闡報殊深暢愉者浹旬雖然貴鄉二冡翁皆以争去則商量調停之説又似當有辨始而商量繼而

附會始而調停繼而依隨其流弊不至於此不已用之則行舍之則蔵此孔氏家法頭翁堅持一心為昭代典刑斯道幸甚不肖又有懇者不肖受知于翁人人知之翁之欲手援不肖不肖諒之但擠之者惟恐入淵不深則雖有萬尋之綆力亦難濟頭翁勿復置不肖于念俾不肖安心林棲食蔬茹水吾甘也盖機括不轉即屢推亦屬虚文翁籌之熟矣

東蔡見麓冡宰

南都曾致書翁頤翁為真冢宰乃翁即真冢宰又名冢宰雖左抑右扼翁之用舍不能扼翁之正氣行見大史氏小書大書特書為豫章光寵素辱愛如不孝私藉光榮何如不孝聞翁歸頤為翁完名賀緣先慈先妻旬日內長逝骨朽心折今痛方定始得走豎子布哀悃于翁晚年別無所祝惟頤翁一切休心訏證聖境他世間語不復為翁道也先慈葦襄事地離家百里而遥結數椽蒸蘆中可半日到儘足忘世知翁相念敢附聞

又

身在山澗心時時泳游綠野堂上也天民先覺不得樞趨一侍左右倍有企悚翁近[illegible][illegible]撒手玄崖乎亦時時必有容課乎即有容課不害為撒手玄崖也趙清獻句時人欲識高齋老只是柯村趙四郎俯仰千古其則不遠望翁教之不肖年過半百一事無成空負翁隻眼相看半夜思之腸至九廻

東石東泉司馬

惟翁晉居樞筦宗社攸賴但當人心渙散邊境多事物力廢詘議論煩囂之際竊為翁苦之今之議戰者世皆以為確論然不肖亦不敢望邊境勢必能戰但頤公主持于中凡所陳說亦以必戰為主其相機議和封疆[illegible]伴自為計而翁勿問聽其自便益在內萬分主戰勢必得和若一分和其勢不至潰敗不已翁平生收功定價全在此時大司馬上疏有一和字翁大事去矣此不肖亟亟欲聞于下執事者如此南倭有閩瘡癬之疾不足為慮惟在察舊所薦邊材或以為兵道或稍稍更置翁可

高枕而聽凱聲也

賀蕭岳峯司馬

惟翁忠勤報國績勒大常茲且以一品奏最邑人士欣欣鼓舞謂邑中二百年來極盛事爭大書小書家藏為世表不肖輩辱翁教愛有年能無雀躍寔用敢以書記奏進軸成正翁以持法得嚴
旨邑人士方皇皇踧踖不敢進不肖復告之曰此正可賀也退之為進階也禍之為福基也奪之為與本也翁昔以軍功顯今復以執法名古以兵刑

為國之大事惟翁兩無媿焉則余筆所賀更有出一品之上者且他日賢公孫覲軸而指曰斯吾梓里人物耶與先公篤在世好世世講德無有攸替斯軸固世講録矣惟翁麾而置之

答舒繼峰司冦

讀國初諸名臣傳其立朝丰采令可想見彼視其身如灰如死而人之仰之也如喬岳自學道者責之以為不聞道夫彼不聞道者其豎立如此則彼聞道者其所建豎當百倍也

答張龍峰總憲

徃繙載籍先正立朝耿耿不磨迺今世豎子動輙藉口中庸之説夫中庸之説匪不至當但近世所謂中庸者巧於彌縫善於依附耳不肖每云中者正也非偏倚之謂也然必擇乎中庸而固執之湯無所擇處以為當然此學術之弊蠹害世道良不淺鮮故中庸之説未易言也且事各有體居格心之地當存渾厚居臺憲之職當厲風猷

答李霖寰總督

閫奏凱之息喜而欲狂非常之人非常之功不肖何幸兩見之而并荷心知之末乎惟翁生平學術宏博志念忠純天祚之為國家奠東南磐石竒哉勳乎第嘗執戟黔天覩諸苗盤據櫛比鱗次彼自恃以天造地設之險歴代卵育姑息之恩數省疊婭連姻之盟睞曆劉為飱饔以攻伐為一計文臣選懦不勝事者一入其賕輙垂頭不振有欲申其罪者樞臣以為邊境多事彼便以官家信怯信力單莫可執何稱酋者不復覩漢官威儀便自以天

下豈有兩大乎不軌之心生矣今此一舉戚者楊不臣而楊之類者十而九從此稍知戢翼屏息邉徼無儌民淂安田耒者則翁之福澤所遺者不知幾伯禩矣大公老伯遠然騎箕翁雖以讀禮歸然今天下眷眷多事天之假翁以善息者意尚有待也大公有子建社稷竒功含咲九京敎家有驗兹且直超蓮臺翁更不必過毀宜善息以荅天心夫息之説始于易曰君子以嚮晦入宴息調息之功此屏氣以歸寂者也然猶屬之人若一念萬年一

息萬古則浸而之于天矣至誠無息真息也元其
謹薦東翁以上伯父靈几未申善息一語為社稷
重臣衛惟無我吐韋甚

東汪登原中丞

作巡撫全在知人近日吏治上下相蒙者多面前
可喜者定是閻巷嗟怨之流不知兄知人本事若
何為大臣不知人所關係不小望兄留意兄心不
動此是學問之証處心神物也豈能使之不動要
知動亦不動耳寂感體用原未有不合一欲求合

一便生分別去合一之旨愈遠談寂談感分體分
用此是昔儒鵩肝語真正學者不以此躭閣大事
兄他日知之近日有志者視內差為冦讐弟竊以
為此　主上之命父母有命人子惡得而違之王
人雖微列于諸侯之上未有不誠心直道與之相
處而得其心未有不得其心而使地方百姓受福
者與之桐角不過門面上做流毒百姓何濟于事
吾兄即有時委曲此真正赤子心赤子心能剛能
柔能大能小世儒看此赤子心大硬了今日世界

能言者為下惟默默調停為上顯而有名者從名
根起念隱而濟事者從蒼生起念兄圖之當歸之
說大無謂官至中丞說隱此是昧心之語官高祿
厚正好行志達道與人為善弟望兄改自不小小
奈何言歸

啓趙定宇宮詹

羣僚反目吾輩總之未見中疑既見面熱日久日
積猜忌日深淫婦見貞女惟恐貞女之不淫也又
惟恐貞女之己知也物情從古然入吾輩褆躬接

物亦不能無過烏曰在規矩猶懼佚德果能如古
人動不踰閑乎魏公云三家市亦有處之之理果
能見小人中無作惡乎世道國事自有主者曉曉
陳說得無借乎虛心受言從古所難強其必信得
無遽乎人心淵深信口吐詞得無尤乎瓜田不履
李不整冠嫌疑得無未遠乎凡此數者有一於是
難免羣議矧兼有之宜羣議之繁興也總之平日
習心未除困衡未深安望舉措咸宜不當咎人只
當自反耳即此數者一無犯手能必人我容乎美

眼人指美珠人估直木先伐甘井先竭從古記之
矣弟前云云者亦只自反無愧而後可謗之人也
未能全璧遽謗之人聖賢自處決不如此夫以為
然否弟近至南都覺此謫大有裨益吾輩種種不
及古人動輒以天下國家自任譬之貧子說金其
誰信之古人云了得吾身方能了得天地萬物吾
身未了縱了得天地萬物亦只是五霸路上人物
自今以往直當徹髓做去有一毫病痛必自照自
磨如拔眼前之釘時時刻刻始無愧心夫試觀從

古豪傑有身在泥澤而能幹當大事者乎正氣固
不可無意氣亦不可有取友固足輔仁泛友亦足
損志願與丈交相勉焉日月迅速流光幾何勗哉
君子努力自愛

謝耿对臺中丞

承示姚江之學得敝郡人益信夫敝郡二三先覺
往矣孫竊謂學直今日當以身發揮之也故曰默
而成之不言而信存乎德行詩曰有覺德行四國
其順之嗟乎覺難言矣即文成傳習錄[illegible]覺焉

晦翁學者至于大究竟處尚遠安得就正門下侗
翁往矣孫未能吊空以心悲

東陳見義給諫

士有都將相洋洋歸梓里者其人多齷齪取高位
市童雖憐至以其身為鄉里後日指名君子鄙之
足下今雖布衣歸里然榮于三公多矣海內歸田
者不少又皆馮其意之所欲為或凌爍有司或魚
肉鄉里為人所傳笑者與前人等君子惜之善乎
先正云鶴鳴九皋聲聞于天又曰無易由言耳屬

于垣蓋言誠不可掩獨不可忽也足下無忘愚言
西北苦虜又苦倭　主上徧然高拱政本深計賈
生所謂直須時者良足悼惋然黔國在萬山中二
者之患俱無一及足下素心王室一觔酬主能無
南望涕零耶不佞擬仲秋疏乞身會少司寇沈鏡
老薦舉自代疏以不佞名濫其間似又稽延我行
喜鄧大司成至又朱鑑師至名賢輻輳如蘭斯馨
飲醇沭芳每念足下獨宿遠方則令人罙譚壓矣
足下幸自愛泰階朗耀　賜召在旦夕間也

東徐石樓中丞

敝邑南運事近革去解戶一以官運兩年剩過米叁千捌百石銀用不過四五十金臺下閱南京所寄小帖可知矣愚意今年起南運每石止用加三再不得加四附餘止用叁分再不得加五言之自弟恐不從臺下幸蕟一告示示吉水百姓今年宜每石加叁斗附餘加叁分蓋自臺下則解官必從吉水人亦世世食臺下無窮之恩矣九頓以懇惟秘密而力行之

答查虞皋習學

不肖歸棲舊圃習諳農術有田於此號為膏腴偶年所入反不得與磽田等然良農不以其一旦無入而必時時灌培之者蓋以其所收一年則睎磽田且數倍敝邑今日之磽或類是當今日而不求臺下灌溉之必無及矣查敝邑列館閣者幾六十人掇巍科幾數十人以名實著闡實録與乘稗官野史者幾數十人蓋一省不得與之度長絜寡獨奈何以一時科名多寡遂有軒輊此邑父老子弟之所痛也且世之植人猶植物然世有植松栢資有植桃李者桃李可悅松栢可材然松栢必植于嚴寒苦冽之地敝邑田磽產薄士無紛波華蕩是以駴心娛志臺下不妨手為蒔植遲之數年得一士為松為栢亦足為臺下吐氣邑人士得重興光復是臺下大有造于文江文江不世世尸而祝之是無良心矣公事公言不避瑣賭

東李脩吾總漕

天闊道遠苦無信使閩杜門謝客弟殊喜又聞欲

歸三秦住此猶喜蓋通州與都門近大臣為人忌自有正當道理既明且哲以保其身明哲二字所包者廣如入海然闖入闖深翁丈濟世事業胸中亦可以報國濟民更何餘念来教謂種花讀書教子惟教子是正理子不必教賢不肖有定數弟閱之頗定老年人即七八十觧得幾時肯從黑房子下坐半年坐數月則所種花為周子之蓮讀書為包羲之畫近得儕鶴兄書不知此兄信學又且有入真是蓋世聰明相見或與弟輩共說話共行動

不為我輩所瞞不然即大根漢未有不為人瞞過世間好事幹不盡閒話聽不盡閒氣爭不盡洗心藏密是晚年歸根復命處洗心者心隱也藏密者身隱也如是孜孜兢兢一切世故付之流水君平忌世世亦忌君平君平豈易忘得有子不同處翁丈須信此一着不負弟輩一生相期至意一字如欺神天鑒之

柬衛淇竹中丞

臺下氷心至性非今之人古之人也峨峨接天玉

峡鰭地靈鍾粹毓宜其傑特純粹如是不謂敝里得沭深仁數載社稷有靈當俾臺下早握金鏡澄汰流品無使忠定文忠文肅諸公獨擅芳聲日望之矣周南非臺下久借地大鵬息翼六月行將軒翥九霄頋早駈車錦官百花爛熳正壯行色無使海宇人日問司馬入朝之息匪伊匪伊不肖歸耕廿載常自念名過其實無福消受臺下復從而張之雖臺下欲扇冷灰惟懼不燃而不肖自分弱羽承戴無力恐不無為臺下知人之累惟有歸心一路不昧風雨以酬深心而已學道甚難歷刼難盡愈老愈知其艱臺下彼岸先登惟有以語之翹首蘄叢精神如對

答郭文巖侍御

承手教究焉如面憶閩丈入白雲司弟旋具書奉候至則台駕行矣弟生平作官于此地四年湖上蓮花綽約相憐怪丈別去太速不得受此風光滋味耳聞日與儕鶴兄相對可謂得朋此兄于斯學有入弟甚喜先拓不可以世量之吾輩無論出處

各各有事肯沉埋仕途亦沉埋不肯沉埋即在十八重幽暗中亦自驤首青霄世豈有錮得人人不可無志弟老矣無世外之思但得假歲月為寡過地別無它念襍刻請教內家師傳請教家師不得即謐此大缺事丈入朝幸留意

答顧桐栢侍御

人之相映照者此真精神耳臺下西江一行造福甚宏監兌議裁錦上添花喜當何似臺下有高世之見濟世之才必為之勇出之以從容本之以靜

正此非精神流貫不能不肖心服臺下絕不從識神上起臺下勉之入朝惟在幹實事今日法言與言俱成塵積老成謀國者又向塵上起塵其能有濟至于分曹角立則猶不忍見聞惟仲山甫舉之愛莫助之是之謂矣敬謝離情與秋色俱遠矣

答薛欽宇方伯

三十餘年老友弟初以臺下篤實敦厚可肩大任不謂深入斯道乃爾一段冲襟真若無若虛弟有餘師弟生平多從逆境猶覺錯過而臺下從得意中勘明此段大事非真志真功不能弟嘗思嗣今彼此老矣世間種種欣羨者覺與真性無干只有可減無可增即此是晚年功課願與臺下交勉之口談性命身落世間行此學道所忌也敢以此就正

答史緯占參知

境無喧寂無順逆者道體也學人未必透此透此是學問能事畢矣須時時學時時反觀久之寂與喧一逆與順一一有厭動喜靜之心以[illegible]與隱皆礙

答石楚陽參知

翁丈出山我輩彈冠但老年英華之氣今且歸根復命從慈從寬從厚斯不失一體真脉承賜効油吟讀至汪中丞張打油與李杜齊名不覺絕倒豫章於楚連脣屬國也二十年来怪得芝蔴價湧不知為翁油肆所攬結兩年間油亦不至又不知老出山矣雖然黃梅彈丸地兩大夫一為　上治盧一為　上治倭所需油不多李打鐵者張公石交也干將莫邪皆從此老淬鋒歛鍔而成恐張公亦當遜席愚意李君二老當以碧油幢籠之他日奏勳又與晉葛並軫不但李杜已也書此當効油吟一跋勿哄鄒生既說張三又說李四附謝發一哄并聞之中丞公

答王澹生考功

承教知紀要一書將成此書關係甚大萬勿輕出承索敝里諸先輩容搜集呈上兹先以蔡見麓楊止菴二公及大澤兄稿奉上大澤兄有銓曹紀事弟為序其中紀同舍出處頗詳幸托相知者索之

必有可載處弟所知者敝里劉直州其人有志可惜為新建所逐前輩如周山泉少宰精白人也容具傳呈上羅月崖大僕與都察院爭堂叅事大有致愚意此等事宜另設一襟紀各項細事可收拾也以臺下明哲煌煌猶欲問張仁和此公載劉侍御畏所疏中未必實否何如然世間有以覇入以王出者不可不察若謂遠江陵江陵九泉未必心許孫月峰公南都事弟未知然選郎係名選郎當詳載之楊蒲坂功在社稷其不載名臣者後來者

缺漏恐非有意宜入傳弟所知顧趙二公外有孟化鯉雲浦王秋澄敖此二公北邊真有志操著門下欲載貴里不肖所知顧涇兄外前輩有王仲山公此外不多屈指矣若與其勿核勿公寧勿成書知冲庱必能為弟秘不以示人也

荅王南淮

一生向學猶云潛脩結成性中精一一大虛此殆生死根也又慮死後無棺木向人求助此亦未了世緣真正學有得頤以此肉身化後任從千萬人

聞此馨香撲鼻曰此南淮一慈悲度人處何必向土壤作螻蟻緣謹以奉復老婆舌良苦

柬吳玄所

竊雖踈然門下一種恬澹冲素之情則從友人處談之甚悉世情濃處能澹得下況德門昭赫海內幾家以約失之者鮮不佞服門下之見卓也侍御兄立朝可以報國可以承家即左一官而忠孝完備世間行不必提起復翁應含笑九京何如

柬余曉山太守

不佞其款啓往聞曹茘溪公祖票為不佞樹坊做古人彰善之義云意一時未必舉行可相忘無言矣近臺下慨然舉行遠伏金陵曷勝感戢不佞以抗浪之竊取世猜忌臺下直欲閔而振之泠泠高誼古人不踰啻不佞有桀愚衷不容不瀝之左右者惟臺下垂聽焉夫士齊兩間而靈萬物者則有獨尊者存匪堇堇以節自見也以節自表見者非士之得已也且士所稱節者甚難矜血氣者鮮令終逞忿厲者眇和平惡乎稱節也不佞學未有成

浪逐時名昕夕凜凜罔卜究竟安敢自以為是也
王文正登第歸有司以車從迎之却而徒步恐驚
里中父老載籍以為懿矩不佞登第幾十年所犬
馬齒浸浸長矣上不能入孝出弟衛道以詔來學
次不能敦龐還樸以善末俗又家無積蓄以助宗
族里黨之不給者且牌坊初建民居有離析之苦
既建有搬運之苦百工交作能必其子來趨事乎
罔以利之而先以勞之是重不佞不德也不佞初
入省垣首疏有如建牌坊須關係風化無得槩施

之語沙頭桑珠代不乏品即一身何足為風化重
輕以此律人而遽貪其言人以譙讓其何辭之有
不佞涉世雖淺蹤跡半天下名邑大瞰昔之貴豪
或一人數坊或一坊殊製始未嘗不巍如煥如既
風雨漂搖新者剝剝者圮矣以民脂膏委之草
莽識者恨之彼知終之必毀則孰若不刱之為愈
也近世巨貴刱坊不少市童過之則憐君子過之
則鄙不佞其將取市童之憐耶君子之鄙耶其闕
不能以寸矣無論其他吾吉文山之大忠也六一

之名相也其坊安在哉即不坊二先生之彪炳者
自在矣夫不上遵前哲芳躅而欲下循近時之流
弊不佞之所大恐也不佞又聞士所稱不朽者三
太上立德其次立功又其次立言不佞學術黯淺
文事非其所長才志紕繆終非仕路中人立德一
念則不敢他讓于今益感臺下期待之雅堅古人
硜硜之守以報知己伏惟俯鑒愚衷速賜停止不
勝大幸

簡汪靜峰太守

南來者曰頌諸所注措心為之欣喜忭躍不禁令
鄉愿風熾有一人焉擎天拔地旁無四顧直紓其
生平學術見之行事此豈獨九邑之幸即天下將
重有倚毗焉幸甚幸甚茲瀆者不肖於蒲月接遞
中一書開視之則闔城人士以數十餘年坊長偏
累之故曾申懇祖公欲改坊為里自運自輸期不
肖再懇于公祖者也不肖讀之其詞悲其情切譬
之淪胥溺坐燋焚望人提援拯救所至必呼號而
欲其出之水火不肖蓋亦溺且焚矣又欲不肖助

其呼聲使聞之心酸情切而救之者速也夫諸生
所呈坊里利害鉅可覩矣寂苦者坊長粮眎里長
數多每一起徵先賠賍三限然後遞年稍得應限
非揭數十金債不能夫中人之產所直幾何其先
借以賠三限者利積力屈而家資先殫矣若改坊
長為里長則粮少而易於輸納易催徵為自運則
法便而家無逋負且住居城廓無煩督責咄嗟立
辦此百世之利也而諸士民所加額翹首以竢命
者領公祖其惟民之欲是聽不肖亦得以籍其餘

麻同歌霞露其功德曷有窮極不肖非不知仁臺
自有制度淵衷自有宏謨敢以數千里芜語塵之
左右亦計汪度方附采閭談巷議為執中之助故
不避狂瞽

荅韓晶宇侍御

不肖山澤癈流常念無以報君親萬一惟有好善
一念殊足以贖夙愆而滌新益故每見當時君子
惟願人人以天下萬物痛癢為心鄙心斯慰自一
接臺下藹然之度坦然之衷其層注一惟博大遼

繹不肖退而喜慰者至今謂　國家之慶與德門
之慶正未艾也夫仕猶入寶山仁者得之以行仁
義者得之以行義天地之大德曰生仁可過義不
可過不肖老而始知此學脉之不誣人故於臺下
不勝傾服臺下如日之升不肖無能裨泰岱萬一
惟以此半生膚見呈請望祈敎之腐儒苟簡知有
道不諱

柬韓晶宇侍御

得手敎知軒車以長夏晝錦太公太夫人仙仙神

王諸蘭玉繽紛繞膝其樂融融似不從人間世有
義之羨之臺下可以入報　天子矣乘時為國調
燮元氣化異為同此臺下優為事論平天下在絜
矩己先絜自能絜人臺下絜矩者素矣豫章一行
不動聲色吏畏民綏此豈易致惟是自臺下行後
斗米千錢即手臼鏹而告糴無從搶掠時有十室
九空矧今秋與上年荒蕪更倍惟改折南兊一事
稍可生活即官家不允勢不能辦臺下居中自能
調護也九頓以懇不肖老去空山世想都盡臺下

假之羽翮其意甚深且遠即不能報酬萬一惟抹
厲晩陰無忘臺下之鞭策也

東陳虛舟明府

前鄞使歸曾候記室知塵電覽久矣敬瀆者弟今
春歸里家兄道明公先年九月解俸買書院故地
一片為不佞居處計夫閔同袍無居而欲衣被之
至厚也不取公帑而取俸饟易之至廉也不與炎
炎之貴人而與孤危之戍容至明也弟雖鐵石能
不感德請如伯夷豈不欲仰承以彰大君子三善

哉嘗不佞有隱痛焉曩在戍所覩折書院報至私
嘆曰江陵酷暴一至此極已接講業者皆習為軟
熟蕩踰名檢又未常不恨士風凋零一至[illegible]也
私心計曰振士風復書院是今日行義達道者第
一事幸不得所請今幸叨諫垣得所請矣文江舊
址巍然完璧敬以附明公為他日恢復之資即露
處巢棲吾寧也或以此地故隙地而非書院即近
改為書院亦非有先賢過化遺蹟卻之不大矯乎
弟則以凡舊名書院理當恢復先賢遺蹟有無奚

足計也且天地之間苟非吾之所有雖一毫[illegible]莫
取矧茲地為一邑公共者乎昔莊定山先生[illegible]不
蔽風雨撫臣欲令有司葺之定山遜謝弟[illegible]以為
美談弟雖頑愚竊附莊公而明公高誼則[illegible]愧古
人所冀成道義之知此地他日得開一黌俾後學
濟濟又何莫非明公之賜而不佞之所貽也緘書
萬里永堅一心

答孫六吉明府

山中偃仰惟偕農夫為春事計忽[illegible]台翰下問虛

丁事臺下神明坐照一方何幽不燭而必廣乘博
議至盡也不恐數都以一人肩百七八十丁者拯
而援之至仁也均我赤子苦樂嘗壤為一劑量至
乎也惟有欽服更復何言然明問不敢盡亦嘗詢
及先輩及諸輿論敢備以聞[illegible]搭担粮起一名佃
丁此曾明府倡言眾皆聞之知者謂百粮者少即
粮百担而添三丁不過銀貳錢且百粮户有十四
五丁者可免又或謂田有去日佃丁無去日長為
子孫憂不肖謂凡係佃丁載在冊籍者云隨粮佃

丁與諸丁名色不同它日賣田時丁隨粮過其說
大有致粮拾担加壹丁不為過此解儒官言世或
謂未免為粮多者苦不肖謂本名有數丁可免若
止一二丁加一丁不為過其說甚公人少者察其
苦稍與豁除人多者或三丁或二丁或一丁宜令
之開報張明府書甚正𡋯恐人多者勢皆强盛誰
犯其鋒設投壓法臨時參伍衆論僉同十丁報一
亦可李孝廉說可行有謂數都今雖消乏然田在
得田者量粮加丁安得別累各都圖此合邑士民

公論記得陳荊老已將各都圖報有佃丁後未申
報官府遂至中止佃丁之說不可行於各都行于
此數都亦宜有謂四十七都人烟湊集可稱富庶
即三十等都且先核本都外補不足看不足幾何
而後議處之之法如一千得補其半亦可去半害
餘以作一縣欠數有謂不必補丁數都欠若干一
縣一丁加氂毫即可抵欠數不肖恐此說起加派
之端有謂丁係力役之征見粮起丁似與　祖制
不同不知顧觀察公祖云三吳兩浙亦以粮起丁

情本同舟議難膠柱有謂陳海寧令吉水時報有
多丁後奉文革去惟三十等都未去今所存者係
浮丁可查果係辛壬年間所報丁數即裁然除之
不為過有謂當時羅文恭核丁之說可尋近又云
南昌每丁五分吉水每丁七分半陽以名減陰以
實增不知然否其說亦可覆而謝諸圖減丁者之
口又有謂今宜從衆平議仍舊貫止者不知平議
名雖美豪強單戶勢既相懸覓首帖耳逐隊呈身
誰復敢為不平之鳴者若上無衡鑑新收開除之

科　太祖不必設臺下一腔仁心亦無所寄故須
審而後得平得其情而後平之易民可使由不可
使知從古然矣議論多端總其意有二念在子孫
者惟恐踵禍菑裔不知子孫賢無所事憂子孫不
肖所可憂者如居如食如婚嫁之類百苦襍出可
憂者難量數豈止此一事乎念在蒼赤者見世途
多端滄桑人代區區百里荒磽薄田皆為造化使
人在造化播弄中豈一人一家能專故士君子當
以天下為一家今一時飽煖當思困苦者孤獨者

疾病泣訴者皆我族類直章不幸耳恐此輩流移
孫子不之恤乎邑人不知恤者大都未實見且聞
耳倘如臺下日日覩其犇訴之狀扶攜泣涕之情
又覩其某圖某子甲某受虛粮比併之苦又聞其
賣男鬻女折屋之事其欲一谿流移以共分其苦
痛當必有食不下咽坐不安席者豈獨仁臺今日
之痛乎不肖常念吉之人民貧本自家傳椎是貧
而苦父子二人而當二百丁無勺合而當拾餘石
之粮它邑必無之事外郡聞本邑名以為化國本

邑日項虛差如坐愁城下之人有口種種議論聽
彼懸河上之人有廢涓涓細流悉歸大海謂諸言
無當不可謂言盡當亦不可釆而全用之半用之
正用之奇用之事必有濟聽筳等者一一聽之則
各自成聲所幸者敝里人上自縉紳以及童稚耳
聞一體說最熟今此一事縉紳俱知大義頭臺下
察吉人民明一體之說以公心體諸士縉以恤鄉
敎諸小民不忍令之各遂其私邑人今日能體一
邑者世世生生享皇極之福如不肖無足比數頭

以身為先惟臺下命是從不肖如有異同臺下以
頑民視之何所逃罪言出血誠聊應台命知我罪
我付之太虛

答濮琢如明府

以臺下品地入朝顧示天下以廓然之衷無令畏
壘疑可也自古正人君子不能久立于朝亦始于
求治大急而自處大孤自處大孤則于物也不親
求治大急則其施也不審天下非一時一人所能
幹臺下其以不肖為血誠可也至人難再故敢縷

縷如此

東孫六吉

別忽忽三改歲矣喜聞台駕還朝計日簪筆西清
鳳鳴高崗貽一代得人之盛佇可想見惟是為昔
日言官易為今日言官難今歧分壤界一出言本
無心而人以歧心窺我故曰難也然不肖又思之
為今日之言官易昔也隨入朝而隨拜官今遲以
數年之久閉門而籌冷眼而觀胸中久有成畫從
容時出自可當君心而孚輿論不卜可知幸惟為

社稷珍愛

答范丹樸

承手翰殷殷愧感愧感昔人遭此穽有援之者今入此穽有下石者門下歷此途始知之大峨之行水盡山窮鳥道猿聲此中隱隱生機欲逞是遷客淂力處接諸貴人備盡諸態且忍且受此處欣欣歡喜消受是遷客了心處終日除目推而不允阨守下僚是 上恩鍛鍊處若要熟從這裏過不過則仁不熟敢為仁者一宣暢交相勉也

答陳貢喬國博

黨人七子之說不紛紛耶為今之計惟行所無事而已近時人心不正一切傳聞盡屬虛偽既不能拒只當化之機忘鷗狎鳥翔色舉吾以機應世則何誠非機吾以誠應世則何機非誠削去浮華歸于真實弟與丈努力

舉文昌書社諸友

貴里吾邑所稱文獻窟宅雄宗醇德開目如是顧山川繇邈人心渙散僉議當刱一書社聯屬人心振作斯文起獘維衰諸耆老子弟皆欣欣鼓舞不佞敢佐王氏題主金為前茅惟諸名宗播告通都故宗共力圖之寧儉衣食無儉禮樂此不特文昌盛事一邑側耳聽芳聲以眄成功来聽誦聲焉

答友人

承教知翁晚年浸浸未忘此學古人云學則忘年不知老之將至性無老少也又来教云茫然無知冥然罔覺此有兩樣不知學人無知無覺是不著緊老學人無知無覺是全歸路頭不知翁從何一

項下章察之義理言論思慮躭閣時日無濟于事高見謂何

答友人

與人相對貴在精神逼真盜賊娼婦彼一段精神自不容掩說到此更就咽喉下割刀吾儕向上尚有脂粉更說甚學脉縱粧嚴淂極工極巧瞞不淂有司者丈謂何如弟生平閱人多矣瞞不淂仕途上作官有公論居里有公評處事有實際愚意吾輩不妨疎漏縱疎漏處露出真精神便是真學脉

也

答潘少溪内相

元其世之棄物自歸耕十稔倚巖穴寄餘生畊暇則時從殘卷蠹編中作腐儒不知門下何所過聽而特加注存自拜承以来日有慚感居嘗思天下之民窮極矣窮而至西江又極矣絲枲之利不如吳淅魚布之利不如楚塩之利不如淮楊晋粤山澤之利不如閩民惟食土之毛畊而食織而衣所在莽蒼去年廢歳小民日用之需百無一至蕭條

之狀元其束髮至今日所未聞見十手十目誰能掩之非門下安靜以從事民更誰望焉近時齋心念佛者衆不佞思佛之道以慈悲度人為主區區有其心而無其位門下一注念而西江即西方即淨土脩行捷徑更無踰此者敢以此為門下謝知門下亦素向佛道乘夙生願力與西江民有縁故漫及之門下必不笑為迂儒腐談乎

又

蓋自鑛税從興人人重足而立日聞楚事足為寒心門下入境来我吉州埸霪從事吾民雖苦蘇絕假借之擾閭里不至驚惶不佞常與二三父老曰此我　上恩也能宣　上德意者潘使君也恨不得一向門下為窮邦稱謝迺門下猶然記存不佞其何以當不佞自抱痾歸山此心惟頤我　君德同堯舜治比唐虞普天之下深畊易耨誦詩讀書人人得所輩　皇圖億萬斯年此不佞報　君恩國真心也頤明公圖之

東駱與涇

主上近超四言臣而足下以切直不敢藹及行且及君矣明夷之章當三復之夫物未有不晦而章者真松産石巖以千百年而後柯葉不朽不佞頤足下為松為栢

東羅洼湖給諫

羅司勳行曽題尺牘来幾得夕郎報不減貢生之興憶弟十年前猶得跬步玉清謦欬　天語足下今雖承明乎大官膳可飽爐香不可裛矣言念國運可為寒心説者謂徑尺之鱗脩盡無餘弟竊謂

儒者遭時而存逆鱗之心即此心且不足信友綱
曰至尊詩曰奏假易曰觀盥頤足下三復斯語易
又曰動而不括頤足下深惟其義憶弟初食大官
膳時如魚入水洋洋悠悠未幾厭心生又未幾殊
覺飽懣欲吐之矣思山中藜莧如僊人掌上清露
一啜令人欲僊足下熟其味乃知鄙人言不虛也
諫補一副馳以代賀匪物之美美人之貽

東李孟闇進士

足下第僕聞之喜此非獨一身一家一國之私喜

常自念堂堂文江如彼大厦必有巨材為之棟梁
今得吾弟繼起又不但棟一邑矣雖然欲棟斯世
者必有本末德者本也明德者學也學必有砥柱
中流氣骨而後可以挽頹波必有茹蘖飡霞節操
而後可以回末俗必有鳳毛麟趾至性而後可以
覆海宇必有鑽堅貫的決志而後可以窺閫奧僕
二十餘年求明師親良友今髮冉冉矣中夜思之
徒冒浮名負君負師莫我為甚得吾弟匡我未逮
補我未至僕之頤足矣僕崎嶇數十年未敢謂無

所入居嘗與友相處黙念世有目擊心喻者曉曉
強聒彼以為塡故平居未甚與諸友及吾弟究竟
今吾弟巨擔在身始知此學不可須臾離矣願以
身任天下萬古之重僕盼望以日為歲

荅臨江沈二府

不肖少年用罔老而棲心蒲團上始知世間所謂
浩然者盡遂血氣奔放非真有超然與天地獨存
者在夫所謂浩然與天地獨存者不依形立不以
生存不以死亡不以人知不知為加損元某求之

念年未得而敢冒認為道惟懼法眼照了迺臺下
曲賜引我不肖其何以當

鄒子存真集目録

卷之二

序

鄒子存真集卷之二

吉水鄒元標爾瞻父著　門人張瑀
紹興年弟周汝登　曾天㑭
同郡年弟曾鳳儀仝編　王宏重梓

序

歷朝忠義録序

夫臣事君猶女之事夫貞女戢身閨壼間惟酒漿婚嫁是務無非無儀此婦職也脫一旦遭時不造至短髮割鼻以身殉世遂以為烈與節而矜詡叐

然婦亦率其性之所必然而世之知與不知身與名兩忘之矣二典三謨都俞吁咈遭縱馨之會並未聞以忠義顯者殷有三臣或去或奴或死夫子始仁之此萬世忠義之定案也嗣漢以典屬國顯唐以狄顔宋以岳文二公著田婦村豎亦悉其名餘或列之史册然多挂漏又有載之稗官小史者友人郭道憲彙而梓之曰歷代忠義録匕論大忠大節争光日月者大書特書即名跡有所未著及以狐憤湑嚴譴者必備載無遺道憲意盖曰忠可

嘉也吾嘉之不必求其備義可取也吾節取之不必慮其終舉世皆擔圭爵為妻兒交游光寵獨此諸人或殺身不顧或舉室播遷或備嘗荼毒與餒妻子諸臣名姓共埋沒荒烟野草間世將何砥焉吾為之一提揭使天下知凡遭時異世殊撑柱兩儀未可謂秦無人而奸譎柔懦者亦有所震悚于世教未為無補此道憲意也功在世道豈小補哉道憲自幼抱負雄奇可芥拾一第乃以不偶俛而拜官非其好也諤諤朝端惟其有之是以似之𢿱

編之謂矣昔汲黯以任子起家令人主不冠不見世或病不少委蛇未湑竟其忠猷予竊謂黯即在事豈能一一與人主争使或著一家言或引諸賢比肩事主視以一人功効勞逸何如而黯知不出此又淮陽一卧望九閽若隔世然徒令千古嘆惋道憲盖悉此義而又包茹今古所進無量貞襄有子矣嗟乎含章可貞地道也妻道也臣道也無成而代有終者人臣之盛軌倘曉曉以忠義自許期急千秋名焉則豈世道人臣之幸哉睎彼貞女一

無所為而皎然氷霜者寧不媿死此又讀是編者所當知也

張曲江集序

謝子聖侍御巡鹺維揚振飭綱紀暇乃刻其鄉先達曲江集問序鄒子鄒子拜而卒業知侍御非徒彰表前徽于當時有熱衷者在故表公以為臣鵠夫人臣所以報君父在奠社稷進賢絀不肖耳公如拒武惠容請東宮安如盤石功施社稷甚鉅如諫相李林甫拒牛僊客兼祿山必反知幾其神矣

說者以風節羙公予謂風節者虛而不可即之謂公實見之行事匪徒皦皦擅名一時者倫讀公書者即公如生之日此侍御刻公集意也蓋常論開元時厲精求治言聽計行如以石投水功幾垂成帝遂倦勤公之言如以水投石祿山遂起側身蜀道始思公言噫遺祭亦晚矣甘言疾也苦言藥也善藥者常治于未病倘諱疾忌醫而病在膏肓即扁鵲望之而走矣人君于臣子當令時在左右進逆耳苦言治于未亂斯上下相得有成一聞言而厭心遂生厭生怒怒則馮其不測之威臣子非膏斧鉞則奉身以退至于大壞極弊不可救藥即良平亦難措箸矣夫與其沒而奠之無寧生而用其片語國家享和平之福功在社稷之為暢愉乎公能使人主憶之身後而不能使人主竟之生前天乎人乎亦祿山林甫時實為之公竟不能挽耶可慨矣世常患在權臣予謂權臣者奠邦安世壹稟于公正者何可無恬勢滅義一以濟其私圖者何可有世有權臣而後能為重臣世有重臣而後繼

使人國重高山巨嶽巋然霄漢胎雲孕雨不崇朝而萬彙隨蘇此重臣也公在開元間風度泠然令國家重如九鼎此非可以聲音笑貌取辨歲月至者讀公是集仰止當何如也

三祀志序

我朝令甲凡仕與隱有聞于官與家者並得祀晉宗示之勸法至善也而寂後孝子慈孫有力可憑輒以祖父俎豆諸名賢閭業以後裔爵復以後裔賢司教秉鐸者無骨可勝又以俎豆貴人祖父為

贊輙請輙報可不顧所安即公議凜若斧鉞亡閒矣于是諸沉脩元夫臨終戒子孫畧足不入賢祠感念良深而始有以它祠為重者顧祀而至于數識者悼之往黃梅汪公刺吉時覩祀必新建乃嘆曰吉州新建未張頞時諸以學行著聞與濂洛介庭者有人令柰何言言良知乎于是鷺洲祀二程夫子外以恩江西昌二羅先生配曰學有兩派吾姑以兩羅先生為濂洛氣羊行之數年新安吳無奇先生守吾吉覩鷺洲祀典嵩嵩以理學名曰濯

濯鷺渚誰使宋家數百年宇宙拂而拭之至今是我信國文公公不以鷺渚為湯沐也者諸先生寧安享謂公不聞道乎聖門四科未嘗以顏閔故廢言語政事文學且古有三不朽語謂何夫學者學之為實用維世矯俗使人實受惘懞非以虛空守寂騁虛見為高也又必有所證驗非泛泛從大人遊分半席瞑目端拱矜莊嚴曰吾聞道也吉州人競耳傳妄擬勳賢名實諸臣吾甚痛之于是捜國史邑乘官于斯生長于斯衆著者得若干人人叠

為傳一稟獨裁不虛美不隱瑕如古史義例間有欲得者公曰彼石可傳吾心不可奪有為乃公得者在吾何敢即都三事有遺議者公曰彼生有崇爵沒祀鄉賢足落彼事有公議在吾又何敢書成過文江謂鄒子當弁一言簡端余讀而感公所以維世者良且切也余嘗有感于吾吉學術蔽人久矣計新建自嘉靖間始盛行西江吾吉州前此班班名臣碩儒何都也而嘉靖年來稍稍息矣常求之不得其故由古我先輩沉深淳懋闇然躬脩有

言必篤有行必卓故麟麟稱盛寖後言愈猖詭愈下矣蹇蹇匪躬者曰不聞道屋漏無愧恥逐隊譚麈者曰蔽性此其言豈不膾炙為學人士鵠然諸人自以之鞭後則可碌碌庸流長短人不可不然夫子于管仲一則曰如其仁如其仁于微箕比干曰三仁三仁豈今之譚說者駕夫子上之乎是說之溺人也浸人骨髓後生末學惟以初入耳根者為宗誰復敢昂首碧霄抉竅剖微與諸先輩一駁正也愚嘗謂良知如彼教家屠毒鼓可以生人可

以殺人精于良知全體者可以生溺於良知偏見者可以死公之挽吾言頹波橫議者力哉雖然祀瞽宗瞽宗重偉門闌安知雄俊勁特它日不以鷺洲為瞽宗乎私也托之乎公顯貴也托之乎彰徵黨絲也托之乎輿論予大夫良苦不佞有說以告夫人之不磨者精不朽者神齋明盛服洋洋陟降下上左右者何物哉誠不可掩也諸先生生前崎嶇冷落鬱鬱寞寞故精神不以生存不以死亡一坏淨土供奉諸先生神遊不為侈而又以力可憑

不顧先人所安闖諸先生席次諸先生孫持者必望望而避是誠可掩夫子語欺余矣嗟乎吾安能必斯席無不速之客又安能必從來者有必勝之骨惟恃有千古真精神在昭映人耳目假者自假真者自真執爵童子惡得而掩諸吳使君志不必孫使君往世豈無心使君心守此懿章不墜者

三忠文選序

蓋聖人從憂患中系易至困曰有言不信曰剛掩曰致命遂志狀困與處困道摯哉晰乎夫以言事友稍稍不挨而色且變而目將營刻以言事人主一不信如以泰山壓累卵蓋至是一切陽明剛大之氣閼而弗揚非大人真知遂志之學蔑有勝者世宗朝有三諫富平御史楊公爵太平給事周公怡吉安水部劉公魁皆以言事　主上後先詔獄者幾七年榜而死死而甦甦而復欲絕粒死釋而逮逮而復釋其精神至動天地　上從火光中聞有聲鳴三臣冤始得釋天下無論士紳至孺兒子詫為异事欲涕欲舞可悲可喜奇矣宜興侍御

安節吳公蓋常接響秦晉攜有斛山集二冊授予因譚及周劉二公甚詳余啓曰三君子生則呴濡請室逝則聯翩太虛其精爽英風幽明今昔無弗同也者昔獄中受尚書史載為美談刻三君子以正學相切劘即在孔門亦稱高足宜併刻以傳俾讀者益有觀感云侍御公曰善挈以屬余乃窮日夜力凡三君子蒙難正志語擇錄無遺蓋心境從困苦中逼來其學術淺深異同無論矣校成公名曰三忠文選夫人臣策名王家忠道多涂大較在

宅衷粹白禔躬端潔不然即功垂琬琰名載史冊尚論者有遺議焉三君子難至而節見累至而行明昭昭然若揭日月而行百世下聞風猶為髮豎于忠也無忝或問鄒子曰三先生仁乎鄒子曰仁矣曰夫子忠令尹子文不許其仁子言何容易鄒子曰仁道難言未有不自困心衡慮中入三先生備極箠楚求生不得求死不能身有桎梏目有桁楊耳有鈴柝無一非酸心摧肝之境既而于所謂桎梏桁楊鈴柝以為枕席以為飡藿若固有之則于吾心動而靜靜而復動離而合合而復離顯而微微而顯于所謂不以生存不以死亡者必有綱悉其隱非人所可告語者子柰何言之難故曰求仁得仁子從事仁則知三先生彼諧臣弄兒一集從脆骨中咲蔗嗜飴不知茹氷飡蘗作何境陽浮慕而陰忌嫉往往掉柔舌握寸管雌黃先達纔落口業可哀憐矣敬書引其端讀玆集者當亟衣冠焚香三肅曰我　肅皇仁同天覆狂直如三臣猶得更生堯仁湯寬度越千古而三臣萬死一生忠

遂命亨處困有道仁君難遇忠臣不易知是然後知昔人頠為良臣語有味乎言之也

淨明忠孝録序

婁國學東和暇日扁舟五老飲康王之水歸而拍洪崖之肩翛然世外不受塵滓有羽客從雲中下以所藏真君經善本受之曰淨明忠孝録東和敬刻于家塾予受而卒業因嘆曰道不遠人遠人不可為道者非吾夫子明言哉憶予官白下時諸僚友往往譚僊家言共師一妄男子妄男子語之云昔真君謂年若干後八百弟子當應時起龍沙之讖實今其時而所出寶録曰某曰某皆耳相授受聞有名字其中者仙仙乎欲飛復密以語余曰子名在高等余語之曰余于君臣父子夫婦昆弟循省多少缺畧安能譚世外事妄男子聞曰吾固知是夫距而不吾入子無乃淺吾蔵乎余觀是書曰淨明忠孝淨明語體也忠孝語行也體清淨則萬行皆歸行忠孝則體益員朗世有不忠君孝親而稱無上道耶則吾夫子道不遠人語歟予執肯回

心從事家庭父子兄弟閒循循雍雍即眉嗃方壹
更無事希蹤霞外矣衷和其以為然否

福安學志序

粤吳先卿國士也余嘗奇其珥筆 彤廷鐵羽今
官非其遇矣駃騠鹽車衆方扼腕而先卿婆娑一
氊昂翔千古力以成就人才維風勅俗為務觀其
所編學志禮樂人物山川 詔令纖悉備具昭忠
竟于白日網遺佚于將墜畫一之規永垂來禩穪
學史矣余常謂官無崇庳崇庳者在人安定在宋

汚池在晉去今若而年諱者以為教父至欲置汚
池而癖信乎人在自監真不籍品秩為重輕者譏
乎世弁髦其職以澤宮為遽廬眎先卿不有餘師
乎先卿勉旃它日鴻篇鉅纂此其嚆矢矣

陳恭介公集序

恭介陳公清貞端簡事 今上為名臣未竟而薨
天下惜之鄒子元其敬致書公猶子二守及公冢
嗣國學君曰尊公一代名碩幸謹護遺編為不朽
計二君曰先公策名官涂強半林壑自耕稼外惟

楗關手一經上下千古即隆冬盛暑吾伊不休其
所排纘不匠心不止顧家遺鬱攸散失無存所存
者寥落亦不足傳余曰夫龍瑞于世者得其一鱗
一甲亦足以為光見珍于世而何以傳為公子始
從故篋中得疏及序記碑誌銘若干首付鄒子校
讐余受而卒業其文沉深奧郁出入先輩思與古
作者齊軌公殆馳騁藝苑非苟作者然公之傳者
非文也公精品鑑自都海宇重望者二十餘年齟
齬權姦晚而遇 主俾公統均四海倘公得一意

行其志將見羣賢彙征品物咸亨天下至文莫大
于是而左掣右維啓事登進一切報罷俄而掌銓
俄而待罪俄而辭印俄而解綬俾公一段以人事
君熟念憤懣無所舒泄讀公疏者能不重有感乎
國朝冢卿爛然功實者王文端蹇忠定王端肅馬
忠肅是時六卿時得召見內無壅蔽外無阻隔故
得以展舒生平邇來如宋莊敏孫清簡公及蔡奉
新志在報國與王蹇諸公何殊迺多所違忤皆不
得席煖去嗚呼撫公卷又可以觀世矣然吾聞夫

臣在正色立朝不與時高下尚吾衡之不繆一日百年一息萬古公與諸君子皭然不出不撓之節即起王蹇諸君子比德絜功何後先焉此又讀公集者所當知也

端毅王公年譜序

予兒時偉吾邑張蕪素救林見素公封事因知三原王公復救二公然王公生平未甚悉也長從掌故中始知公在 成化 弘治朝巋然如魯靈光為一代名臣云頃官南曹靜菴大常胡公公鄉人

也間過余齋頭因詢公著述公曰近欲校公年譜而未暇子為我竟之余乃取公故譜刪其繁瑣撮其宏鉅其關銓事雖細必録蓋公在銓曹久其所駁擬可作典常俾後掌銓者有所考鏡焉胡公復欲余序余謹拜手序曰天之祚人國也必生博大貞固之臣以為之幹旋其否運斟酌其元氣而是人之生也其取數也多受享也必長譬之山岳之鎮江海之潤利澤及於人莫知其然而然者皆非人所能為也天也余觀公自少至老皆天授非人力也世之人哆譚闊議析及玄微及臨小小利害髮動神悚至懼世詬責又藉口中庸見幾之訓以伸其解夫使世噤口而不信學者則誰之責乎公平生未聞其所譚說講究者何若而死生利害瞭若毛髮真見其是萬人吾往未嘗回顧卻步公之稟于天者堅也古我名臣亦豈無以身任天下者然跋前疐後至不得席煖以去公有敢諫犯顏之形上如使 主不見疑下而使左右譖間不得肆其陰計優游福禄以老是巧佞之夫所不能得者

悉畀于公之身 列聖海涵天覆亦可想見是天之助公者順也惜當時有薦公爰立者而阨於中使公晉握鼎鉉當與三楊爭烈而不欲盡公之用者皆非人所能為也天也憶鄉合州初謁公即與公極口論天下事公以其輕發而少之世遂以公為知人余竊謂世之享遐陟膴者豈少哉過其鄉與物之腐敗同至不能舉其姓名今合州與公慎為名臣則世所以尊公者又不在享遐陟膴為也九原有知公謂然乎請以是畀太常公命而付之

剞劂氏用以垂名臣之大範

簡肅周公遺稿序

肅皇帝朝吉水巋然係百辟具瞻者則太保東塘毛公總憲崦山周公余髮未燥時徵文獻先大人而及二公先大人曰毛舊為名御史愽大如函牛之鼎北伐虜南征夷是所謂有猷有為奠我疆隅者也周舊為名給諫峭拔如凌霄之峰始翺翔於藩臬終飈歷乎烏府是所謂推之不来麾之不去者也小子識之已又曰吉仁山蜿蜒磅礴文水瀠洄代有賢哲彪炳有宋國初林林無論已近世若張経歷兼素劉進士卧廬羅參知東川羅太史念菴或介然有守或闇然躬行俱令里中後進有所慕用晚近世諭諭訛訛以諧俗為韻而先正流風漸滅殆盡矣宦猶海也海能濟人亦能溺人夫不謹維檝覆溺也寧有紀極乎小子戒之余稍通筆硯覩毛司馬集數卷獨疑周公文詞不少槩見何哉癸未秋濫塵省垣得故牘中讀公奏疏二通一給事時爭文成奪爵事一令潛山時上百姓所不

便宜狀給事在官言官不為奇惟為令官不過七品耳獨能諤諤剖閶闔隱痛而巖邑賴以息肩則先憂之志而謀國之忠也方以不得見公全文為恨乃令令子宣来金陵裒公遺稿一帙余披閱之意盎詞直類公為人因憶公飈歷仕途四十餘年籍僅僅如是當時公所重者必有在而先達之貴實不貴文也如此近世仕人年方強仕身未蓋棺文集爛然塞乎域中視斯稿可以興亦可以愧矣令子請余序諸簡端夫公既不以文事為急余敢復為游詞以忝先達輒舉昔年之所以慕用公與公所以用心者為吉人士告焉嗚呼哲人綿邈悠悠我思一葉障阿余將疇依緬惟庭訓不能不撫卷而三嘆

泰交録序

臣元某供奉掖垣時思孟軻氏格心語為臣道至要故不避狂瞽時南京吏部尚書臣丘橓以都察院副都御史起家再三告戒曰格心無為身在殿陛其必有濟乃未幾遂去臣元某猶不然其語蓋

膺儒見地膠泥胸膈閒遲至今思大人者蓋指有
德有位大臣在宋如韓琦范仲淹富弼歐陽脩之
類是也其次莫如講臣橫經帷幄　上俯几以聽
如蘇軾范祖禹程頤之流是也外是望九閽何啻
千里萬里即有血誠納約奚自臣愚在于誤讀大
人字耳一日予得覩臣德溥泰交録即列　二祖
列宗事一篇之中三致意焉真不愧講臣者時
上不視朝者未幾不踰時而德溥遽以是進豈所
謂獻可先見者耶德溥可與幾矣幾之為言微也

上好讜則汲鄭諸臣進　上持籌則桑孔之臣進
德溥意欲以讜言而障末流諸臣萬一不謂書晋
德溥亦歸矣歸未二十年視當時氣象又大徑廷
諸臣所以格君者惟章奏一路乃小臣不得請者
故常大臣不得請者十之九輔臣不得請者十之
七玉軸牙籤塵封埃積業在乾之上九無論泰交
矣臣常聞岐伯對黄帝曰言天者求之本言地者
求之位言人者求之氣交帝曰何謂氣交岐伯曰
上下之位氣交之中人之居也故曰天樞之上天

氣主之天樞之下地氣主之氣交之中人氣從之
夫岐伯謂一身且然天下國家猶人一身君天也
臣地也而氣不交則痿痺跛盤者何啻一身臣又
嘗讀楊子云日南則萬物瘁日北則萬物生斗北
則萬物虛斗南則百物盈而莫知所謂近思之日
陽也君也陽居陽則不能下濟不下濟則萬物亢
惡得不瘁北陰也臣也得離而照則萬物盈故易
曰萬物皆相見南方之卦也聖人南面而聽天下
嚮明而治者蓋取諸此稽之往牒歷有明徵我

朝　列聖兢兢業業于諸輔臣造膝握手若家人
心膂然豈故好為煩瘁哉又無論　列聖我
皇上初年親灑宸翰　賜諸講臣旱則步禱叢
則議賑虜報則議邊臣步武烈緒者不一而足令
睽隔若此蓋有所以間之者醫其間而交者合矣
夫利之興仁義也孰迂孰親孰甘孰苦迂則取效
遲而其利遠苦則初若甚難而其澤也慱令
上千載聖君偶以鬱攸不恐勞民寄情鐘秝非其
好也而佞臣計臣邇臣行且日疎其與諸臣工親

也可翹足待矣倘一旦翻然下霖有能備顧問數國事如家舍者乎記　孝宗朝臣徐溥劉健謝遷李東陽商議朝政半日劉健即稟云容臣等具稿以進　孝宗云此事衆多商議乃妥諸臣始失暦穆廟臨講羅忽闕石州殘破狀諸臣亡能出一語嗟乎有臣亡君有君亡臣兩者皆良苦讀泰交録者宜先自洗濯乃心媢乃辟無徒盼睞來備一人可矣德溥是書叢蔵之尚方其錫弘罷弘攜思德溥苦心刻以廣傳臣元某敬焚香載拜引其首者如此且以識講臣言臣功位殊致元某不善讀書負君負國敬繹茲録重有所感愧矣

侍御見泉魏公摘稿序

侍御魏懋忠與余同年舉進士是歲有傳懋忠詩者欲索之懋忠為三楚李官去余譴過星沙朗州星沙朗州楚地也楚人傳懋忠登岳陽樓詩詩云洞庭天下水岳陽天下樓泛舟水中流飲酒樓上頭之句余讀其言而壯之曰夫夫也胸中吞雲夢八九矣相去千里而遥無由一遘癸未歲予起家

北上維舟江介道遇同年伯仲問諸大計狀共言曰夫諸所建白者豈不欲郡邑皆良吏哉而吏不皆良者則苞苴公行故耳今歲杜門謝絶諸餽遺者獨同年魏懋忠氏私心計曰人有不為可以有為夫夫也豈欲大有為耶舟抵前途聞懋忠以直言得罪去予思懋忠不見時興參商之感焉冬聖天子念懋忠言是起南稽勳郎甲申予遷南比部幕與懋忠時時相見時南多遷人儀部郎習太史陳大常李道甫驗封郎李于田亦君同里人諸數人者嘆往追昔譬之傷弓之鳥棲一枝而共相霞翼涸轍之魚得升斗而更相煦沫也留都多勝境名刹良辰必選勝以遊遊必數人俱或各有題詠詠不足者歸而和之懋忠則舉酒揮毫下筆百言常自言曰夫詩抒性靈惟吾性之所之而止豈必拘拘唐聲口哉余異其才復嘉其識偶過懋忠所覩案頭摘稿一帙半楚與金陵諸作大都出入唐宋間如所自語昔傳楚中詩亦具焉余哂曰以懋忠材當含香禁藥乃柳之外察如楚如中州如

金陵天其有意倡懋忠詩耶昔人謂轍迹不遍載籍不周不足閱杜詩君北人也北人尚風骨使君不歷覽南方諸勝又安能兩擅也諸君僉以為然南都重君者將以稿付之剞劂氏予遊與君同而才蹇不能多作即作亦不工敢述其端紀一時離合之悰俾觀君詩者知君志有在非堇堇以詩鳴已也稿名摘者非全也以侍御名者嘉君無負言責匪以官榮也君學未止勳業未可量他日又當誌君之大者

銓曹紀要序

銓曹自庚寅後人人自危後先逐者山澤纍纍諸君子時不無怏怏曰我輩佐冢卿一意奉公不敢走仄徑意未嘗負人國何至空司而逐海內方隅幾許英賢鍾山川奇靈幾許何當此消爍為不佞告之曰君等休矣老僧告子瞻曰世所忌者子瞻大官耳二三十年間富貴爍火電光空落一生出世子瞻遂悟深證名理世豈能錮人人自錮耳竹影松榻間不負時日九淵九象亦自驤首玩愒時日即都三事亦屬沉埋且不奉命承教吾黨與有過焉不如是不足醉娼嫉之心而消傲蹇之骨諸君子不以余言為迂而冏伯為甚近冏伯以銓書紀要書寄至欲余序余受而卒業凡自冢卿及諸司卓有聲猷而事關國是銓宰一心播棄人才詳載已遺冏伯意蓋曰世受國恩先公有熱衷而未竟我有葵藿欲藉一官使海宇賢才蟄者蘇鬱結者奮庶幾報　君父萬分一也者遭時不偶淪躓空山似河之清人壽幾何目覩諸君子行事稍一

為紀述庶幾後來者有所法戒已往者如生之日吾雖奇蹇一時心吾心者猶吾之委蛇皇路先公九泉亦必爽然此冏伯心也余于冏伯孝廉時僅一識面知其抱負雄奇不減弇州先生茲書成弇州先生有光又不減龍門世史已也冏伯可與立矣憶余為郎猶得事楊梅豐宋商丘楊慱大有容啓事頗多商丘精勁而以瘁薨其後如孫清簡陳恭介陸莊敏蔡奉新孫富平楊端潔皆世推鼎呂然上饒當相臣去就未定故得優游在事餘皆不

得安其位曩曩去獨孫富平疏鳴不平　上卒鑒
其忠再召之然竟不得志去冢卿者各司之表各
司者冢卿之幹幹強則表榮表端則幹植聯絡一
體相為榮悴冢卿既不安其位何有各司諸君子
柰何不遂不老且死也昔三楊在事西昌冢卿十
八年歸老澄江猶賦詩有未竟用之嘆使其覩今
日蒼松翠栢亂落深箐明珠碎璧擲棄道旁感嘆
不知何似又使起西昌鹽城三原而在今日挽回
又不知何似余不無遐思焉余又惟銓政故有推

之者亦自推也世法無常我有常無常者變有常
者卒不變使人各守其常可生可死何有一官庶
幾澄清有日顧人各有意不能盡如吾意者十常
八九然賢哲何代蔑有使各手是編而監令追往
冏伯雖不得握柄一時而執銓曹之總有典有則
功在世道者宏且遠矣誰謂山林無政哉

中丞見沖張公東臺疏草序

東臺疏草余同年中丞張公見沖為給事時所奏
副也公由讀中秘為給事先余數年晏歸予從諸

省郎後訊公人人服公無間言也公再入省垣予
或南或病歸蹤跡差池竊以不得面公為怏怏及
余再入銓公以直道忤時黜叅知河南藩事人人
爭上書云張給事故藹未負國家胡得令給事外
徙且給事資當內轉又無論賢也公之賢愈彰亡
何時政稍新公始得陞大理晉南院操江都御史
公至留予復以滿歸雖一再接公論議然知公雖
相與朝夕者莫之踰也從而索公所上諸疏讀之
其詞讜其心粹白其識趣超其守一于正而不變

宜公師表臺省而輿望攸歸也江陵柄政是時臺
省爭揣其意之所欲以中其心黑白易見也壬癸
之際左右之袒未定言臣揣摩其意而投之黑白
難見也不一二年間權有所歸意有所落當意則
用不當意則舍言臣又復如江陵時事不復知人
間有公論矣公身處其間一惟公論之所之不知
權勢為何物夫公論所在即理之所在理之所在
即天地鬼神亦且感格豈曰人心公之言也不以
已而以天下天下頌公亦以天下不以已嗟乎豈

色矜而貌取者哉馮太史用韞氏序公疏以近世隳節者為憂余竊惟道陰陽兩端而已陽為剛毅為光明洞達陰為暗昧為側媚軟熟惟乍陰乍陽倏正倏邪是不可方物者也彼之隳節者乍陰乍陽者也公胸可揭皎日與人語洞悉五臟天下且以公大用卜陽道之長余所謂知公之深者或者其在斯乎同志刻公疏草臺端余敬識數語簡首公才識敏練建豎未艾余雖老岩岫乎猶能握管為公紀述茲特一班云

銓曹疏草序

銓曹疏草余宗孚如君在銓時所奏副也孚如在曹凡太宰欲有釐替多出其手而心蓄奇抱憤恨不立青瑣栢臺與　天子宰相爭是非可否時時欲借劍折檻焚草者數矣已掌各司纂各有更置驗封羅故不法吏數百餘人即諸人盤據內地蟠語不計已大計天下吏旌廉懲墨奬忠抑佞其所布功令纖悉詳察計籍出入爭相權呼云會選郎以推言臣與內左羅為民孚如尋綰選事復上書

陳選司宜置吏事狀會有齟齬者遂連疏乞歸當事者留之不得然海內望孚如出如農之望歲孚如歸卧林扃甚適也其門人括其諸疏以傳而問序于余余披之文逼史漢識邁董賈俱無足論乃余穆然深思而知聖人作易為萬世慮者深遠云上地下天為泰下地上天為否泰之初曰拔茅否之初亦曰拔茅顧其拔者何如耳泰初為九否初為六九則為陽為剛為健為君子六則為陰為柔為順為小人其機常于消長間握之顧握其機者

非進退人才者之責耶然身其責者未必皆陽也剛也健也君子也則長之數常不勝消而世事益不可知矣先是溺其職者資稟柔順藉口含章若以為固然自孚如輩出始以剛健陽明用事然卒不能安其位而益知陽不勝陰矣此予讀[illegible]流穆然思而繼之以悲也或問予曰昔在壬癸之際孫姚江司計而天下一新今在辛壬二年孚如夢白氏司內外計天下又一新顧鄒趙二君皆不得一日置其身也孟新鄉顧無錫相繼罷水署幾空此

何說余曰此不難知也其人亡誰為爐寒灰而肉枯骨其賞盛豈無護沙門而貽隱禍此可知矣上聖神洞燭覆盆此四六君子傾否之責端有攸賴故易繫否終曰否終則傾言否之不可長也用書以竢余夙與諸四五君者矢心王室戮力澄清足未躡選郎門權臣望影而畏四五君者必唆余曰不善藏身使人未局而疑余亦哂諸君曰不善遊刃當刃而使人代也他日史臣傳銓事者宜何如覽鏡焉

銓曹啓事序

余昔與孚如同待皋銓署中孚如奉公體國雅意以進賢去奸為任已竟不能容余與孚如皆先後歸臥余善病病輒連旬回睇昔年故交及宦蹟浮萍真成一夢偶孚如氏寄到十記一冊則同曹諸君子進退離合之蹤世道否泰之機忠賢奸佞之狀燦然畢具若不得竟施諸行事而姑托諸空言者余受而卒業不覺夢而醒又若昔與孚如揖讓諸君子于畫省而相為謦欬也已而思曰余浮縣作夢想乎世路悠悠誰知誰否誰哲誰愚誰治誰亂知者不必得輸其謀蓋者不必得抒其悃真若有尸之者在非人所得而與也史臣欲記萬曆甲申後銓表舍是莫為前茅矣

代庖錄序

詩云三日到廚下洗手作羹湯未識翁姑性先遣小姑嘗有味乎言之也余讀冏伯代庖錄其急急類扶正論陳誼甚高顧翁姑所急者不在此而冏伯不論嘗不嘗概以己之所欲者襍進雖敵以下

所不能堪其齟齬宜也銓曹昔為華涂今為怨府棄斥草澤陸離嶔崟者林林相望庚寅忽奉
旨逐元其後無年無日不以銓曹為射的左足出長安門終身至老死病死望　九閽若天涯而莫甚于西江西江二十年間柄選者一謝金谿吳臨川吳以逐去而李劍江羅新建俱以在家逐劉廣昌逐而死士林惜之次則三吳三吳二十年間惟顧涇陽柄選海內方引領而旋逐以去陸長州王周二武進俱不永年今冏伯又去説者謂兩邦氣

運使然余則謂亦不善調羹之過也夫西江僻處巖谷叢岫間其人力纖嗇無外嗜秉骨剛勁凡世間酸堅苦澁腐敗之物不能一沾唇者西江人有噬必嗑年老而齒力猶故世之人不食嘔吐固宜三吳自少熟異味奇饌又諳五方之宜宜登之尊俎人人厭所欲乃冏伯亦嗜酸堅苦澁腐敗之物與西江人同奈何不自取困耶雖然困不困無論世嘗以鞠蘖鹽梅惟相道足以當之余竊謂不論出處顯晦凡有身有家者當咀嚼其語人之吐棄

我也吾黨亦與有責焉余老且病無能振于時以冏伯才豈終能抑之牖下冏伯善自韜艾
上一旦賜之環冏伯必曰臣曩過矣臣曩過矣臣今善庖矣

西臺疏草序

夫人臣簪筆西臺所稱與 天子宰相爭是非者至榮遇矣雖然遇難言哉無論黃虞都俞吁咈不可想見宋言官得隨宰相上便殿言事面相可否今所稱心膂之臣不得一望 天顔而要臣握進退權衡籠罩言官江陵時猶甚凡言官有欲言輒先具副封白而後入不先白不得入即入它事中之去故當時睹言官咳唾相臣胸臆可想也江陵敗相臣陽若遜避不事事人人爭蘐舒所長或流為訐為詭至今 主上厭聞士縉掩耳相臣始收其權曰非君相不樂言言者無道言路從此塞矣所稱爭是非何有此非真誠體國練達時故者未易入也若吾友甘中丞所著西臺疏草是己中丞在西臺十餘年棘寺數年以老成端練著聞不言

言必 上加納施行為國固疆圉為民除蠹賊凡迂腐窒礙難行瑣屑不可施用者公視若敝帚一切逢迎人指摶擊善類博名高者公恥不為故聽焉所指若薊遼若吳楚小人歌德君子飲醇有以也夫竊嘗論攬轡者在使世道澄清澄者如水澄然無事之謂若波之蕩之濁而匪清矣故曰孰能濁以靜之使清公生平無它嗜好澹如寒素語訥訥不出口與人款款悃悃初終若一誠則一一則無欲無欲故靜宜公所至不似毛摯而清靜尊公

之約束者無間言有由然也彼逞其氣力以為風稜是源之濁求流之清必無幸矣讀公疏者貴得公之源本焉公方拜開府旋讀禮歸海宇望公出如望歲兩儀相遇品物咸亨剛遇中正天下大行公有中正之德遇 今上剛明之君追鋒特召茲惟其時元某引領為蒼生望公起茲疏草特公之一班爾記元某與公同歌鹿鳴同舉進士時即偉公稠人中迺今公表表明世而元某腐儒自甘公友誼不減古人三十年一日公不但為國純臣且

為世惇友元某常怪叓山川詭奇萬狀無所鍾毓迺今中丞為世名碩如是是草足為叓山川吐氣矣

宗伯學士儀亭黃公集序

余友子開憲八閩也不佞祖千江干祝曰君行乎温陵謁黃先生韋甚顧不佞別先生廿年俱冉冉老矣先生神情內斂苞蓄必富君韋以惠我如侍先生謦欬焉亡何子開寄所梓先生田亭集既余且欲余序予拜而卒業者連旬知先生之文如先生人絶不一襲世徑可師也世徑高者凌虛厲空探之無倪先生言言必本紫陽拒諸高論若禦暴容 孝廟朝李何起後七子奉為壇坫非是族者必黜先生沉浸列史不拘拘摹擬而雅深典要詩峭刻清麗洵可傳也說者謂温陵人才輩出臚傳自先生起於今為烈余竊謂臚傳如先生神情向裏名實相須乃足尚也又有謂先生當戊辰諸同事遞相貴時偶稍俛仰衣鉢可續乃以老宗伯句首銜門不無過泥不知鼎道有二玉鉉固鼎有實

而慎所之鼎亦自在先生官少宰時如疏翼
皇儲譚邊事右言臣業與時枘鑿倘不慎所之寧先生得志日乎先生自愛其鼎者有以也 肅皇朝海宇望以為相者歐陽西昌次吳高安兩宗伯竟未就而去今以二公與當時得意者衡論必不以彼易此然西昌自少摳趨新建學有源委高安篤信淳龐以故處末流而能不波先生服膺蔡文節學尺寸不逾以故立朝穆穆落落諸戊辰所稱諸得意者先生無一焉廿年餘始典辟雍晉少宗

伯即歸歸而起先生為政屢起屢辭數十年出處之正不淄不磷先生其人矣溫陵雖稱才藪愚敢謂先生繼陳紫峰迥文節可稱鼎足讀先生集者貴識其大無以茲集盡先生

宗伯學士定宇趙公全集序

夫世餌于靡也若三冬老媼絕無煖氣此非有陽明挺直之君子起瞶能振之余于定宇趙公有選思焉趙公常熟人鐵面長髯矢口直腸在班行中望之如長松拂霄又如羣少年袨服冶容為雖忽

一燕趙奇男子排闥而至令人骨竦乃無端為人齮齕歸辭世十餘年而集行仲子某走使謁叙余受而卒業公所為詩與文有排山倒海之勢有吞天浴日之象丁丑後半在牢騷抱鬱中故多商音然公傳者非文也文者人之神情寄焉人履幽憂則其神閟而不揚不閟則不光此公文所以傳也余往習趙內江事輒為神王及見公如見內江焉內江廷爭北虜事左尉荔波公嚴讜[illegible]一無幾儒內江從崎嶇嵐霧中深證名理公不知[illegible]矣公

集種種匠心又非內江可比內江雖大拜席未煖去與公不能平童國事者則一內江儲于　肅皇受知于　穆皇公由庶常進　穆皇首拔之令上始未嘗不知公倘公而在其遇未可知記當時內江為人攻擊疏辯云以臣庸則庸以臣橫則橫橫必不庸庸必不橫余讀其詞悲之夫以陽明君子居丞掾之位必欲黜之去此何心哉公之遺殆與內江後先並驅而馳者也或曰趙先生墓有宿草而議者求多何居余曰子謂公可淄乎夫輿詞

不能勝廷論隻手不能掩天日此皆巧為造纯用樸之而愈光者是也或又曰玉以潤而稱至寶文以禮樂古有明訓趙公徑情直行故世得而闇之余曰松柏堅凝桃李色澤即造化亦不能容移若執文以禮樂訓則世始以一事市名卒回心易面取大位如携者文耶禮耶樂耶世無孔子狂簡誰裁趙公如在半榻可以盟心令公既往寸管難有詔來余與子仰止可矣常怪海虞一蕞爾地五十年間如文靖文懿及陳莊靖皆彬彬大良為世名

頑趙公復起然半生吞炭茹蘗瞭三先生良苦讀公集者可以觀世可以興矣

劉幼安學士應　召序

余抱膝山齋思古人一出而聲光照耀今古則何以故豈脩之隱約有不斬信而信者在耶亦天生人必有所以付之故陰為之相其成耶不然閒門造軌出而合轍乃爾今豈無負一代之望者人皆以為皐夔再見及試之事夙望頓消説者謂人在識微彼顯之不昚微于何有又有曰望虚而事實取人以虚則人人皐夔循人以實則皐夔自皐夔嗟乎難矣劉幼安先生自登第至今將三十年其仕其隱蓋兢兢乎顯而之微矣先生大半隱田閒之日長世之人從田閒露色相者十而九先生清白堅凝瞭脩之朝者猶一日爲且其學從覺路入真以天下萬世為且莫滋蒙　聖天子召行任天下之重世皆以先生為重任謂得君心未必得縉紳心恐以我為曲學得縉紳心未必得君心恐以我為市交斟酌二者閒亦大難事余竊謂微而真即一意得君非徇也一意得士大夫心非名也語曰知微之顯余卜先生于微矣勉哉斯行天下非重任仁為重任仁非重無所任而任為重先生真以一息為萬古即出而晉天下太山之安猶空中鳥影未足落先生事余與先生鄰門僅數日匆匆別而知先生深自鄧文潔公始彼此峰岫神情莫逆先生在朝有一鄒生為山中羊韋亦清朝佳話頓洗耳聞　聖主得賢臣之頌

少司馬允虞蕭公集序

余計偕入都門公一見器我余登第會近溪羅先生賫捧至公持盃酒期余屬先生曰南山竹也揉而植之是在先生後余以狂愚上書　闕下公大駭而集郡縉紳曰是必杖杖則事故有不可知者乃出金十緡倡郡中佐諸費余果瘡宿郊坰公舁小肩輿呼監押者曰彼未嘗寸祿諤諤乃爾天豈其遂令槁骨瘴鄉乎爾善護持歸吾勞爾不者爾且不知死所矣余時在喘囈中私心德公不置癸未余被命掖垣甲申左官南曹公數以書勗我具

籍中乙酉余入都門公官少司馬自公之暇非公
過余則余過公閒嘗公以國家大譽畫隨口響應
不事新奇要歸于當私喜曰他日為國家奠疆圉
于磐石者必公也余欲請告公固尼之不得則贈
余二箋其一云白日金牛還皜皜青霄彩鳳故翩
翩余至家無隻字入長安不得問公起居而公遽
厭世往矣嗟傷哉今子裒公遺稿成乃過草廬問
序于予余受而卒業惜世之深知公者稀焉自今
入仕籍覩薦紳大夫皆服公才不知公才所以成

之者有本焉公昔受學文莊鄒公已受學洞崖周
公二公之學所至不同然皆主於仁公磨礲淬厲
窮年卒歲而又氣足以克之才足以蕟之宜公轍
車所至駿猷茂樹而流譽無窮也夫斯道圓也如
規方也如矩矩以運圓無所不可彼膠膠者執東
迷西何足貌公萬一耶夫余非無稽也余扁舟吊
公夜宿白下二儒生儼然造曰蕭司馬父子一德
余詰之何若曰十餘年曾有離重困者金求公解
公蔵其金其人卒得生全公沒之日遺書其子令

其人取原金去又余登公堂睹公居室僅別業一
堂一餘不改先世一椽一瓦此可以觀公矣余感
念今昔德公所以才及守之慎于微令讀是集者
興焉非好為小言也嗟乎公往矣而皜皜翩翩之
訓余安敢卒負公

孚如鄒公全集序

孚如先是有靈雲山樓蔵稿余既序矣孚如謝事
歸影益匿神益王著述日富門人裒而集之計詩
若干文若干題曰雲夢鄒孚如集欲余序諸簡端

余惟我朝列聖湛恩穠澤四海波恬故士君子得
以安閒俯呫嗶之業然有以天勝者有以人勝者
弘正間李何為蒿矢李則突兀雄渾端倪變幻令
人辟易何則清俊爽揚如美少年世皆抵目大都
天勝者多近時諸子互有得失諸子中稱瓊林武
庫者意欲凌駕往始而往往蹈宋人窠臼則蹇博
之過也且諸君既放于辭虎眎中原無足以當一
瞬然尚論其素議者求多焉孚如得天既厚而又
浸淫沉涵六藝蕟為著述置諸作者之林自有鑒

者當余所契乎如非文也吾夫子以文莫吾猶人自歉而致嘆躬行不逮易曰脩辭立誠所以居業則今古學術可概見矣乎如事親孝臨財廉奉公忠自幽獨以至大庭莊嚴謹恪歸田以来足不踰戶手一書上下古今無論有司不得一望即親友罕窺其面蓋寤寐先民之英退藏於密惟日孳孳眎右躬行君子何以加焉余嘗評乎如業三十以前精強志銳欲與藻思者齊軌有作必偉三十以後志專邃古力探本原有行必篤此乎如之大㮣

也余獨怪乎如才爲扶輿所鍾毓 列聖所甄陶者不俾之早出爲雲爲雨徒令之烱然山澤間抱蕴櫝者得無有歸妹愆期之嗟乎因序以歸乎如年甚少進未可量余雖潦倒他日猶能揚乎如之大者

侍御陳公奏疏序

夫余今而知言臣之難也言不當曼衍無切於用言切直機危不保其身全其身又得行其言非積誠有素而識當事機者不能也余友侍御陳公敬亭是已公三爲令而宦後令江都江都綰水陸之衝五方風氣襍沓最難得民和公調劑有濟不激不隨頌公如出一口以治行髙等召竟以孤立授南道御史是時權臣偏置私人稍不如己意者陰蔓之如海忠介與房御史角則房勝三進士糺房三進士罷黜莫敢吐一語公獨力援三進士後竟得録用公疏力必又李豐城滇中有茂績寃下獄曰 上意實非 上意公又力白其功與材當大用夫豐城里人也公不避嫌不蔽賢皆古人所難

言權臣眈眈公而公家居者數年壬辰春再入南臺會哱賊殺鎮臣䦨寧夏師老財匱公以疏激總帥竟得成功余韙公識豫而識超相還往甚浹因得讀公諸所條奏恤民瘼察吏治悉當機宜特揭其大者三事著之篇端俾讀者思焉公所著有言責要覽曲而中肆而隱可與御史箴相表裏臺省家置一幅言責何有公愼旃哉不獨南州倚公爲重輕矣

侍御張公奏疏序

吾里文峰張侍御老而隱瀧江之隈嗒然與世棡
忘也獨留手一囊付其子祖延孫子愷曰吾無遺
女子孫所遺在此謹藏示後世俾知吾志願足矣
祖延等受教惟謹開眎之則公留臺奏草具在公
已卒數年鑛稅役興至公所奏草湖口稅璫
上特遣中使臨之境內騷皇始相告語曰侍御副
封具在惜無以陳于　上前者江帆柏天佑客恐
恐然惟懼身葬魚腹人人始思安得有人復如張
公一言回天為窮民活須臾死者走而索公奏草

祖延等不能拒手抄幾于腕脫于是始命工繡之
梨鄒子受而讀之公諸疏觸邪有埋輪風而所奏
革稅一事民食公德澤者蓋數十年疇匪公力也
我　穆皇仁心為質慮周海宇為之臣者亟于成
君之美是時上下交泰之風猶可想見　今上聰
明睿智至仁天覆同符　穆祖大小臣工補牘俳
闥不遺餘力　上至勤手詔曰大工方興民窮財
盡計無復之大哉　皇上不忍之心槩可繹思然
使知其地不能維舟維舟而入往往為魚鱉食必

不忍以民命而易民財尺一之　詔旦夕下矣公
是疏不知為史臣所載否然載于國史孰若載于
口碑令行道碑公之疏祖延等傳之雖家乘亦國
憲也夫人臣一言悟　主膏澤下究行旅欲尸而
祝之有臣如此奈何當其身不盡竟其用至令公
沒而有遐思司世道之責者其無令真才失之當
時也乎

太常一崖郭公集序

余蓋得侍郭太常一崖先生青原山中既余登第

先生亟索予文讀之語余友劉司成曰鄒生文氣
深厚必有樹也廼鄒生漂泊浮沉未能副先生望
許萬一歸而先生已為泉下人不見先生見先生
季子希和趣操如見先生面焉今年季和刻先生
石泉集成請鄒子為序余受而卒業讀先生詩歌
直窺古作者閫奧至論學諸語浸浸有見世固以
浮海事難先生不知我明浮海者代有人然藉是
益有所砥俾學之有所證則惟見先生一人耳世
譚學者遞相塗説閧之令人掩耳夫學譚何容易

不有所舍則不能有所入不有所奮則不能有所
蓋人最畏者死最貪者生生可棄也世間更復有
何物足以罣靈襟此先生之得于海者深也先生
之被　使命盖因巧避者而忽及云巧者曰等死
耳死海寧死諫猶不失萬世名公曰吾業奉
聖天子命使異國脫有全軀念如臣道何死官下
與死諫一也欣然就道卒生全以歸彼巧避者雖
能博一時嬰童村婦之口不能逃天下正人君子
真心卒之顛倒末路以是知虛名不可假也皇天

不可欺也獨波濤異域能死人哉嗟乎人之初終
擊於一念一念而真萬死萬生歷久不變余于茲
益信矣往在長安人頌先生城通州功最高為官
家省金錢數萬緡卒以是媒忌使先生私囊橐出
緒餘結輿援何顯位不可至奚必優游泉石老耶
然太極之隈石甘泉冽先生樂之必不以彼易此
先生之得于泉石者固矣

少司成兗陽劉公大學講章序

余歸自白下常與士和太史譚留都少司成衙齋
之勝曲徑文軒松檜蓊鬱主人持一經蓮花亭上
當是欲界仙都目士和得無意是乎已何士和果
拜南少司成余起家過白下士和觴余燕磯因再
理前語士和戲謂君南來與爾共之不爾禁也又
明年余再調留都時蓮花盛開紅白錯襍晻映波
光清香襲人衣帶士和持碧筩引淵酌余謂昔言
恍如左券嗟嗟所遭何奇也士和在南雍褆身彰
教最嚴關鍵士有片長奬掖恐後色動神怡有干
紀壞法者持三尺繩之毫無假貸多士始而斤斤

中相習久而益信曰劉先生成我不敢忘所遺講
章數卷晰理如射之破的觸物如風之感蘋其門
人刻以傳而懇序于余余聞六經者聖人之糟粕
非聖人之精蘊也以言釋之去聖愈遠雖然糟粕
醇醨之所寄舍糟粕亦安所得醇醨哉士和志古
人之學可以忘言其不得不寄之言者欲諸生之
因言見道非士和意也昔張參為國子司業手寫
九經遺大學未聞其講究者何若茲刻當羽翼九
經加惠之學無疑令士和且從而北去　上嶷神

穆清亦既有年一旦弘開講幄首膺 眷命必以茲廸 上曰臣故所彰教賢闡者如此臣不敢負所學又豈獨周南人士被其精華已哉余雖不得志陳忠 上前猶能為士和賦啓心沃心之誦

類鑑序

昔見一生初遊庠具金幣為贄學傅裂其刺而大詈之予思曰古者執菜以見金幣非菜也何作市人態耶生怫然而出越月號諸生于堂撻責有差未及生生長揖問學傅曰先生以文行教我願受教以他事責我某義不受辱學傅知生不可屈也遂作揶揄狀無何生登第前之裂刺大詈者乃浮白仰天大呼曰生無論文事即行亦卓絶乃爾吾固廩生有今日也他日幸無忘我衆皆盡笑其所為謂昔何甚倨而今何甚恭也長老譚羅文毅初鬻世業往郡學見學傅即呼然曰彼何人可為我師乎其兄手覆其口曰無妄言禍矣文毅復厲聲曰人各有命彼其如命何郡傅惜其才亦不復與較憐其貧助之文毅復郡之館穀梁氏者六年文

毅時時有言曰志於道者不可辱身於學校以方今日何如也嘗怪上之待士者大輕而士之自待者大高愛其子擇師而教之至舉郡邑英俊而教無所擇稍知章句恥師于人操尺幅而為人師輒欣然往安望造就譽髦勤宣令德真材輩出彬彬

備 明天子使哉余友李仲岳氏負雋才兩試南宮不第以二尊人故就祿晉江仲岳自惟吾業已為二尊人祿養計而不盡厥職無論臣道不忠烏所稱能子也躬自刻厲以學為教晉江士大德之薦剡數上而以父艱歸矣服闋補真州教亦如晉江故事暇則乃出昔所餖飣者用以自最名曰類鑑請余弁諸簡端余披是書凡有關于教事者罔不備具不獨鑑君才即君志亦可窺矣梁王墜馬誼以憂死荊公為之歌曰古人盡一職一官豈徒然君非有見于官之不可徒然者為是書歟真有見於不可徒然則必自求所以可師者為諸士鑑矣晉江文獻名區詩書其習真州水陸輻輳諸士自少習于綺靡無以滑之其廸之也易有以汩之

其訓之也難是書可信真州士其丕變矣君勉之哉余嘉君之志首述所覩記者俾司敎君子一繙卷而惕然自思曰十室之邑必有忠信青衿濟濟豈無文敎輩在何恐以不肖之身作千古譚資耶此又類鑑之一鑑也

放生會編序

余束髮嚮學句紛且至倍有味感應之說云世輙以其說為出佛乘不知悖入悖出知遠知近殺人之父人亦殺其父諸語凜若斧鉞讀者如飄風過耳古先聖賢雞鳴而起惟善是力夫為善之旨非嘵嘵哆譚之謂在此心生生之機流注宇宙人得之安物得之阜風俗得之淳而後善有所證人心之機不生則死未有立不生不死之界命曰學者余癸酉鄉薦敬致書於家曰士叨入賢書輙請有司開牛禁為市膾愚弄墮惡道犯冥戒不小確尊此禁令四十年不忍一念常耿耿于心每見世間士大夫茹素者客至不宰牲者心是之而沉溺習俗任其痿痺近十餘年覩有放生者喜付名其間

冀少贖夙愆客至不能盡絕惟雞黍而已近辟匿樵陬親友見招者余矢心告以無殺牲而親友不諒往往因予犯重戒口腹雖甘物命可憐昔東坡既出獄有魂飛湯火命如絲語款客惟鮑魚竹筍清韻可掬余昔囹圄與湯火何異而憒不知省為東坡罪人因復自惟曰使余知省戒諸凡夫猶然蹈殺機不止皆予生機未至也會吾邑城內外諸善人起放生會方春和時閒一舉行命僧募緣持簿至而請余序余謹為之引其端并告諸君曰愛

生之心物與人一特弱肉強食不足異也夫上帝之德好生為主苟能好生日日神明臨汝若未好生即名山頂禮重研不息刳心充饑刖人肉奉神神其欣之乎往余家一婢見羣蟻聚膻舉烈炬煬之無遺育余偶見喝之曰爾不畏冥報未幾婢被湯火遍體傷而腐者年餘一庄僕生平取蛙為生臨終滿腹作蛙鳴又郡太守汪公禁民間取鼃數年田中絕蛙鳴夜有竊取者睹物如鶩以手捕之乃巨蛇也遂中毒死人謂為鼃鳴報此余耳目實

闘且見非出烏有報不在遠事有明徵善士其信之余非謂物能遍生之亦非必一一求生之人人具此一機入識田中知生之無害則知救之當戒知物且不忍傷則知民不忍害至千里同風一蹴慈東天清地寧行見鳳凰集麒麟遊非虛語也昔人云烏鳶之卵不毀而後鳳凰出卵且不毀況烏鳶乎此可例矣必如是為實學為行善之証不然即談入微眇人曰聖賢復出鬼神從旁揶揄之矣知學者在好生哉在好生哉

給諫甸南許公廣易通序

往從楊少宰賀文昌習給諫許子倡道海南心竊向之願許子舟過文江者再亦急余而終以余謝客深山相左近致書以廣易通質余而復相左余得書悃悵者久之謂許子且溯洄去乃客有謂許子採藥螺鷺者余急買舟問許子病許子聞余至喜甚雪風栗烈持爐炙酒談笑甚驩别去讀許子所謂易通者時方元旦謝客焚香肅衣冠而卒業許子以其所學者通數聖人之心有得余心同然者有得余未發者蓋易之道六通四闢如大海水酌者自取許子邃于易矣余家世易年来有會心處輙欲勒成管窺以似来禩終以易道廣大閣筆久之獨時時與友羅給諫有得即談談而復忘却許子自罷諫官而燕而齊魯而吳而楊得之帆檣烟露中睎世之升沉得喪無足以芥其靈襟也者夫 上之賜逐臣者遠哉回視作賦弔湘以自廣者大相徑庭而士之不可不聞道聞道不可不勇也如是乎余敬校畢以付許子并致聲曰吾聞瓊

州在大海南其山川所鍾為瑰奇者代有異人如丘文莊之文學海忠介之節義俱彪炳寓内所謂道德有于身化文學節義而一之者必有其人許子勉矣夫續余友楊少宰如綫之緒也

蒼虬舘集序

今以詩鳴海内者惟四明為冣盛沈方伯箕仲余督學君房屠儀部長卿皆矯矯藝林樹幟中原迺今又得恭知丁使君使君筮仕白雲理枉雪滯政在刑書再典午曹建威銷萌功在邊隶觀察三楚

江漢澄清持憲豫章湖西敉寧三楚時猶治平鎮
事湖西政當鑛稅叢興境内沸羹之日非文武為
憲者未易厝注使君且曉籌宵㡀不動聲色民用
寧宇登臨寄贈不費吟哦余初讀使君詩春然大
雅已卒業蒼虬館草如編貝聯珠洞目駭視令人
應接不暇汪洋浩淼者似其襟度皭然不緇者似
其潔操日霽春融者又似其惠政昔夫子謂詩可
以觀子輿氏謂誦詩在知其人使君之詩如其政
與人信乎聲音道與政通而言為心聲彼以詩為
小技者誣矣譬之戰諸君子建旗鼓為名將使君
獨出一銳師取勝使遇諸君子相當吾知其以勁
敵却步無疑茲者以入賀　東宮行湖西吏守下
者刻蒼虬草以志棠思鄒子謹為編校而書之首
并執手使君司海宇翹勤　前星朗耀者且二十
年今一旦　聖衷闓悟肇舉大典使君身親見之
虎拜舞蹈歡忭萬倍常情昔唐宋臣子能歌誦大
功盛德者往往被之管絃使君才不在唐宋作者
下它日聞有摛藻天廷為史臣紀載者非它人必

吾使君使君勉矣夫使君家有松千尺虬龍干霄
館當其下所至詩以蒼虬館名者志不忘隱居云

本支文獻考序

余屛跡東山明府宜黃兩山宗兄過我曰余宗數
百里内仁賢相望焜煌史冊家乘獨闕而不彰彰
而不全備其何以貽來茲予聞君言不勝憮然之
感焉余為兒時可五六歲韋家大人衣步前楹閒
楹銘云系自金陵宗派遠何辭家大人字什曰系
者源流也金陵者南京也蓋家先世自金陵無錫
徙宜黃有祖堯文剌吾吉遂家焉小子識之予稍
長好攻古文詞問先世文獻家大人曰宋進士叔
璋公所著文獻不可考已我　朝文獻明府濬然
國博不倦二公編有全集學博清齋公宦蜀時返
荆州被火全者今雖不可得然各房所藏餘膏剩
馥猶有存者斯其責不在予耶予始握鉛槧既入
仕籍俱不果近歸稍稍次第今春復燬于火余之
哀恫何已時也乃復括各房所存者而授君以往
因系之言曰獻者人也獻而不存則因文以見先

人而興步武之思也余嘗過鄒縣盖孟夫子苗裔云七篇仁義家傳人誦其後人示若贅疣且其先所羞賤今自好所不為者而甘心焉余因悟曰人在自立耳人能自立匹夫可為百世師而安在其族類為也昔常玄成述祖德以戒子孫車服威儀廩廩不勝懼然則斯集也豈其誇當時而膏潤其族類為哉固欲世惇德無忝乃祖父耳吾宗子孫披是編瞻前則思承睎後則思啓庶乎斯編為不徒而兩山兄編集之意亦永冀衆于無窮哉

星子先獻言行録小序

但生遊白下時好任竒余促之歸每淂生片撰謂但氏何多才迺爾閩但生登賢書余連遭大感蹤跡踈遯今年以所撰先賢言行録請余引其端余未盡悉諸賢底裏然嘗念星子為西江鎖鑰竒嶮衆流所滙靈粹必有所鍾而又有宋明諸儒先今過化兹地流風蘊義匪朝夕故且其土磽而貧無紛華波蕩以娛心駴耳士必有埋光鏟采為世瑰竒者在其間特世世無剖璞者出使世知有良玉耳生是編出邑獻家猷彬彬備載稱惇史哉但氏一門父子昆季道術行誼爛然士縉口吻即一家而一邑可知於惟盛矣

吉水清軍冊序

丙戌夏余抱瘵乞　恩歸里時巨浸方消蠨蛸蚪糾疥膺篆璧所在莽蒼懷抱惡甚余兄聞語曰子知清戎之害賖洪水更烈乎大都當事者以為金府以為錢穴不厭不止而閭閻黔細聞軍情咋舌縮頸莫敢吐單詞傾家竭產不盡厭其欲不止余

舉盞酹天曰不為吾吉除此害如日然而莫可告者會石樓徐侯于虔觀察使為介親當避去瀕行過余問吉利弊狀余方囁嚅唇脗閒侯需之急予猶辭以言之罔竟也侯曰姑言之余具以語侯未幾侯淂留乃追故所藏籍手自校讎櫛比鱗次惟明惟覈計原額新增共三千三百三十七戶實丁戶俱存四百七十七戶在營有丁一百二十七戶丁盡戶存八百二十三戶丁盡戶絶一千八百七十九戶奏豁二十四戶例不勾丁七戶終身六十

一名斯舉也蓋有數善焉往勾單至邑勾者一而被害者百餘家大都更相影射互為稽查以受財多寡為凌唆重輕今成冊具在家喻戶曉有則雄豪不能減無則黠猾不能增野無犬吠之驚里杜勾攝之苦謝影射之弊絕年例之費侯功德吾吉州者鉅哉邑行有成效余設誠以告按臺朱公朱公行之通省行有盡善不善議有或合不合易者鹵莽難者偷安吾力莫可誰何徒仰屋竊嘆而已常思軍伍空虛大司馬時下清軍之令不知一軍

行伍十室九空未伍而逃者伍繼歸國家未受其半矢半鏃之益何至使二三細民提妻挈子北走秦晉燕趙塵沙萬里南走兩粵滇黔嵐瘴毒霧勞肋苦骨長此坎壈亦慘矣是時丞為蕭山沈君有孚侯嘗語余曰非沈君不能從吏非己不能力肩蓋塞其利竇丞若空設聞者以為知言雖然余能必後來者皆沈耶余請告之曰國家以俸養爾年可百金皆民供也彼既出力奉我又剝其脂其誰與我爾必鼠竇不復開耶告之曰余觀巨室有至寶憂鼠之囓固以重笥襲以綺縠未必寶吾民耳寶吾民而肯令鼠食吾民耶吉邑地磽瘠民柔懦易使然可義感未有上好仁下不好義者用勒碑陰矣告良牧

萍鄉縣志序

萍鄉西江偏邑也不如壯縣三之一然邊楚隣接邑楚洵強邑不逞之徒跳而匿焉說者曰萍鄉難治非萍難治也匿而入其中者之難也且兵變倣則先受其災余兩過其邑覩灌莽蕭森惘然傷之

然念其民樸而易使則又惻然念之會余故交下邳陸侯世勳以雄才來領是邑余折簡曰割雞牛刀遊刃有餘絲棼亦未易理君侯圖之侯黽勉三年政成民胥悅久之以邑志書來徵序余惟昔朱子所至輒下車著志書是急蓋欲以采民痛癢疾苦而爬搔之譬之明醫欲洞陰陽虛實之辨五方之宜得之心急載之書俾療疾有瘳此朱子深意也侯果心朱子之心耶執物塞遠章志貞教茲志悉備嗣令者可興可觀此亦良醫之選矣侯慎終

哉俾斯志永不磨滅焉

新淦社倉志序

西江地瓜民稠故鮮蓋藏丁戊歲大饑邦有司皇皇拮据為百姓救死扶傷不暇余居嘗蒿目籌之惟勑社倉為永賴計旋奉 詔起家即以社倉為民瘼中一事奏聞 上報曰可下司農司農下藩臬二千石二千石下各有司余同逐後恐壓故牒中丞陸公鎮撫是邦惟鄉約社倉是念有司奉行有勤有怠新淦王侯其奮然曰此故我司牧事而

似上官督促為遂遍行阡陌鄉有社社有倉善後有議屈力殫慮惟懼㢘墜乃刻成誌走使吉水問序鄒子鄒子讀而嘆曰仁哉侯也可語政矣雖然侯業已力行即欲付剞劂又欲得鄒子一言豈虞將来不得垂永利乎雖然侯亦恪乃職盡乃心耳厥父菑厥子乃不肯播余覩後来者每畢前人制度盡欲紛更鋪張其所為而諸愚民難與慮始往往臨渴掘井未寒而求衣者百無一二則茲美未易終也且鄒子疏奉有 明旨廪廪在前不能使

德意不壅閼書之竹素又安能使人皆吾聽吾亦畢侯命而已嗟乎茫茫宇宙其初爾我一身飢餓顛沛皆吾兄弟顛連無告者彼而晰一體之學則必家睎斯世子睎斯人恐委侯政草莽而又恐弁髦余言也乎倉誌後附以華奬旌忠事宜是皆關治體豈俗吏所能為哉

見棠編序

張伯昇過吉州郡人士為之賦見棠編有思德者感事者悲遇者蓋其先公刺吉州德政醲厚其去

也以按横令故郡人士望公為世津梁迺公登世宜其播之歌咏不一而足詩志也又思也郡人士業勑祠專祀公與朱司冦公今思尚未已可覘吉人心矣朱邑命其子死葬桐鄉以桐鄉愛我吉人祀公思公如是亦何減桐鄉鄒子獨思公當時剽剥新學寂切摯余于是時以耳入者先蓄胸臆不能盡受公使公今日在其能領畧公獨到處不可知又不能已于思也伯昇客甚貧視古人一劍且無何論蒯緱雖然公無遺君甚善世間穴金陵粟

遺後人者轉瞚閒與虛空等接其子孫面貌可厭
憎君雖無一物而胸韜藏甚富獨世之佳公子比
且其子崍英英欲起天遺廉吏者未嘗不厚伯昇
歸載此數詩過宮渚江神淂無揶揄曰咄咄張生
家無宿舂猶戀戀乃公窮癖如是載此空言何謂
朱公李吾古膺　召止一舊篦張公易而出其中
敗絮殘書數種西江人士至今於兩公神明之迺
朱公撫三吳不知三吳人士口語謂何出此詩為
我問之

陳心易給諫疏草序

此余友人給諫陳心易氏官拾遺時疏草也拔茅
射隼綏民窮困國本幾數千言其氣直其心赤洵
可傳也給諫先是請　潞王之國一語僧沈宗伯
寤　主意匪有它後宗伯歸疏請　召用朐次朗
如皎日宗伯報友人書云給諫公事見督正為國
精意與它下石者不同兩俱無猜矣後宗伯
召入執政宵人齮齕相國幾不堪而追論宵人者
遠及給諫单辭不知疏草生平可覆而數二十年
閒事轉瞚若隔世何論千秋萬祀夫世可淂而黜
者若沒若滅之影耳給諫自為諸生事親孝待弟
友取與甚廉兢兢先程矩矱既入　朝諸縉紳爭
遠踶之以讜議罷歸韜光戢影若處子然誰淂而
揜之余老矣常欲手獻給諫代余報　君父萬分
一顧給諫同余歸山且二十年　廟廊緣淺林壑
情深余每念及輙為仰屋因其門人刻諫草成系
數語竊附知弟子莫若師之義世或以我為頌美
狥知則吾生平於璞玉不忍向無縫處下一錐鑿

是余初心也亦學道人公心也

貴州通志序

元其荷　安黔筑誅罪六禩癸未春奉　詔賜環用
特恩備官掖垣諸抱疆埸憂者過問黔筑事曰諸
土司故世受　國恩何多梗化者予曰天威照臨
誰不欲守世業傳之雲仍間有不靖遊民鼓掌弄
之非其心也計寂雄長者土輿鉞穀甲兵人民不
及中州一下縣且其所伏肘腋人各有心欲自相
貴又四面受敵亡足計也但地磽而瘠物產既屈

有田者賦稅時加轉瞬輙羅州邑長及諸小吏官
情蕭索諸小吏最苦士與民上與下交病也又尺
籍消耗屯田荒蕪所稱站軍者僅于迎送軍衛益
病以雄藩較之猶巨室諸子各享富饒一子猶食
貧且貧者與富者賓客祭祀燕享之需相埒捉衿
露肘苦而可知聞先正建議以湖北川東畫入版
輿楚蜀不見少在黔筑式擴而大此其議非不偉
而犬牙相制之說錮不得施難言矣聞者唯唯予
同年中丞念所江公奉　命鎮撫是邦舊遊告公

受事斧斷斤削洞若遊刃余聞之喜已又聞公捐
俸賑救荒田若干又敦請余門人給諫陳君見義
鄉縉紳某君大葺通志夫此兩者朱紫陽氏所至
奉為令甲公毅然行于貴貴之人何幸有公也未
幾公遣使以書委余序予得而披之為圖十有二
附目十有八曰星野曰沿革曰形勢曰民政曰軍
政曰學政曰城郭曰公署曰秩官曰名宦曰經畧
曰藝文豐約同異必詳必確草創潤色裁正銓次
咸得其人卓乎貴之憲章矣中丞公心盡曰百金

之夫辛勤立門戶必有家乘以遺後人予奈何視
官不如家故竭蹷為貴筑世世計讀茲志者感甲
兵強弱則思振熟土苗馴梗則思馭會錢穀多寡
則思裕稽盜賊出沒則思靖察士習民風淳漓則
思正此治貴大較也公惓惓是志之心也雖然醫
書載陰陽虛實之宜在人悟不耳執一方御衆病
病之數多方不勝病醫必敗予飲食茲土者久知
上帝與下有齟齬不越兩端鄙夷者苟簡塞責喜
事者輕舉飆發貴事益不可支有能熟俗所宜衡

物之情文武迭用德威惟時如名醫針灸參著椗
揆而立有效者然亦代不數人載在名宦可覩矣
我　朝列聖立極一統有誌即周禮大司徒掌史
之意各省有誌即小史所掌之意然其政興廢舉
墜在人存亡不盡籍方冊也往予以恤站軍末議
陳情于　上得蒙　俞旨大司馬下貴當事以力
詘辭故不得其人即君父之命竟至沉閣矧茲載
籍竟公之志奠四境若覆盂其在得人哉其在得
人哉予敢以後先贗見熟數篇端俾同志君子有

所覽鏡焉元其一別茲土荏苒幾二十年憶承名儒如少宗伯淮海孫公叅知同野李公及諸士陳君等以聖賢之學相切劘朝夕蓋期報　君父萬一迺戍則亡一矢一鏃之勞仕則瞻小心翼翼之恭負　聖皇解網之　恩孤并州父老之望五溪雲山用想為勞撫茲志悠悠我思矣書成會侍御應公持繡斧至方岳某某贊其成云

萍蹤漫紀序

萍蹤者何予嘗三仕矣初試政比部再特拜省垣

又嘗入佐銓郎俯仰今昔真成夢想故名然其中憂愁悲苦窘窮憔悴狀有人未易經者予悉嘗之故不可無紀紀成者予戍良苦譬啞子食蓮筆可得書其苦問苦狀啞子所書終不得而言也須茹蓮者知之紀譎紀調者見予萬死一生得致身廊廟閶闔席未煖又栖栖以南夫非學術周身之未至歟噫學難言矣初予　賜環也自謂學可仕矣仕而知其未也既余請告家食也稍有所悟自謂出無罣礙矣出而試之又覺未也昔人謂紀渻子養鬪雞猶應響影予學實似之姑識篇端以俟知非

闇然堂類纂序

莊子云世喪道也道喪世也世與道交相喪也果若斯言青天白日通都廣衢皆化為魑魅魍魎矣小人見君子闇然固其真信予謂不獨見君子即見同類小人有不靣赤口噤者乎此即小人之生機也是生機可以為聖為賢可以格鬼神可以享帝惜乎牿亡之者衆也嘗謂古之道盡復于今之

世則吾不知謂盡亡于今之世則吾不忍古之人風淳俗美如物生于春絪緼化育暢茂條達物亦不知所以然而然今世教化凌夷如物生于秋受氣漸薄則灌溉培植之力必十倍于春庶可以完其真性遂其生機抑任世道之責有不容已焉者乎予友潘去華氏寘心探討著述頗富常慨世俗澆漓作闇然堂類纂予竊得而讀之首訓惇次加話次談箴次警喻次益損又次徵異為目不同要以動人真性發人生機歸于厚道則一蓋德可作

模不必其由于古言可醒人不必其出于經意良勤矣去華欲付梓人而屬予序予惟邵子之論垚也曰三皇之時如春三王之時如秋夫夏后殷周之盛禮樂明備雲漢昭回生機盎然焉在其弗春然而黍離以降不及國風說者率歸于江河故文盛質滅雖有虞氏不及泰氏何言三王刻三王至今寥寥幾千載文明日盛不有人焉道古昔稱先王風之敝也何日之有乎去華是編不侈玄譚不尚藻繢第標取先民懿淑載之昭昭然揭日月而

與人語如當大霧霜霜之候沃以湛露被以春膏人非木石能無勃然動其生機熙熙然與春葩同其滋長矣乎去華之振斯世者深矣

闇然堂集選序

去華逝予旣表其墓矣乃諸友人集其生平所應酬諸作成而諸子請予為序予與去華交情及去華大都畧盡無復可言而記予里劉光禄靜之語予曰此君有獨得處隱而人不得窺予語之曰今人有懷寶者明月夜光惟懷者知之望者知其有

所秘即欲名其為明月為夜光是謂射覆夫使人得而窺其隱者是人之得而非去華獨得也且去華生平以友為精神而友以去華為心膂一見懃者平欲者釋狹者廣孫者弘弱者植蔽者開令人勃有生氣如羣飲于河各隨其所量而入予于是知去華入人深矣去華晚始第膏華半竭制義閭士有擅執者去華喜動眉宇令所著諸作去華第而為時所迫以應然非去華所長夫以去華非所長尚爾爾使去華早入金馬著作之庭所造安可

量而又誤當時以文鳴者去華私語予曰輪轅徒飾傳必不遠以是知去華之所殫精其必有獨得者在讀兹籍者時時見去華如新矣

侍講東瀧彭公集序

吉陽大魁凡數人其三載在太常獨敦五彭先生早世士林悲之按國朝實錄載先生贈張南城啟撰詩云不用有才如董賈何愁無命到公卿後公薨詞林各截上二字代輓似若以先生矜才傲物也者不知先生禔身如金如玉自束髮與羅文毅

為綰帶交文毅德學半成先生往霞詩翰一峰集
可考文毅為世膾炙世有知先生者不過知先生
膚肉耳當時詞林名公如李文正彭文憲皆以玉
鉉業相期許倘令先生永年功業可勝道哉當先
生未生尊人諭祁門祁門令為廬陵顏公兩家還
往甚浹顏夫人一日過衙齋覲先生方孕酒而賀
彭夫人此必佳兒母夫人曰蕭蕭寒氈羣兒爭席
不給即家兒當斛斗水澆之顏夫人別去數日令
公夢有赤日輪照四天下忽墮學舍驚而語夫人

日光猶隱隱射顏面顏夫人曰必彭夫人坐草與
而過則先生號水中殘息耳立取諸懷中火攻者
踰時乃甦或者謂海宇不得蒙先生離日之澤令
後學讀先生文欣欣日之誠豈偶然哉又長老術
先生禮闈業第一商文毅慮必軋己始置之次皆
不可考今取先生集與文毅並觀世必有知者頋
先生集以久訛茲邑侯六吉孫公嘉志名碩刪而
新之屬予一言引其端予歷數先生崖畧載于首
令讀者知吾吉先輩所重與可傳遠者有在區區
科名直如泡沫電沸耳

大司成兌陽劉公集序

當予為諸生時心竊不能下獨見士和劉公秇大
為心折而予叨舉于鄉公數過譚秇揚扢千古斗
酒為驩予既成進士從事公偕諸兄弟駕舴艋追
逐波浪中予入夜即卧一小樓己卯秋忽夢劉而
魁西江者醒曰此必士和乃公以壬午魁省試明
年進士及第予得　賜環相晤都門語之夢友從
旁解曰子之還朝政與公蘖㸃合神兩告之矣時

江陵事起人人蘖舒所欲言公不亡技癢予語之
曰吾輩故有言責公等在玉鉉之章矣公笑曰似
河之清人壽幾何明年予謫南都轉司封在告公
亦以羅母憂歸昕夕偕羅大行公廓盤桓天玉龍
華青原間甚適己丑公赴都徙南少司成予再起
為司封公同艾鴻臚鷁于燕子磯語多深憂蓋未
知公胸中有欲吐者在別未幾公以譚邊事疏至
矣予亦調南觀公慷慨歷落益蘖舒不能制未幾
晉宮坊積官至大司成中口語遂歸公之中人言

蓋新建在事軒然自負寂不得海內士大夫心欲撼新建先以公嘗而公又不善自韜藏矢口譚國事利敗賢否哲愚一惟其意所欲言欲行寧知仕途如登九仞之坂不能如吾意者十常八九新建意不可一世士毫有所私于公故每論公出處未有不令人憮然長嘆嗟乎新建未相先負天下偉望海內遂信其初而已公卒已十餘年予同升浸浸有鉅人志思公文彩照暎人間刻以傳世泣而過予曰嗟哉先子志欲得一當以報國今已矣幸

有茲集在惟先生一言弁之予謹述生平交遊之悰如此公為人介特峭拔而詩文雍雍舒徐出入韓歐間自有知者不待予言若使公得永年開鬱之氣必有所宣洩而所自期許者必竟其所欲為而惜公早世此予抱餘憒而有無窮之感也公今久蓋棺矣二三兄弟虛靡歲月不負公者何如書以志愧

廉江詩集序

瀯園先生令廉江幾古循良吏乃移岳州司馬行之日士民攀卧者塡塞道旁即欲効山陰故事不敢言先生勞曰諸父老無過計先大夫愚兄弟咸慶宦牒不佞不乏祿餘郭外田百畝別業竹數千根荔數百頭足娛我老諸父老灑涕別碑先生政績江滘者永永乃又曰佚在事政暇惟嗜唫流落人間者不少相率拾而梓之如時時聆謦欬焉鄉子以先大夫故習與廉江人士游得而觀之詩與太史相鼓吹此先生家常物惟是吾夫子有誦詩三百授之以政不達語將謂詩無益于政事乎以

觀先生詩而詩政而政矣今且去而之岳陽洞庭太和在襟袖間先生吞吐益雄奇當必有與茲集爭勝者予他日得而並觀之先生諸子若孫其鄭重茲集始知先生之所遺者遠也

觀風録序

侍御韓公甫下車入闈得名士幾百人會當大計入武闈所區畫可為世程明年巡方諸郡邑俱入覲然法紀肅清民氓歌舞載道公意在移易風俗每入郡試多士訓之曰今豫章稱才國然有大材

有小村有贋村有真村樸遬不為匠氏釆者小村
也外澤中腐者贋村也惟大村真村吸風露飽日
月傲雪霜經歷千百禩而柯葉青青故清廟明堂
胥此焉需諸士生多才之里其家脩吾不得知姑
以制義論今操觚家多乞靈竺乾氏及戰國諸策
士唾餘其驕悍猛烈險詭之氣令人欲嘔而不知
者相率以為教父此以干戈當俎尊吾不知重吾
里先師神理何如爾諸生宜有以辨此矣且爾鄉
先輩所在壇坫精心講究者有年先師神理森黙

識雍雍與與讀其文如見我師揖讓一堂之上即
夫子如生之日言甚辨諸生唯唯故其所為文皆
象公指以求當孔孟真傳萬分一而公亦謂諸子
之速肖也得文若干首付之剞劂以傳公之意蓋
曰吾以文求諸士而實不以文盡諸士它日有傳
我夫子神髓以開來詔往出乎其閒予得藉此以
報
君父斯于經世之意不孤而海內人有得窺
其文者知豫章風教在此不在彼可觀而亦可興
是公心也年來豫章執一出海宇人輒議其文樸

而不華正而不奇實而不虛予稔諸生曰寧樸無
華寧正無奇寧實無虛何者華靡勝樸茂之衰也
奇崛行正道之漓也虛誕售真實之亡也諸生持
此以待世之定若以世之遇合而有蓬心是為世
所移而非能移世者觀察鄔公屬予序謹以聞予
公公謂然否即再以傳海宇人誦咲曰夫夫老而
不曉事那復又議文若此吾甘之矣

滇中疏略序

具茨毛公舉應天試也不佞實首奉譚麈私計曰

此于世必有樹非汶汶落世趣者亡何公捧檄李
吉州吉州爭神明之而批大郤導大窾兩臺倚公
為之畫始定公聲溢豫章矣數年徵為儀郎改侍
御請急歸　上特簡于家以　六詔付公察視
六詔徼外地去吳門亦萬餘里人多叱馭逗閻至
者多以鎮臣為心膂一入其賂俛首如命即躑躅
跳梁不問甚至以其地為金穴搜索遍閭閻滇民
控訴亡所公至各吏洗手淪衷鎮臣以父子相仇
貽患地方則有疏滇民苦賦金十室九空流徙迯

亡則有疏此二事者一疏不已至于再議法比數條即置之金科玉律中卒無以易至于亡行之在者法在必申窮簷蔀屋抱冤不得白者情在必白公曰疏畧此其大畧也然公所與全省斟酌損益拔幽理枉興廢舉墜頌德拜澤望天祝頌者不知其幾此疏不能載也公真藎臣哉人人如公

聖天子無南顧憂矣憶十年前別公桐皐舉尊酒屬公曰今天下腹心受病所恃者四肢無恙所以無恙者在諸賢濟濟願公以李吉州者經營四方

俾老農得安枕水滸山坳拜使君賜矣言猶在耳而公果軒挺如是讀其文深厚宏博其所底必無涯世豈無心元其心急公乎則國家所倚毗公者無窮君家先中丞牀頭一劍精光政逼斗極匪公誰繼其武予日望之茲疏九鼎之一臠耳屬有刻公疏者門人高孝廉請為序敬引其首竊附今昔心知之義

浮雲子山居集序

浮雲子金壇于元時先生也先生李潯陽稱神明吏為儀部稱強項郎所與 天子宰相定國本誅奸諫事載國史為時宰忌而錮先生山居先生自號曰浮雲子蓋覩世之約結于胸無足以寄懷思者視若浮靄往來大虛無加損也嗟乎世遂以一官足落先生事哉夫鳳凰不與雁鶩爭食野鶴不與山雞同羣自古然矣彼以一官損志者是自損也竊常論士君子有超然與天地千古並峙者存即蓬蒿閭精光隱隱貫虹射斗豈人得而損益之先生自斥逐來屏跡一室尚友千古而寂於濂洛

諸君子神遊心醉每讀學庸及易務旨于味乃已不纂組以為貴宋氏門庭幾至冷落得先生益振世或以先生于性地事不甚究竟不知口嘆性命如繭絲如牛毛行解了不相應先生之所深閔也予謂學有乾道有坤道坤敬以直內義以方外至不習無不利則一而已學而真坤亦乾也學而匪真于乾何有語云雖無老成人尚有典刑先生茲稿雖不與世之競藻譚天者角短長然言言必本之學大而身心性情小而名物器數皆有關世道

已先生之典刑此之精光直照映千載誰得而掩之謂吾黨不籍山居力不可得也記庚寅年與先生别于都門幾三十年予局促巖居無百里遊與先生同而鄉人道先生者曰德與年日進行與年俱高鄉人服習先生也日深詩曰鶴鳴九皐聲聞于天誠不可掩如是敢弁之首令碩學者請事焉

書娛文館集序

文至今日盛矣在吳中爲寂然有聞其言厥心生者有思其人欲得其言者迨有人語予曰吳中王

公某者醇儒也事父母孝誠無間言起古之淳孝烈烈史冊者亦相仲伯它人斐斐非不足腴聽聞吳之人輙掩耳走王公雖不言人皆心師之則又曰吳原禮先生王公輩人也自少稟文端恭知二公家訓以文行嶽嶽士林中雖以子貴年從松陰竹影間寄生趣冠紳罕窺其面而勅家惟謹子弟或夜飲歸者輙衣冠坐庭戒閽人楗不得入子弟凛凛謝過乃已家范冠于吳中吳中稱賢子孫振振簪紱數世猶新者必首公家教子神王者久之

已又曰王公　詔起國博爲吳中盛事而吳公以辟薦不赴屈首受封夫此二二者古之人古之人安得而軒輊哉予聞而慨然曰予與文仲叨年譜覲其志操謝絶鉛華所至以方正聞今知其德庚灌流爾爾恨不得爲公納履覩者碩流風今讀其娛文館集帯陶風致宛然在目公雖寂無一言亦自流映人間剟其可傳者如是然公所重者終有在逸史紀隱行者能舍公它有所檢鏡也

千百年眼小序

世有千百年眼其人乎非眯目阿堵則泥首典籍作蠹魚耳眯于利者亡足論即迷于書籍者多從耳根入凡経前人舌餘即以爲定案而古人言句古人心行有人謂然而實不然有今易而昔實難有跡違而心是者非有千百年胸次誰能下上而剖其隱微晰其源委張君和仲拮据此書可謂鈎賾索隱起古人相與論辯亦必心服雖然遂謂爲千百年眼則未夫目之所貴者清虛靈爽金雖貴也著目則翳古有天眼道眼慧眼瀌眼超于形體

外不以一切言語文字求生欲窮無窮極無極重有不以歷數盡者超天地而獨存也和仲勉之劉生本明術生幼好奇服通益博雅知生進未可量也

書甘露滅序

王君伯貞藻思績學喜為四方遊足跡半天下所著有甘露滅凡耳目可法可戒可喜可愕事裒鉞不少假借過而就正予詰其名義曰露雖至甘亦還易滅佛家以甘露滅證道予姑竊取云爾予晉

之曰我里羅先生大經所撰鶴林玉露宋至今數百年盛行君是書當雁行無疑君徒知滅之滅不知不滅之滅不滅之滅千萬世宇宙賴以扶翊惡得而滅諸凡人遇莊語則肅與之徵里巷近事如好音過耳滄浪之歌吾夫子呼孺子聽之有能從是書得半語一事迴俗軌易肺腸是亦饑渴中之甘露矣

囊金序

夫封樹教興亡論紳衿即三家市誰不欲以一坏言壤奉其親也者顧詆者甚衆多明棄骨于沙泥為螻蟻食且揚揚明德意飽所欲去人多棄其親與重利也反德之不忘蓋自予先大夫棄養時延此輩者無虛日竟莫能懺于中也難哉常思此仁術也曾楊諸仙天生之以濟世扶善拯溺其得善地與否有默宰之者非人得與也世之人以此糊口柰何過責之予嘗得囊金李中丞所嘆曰此堪輿正宗世有能晰其旨予下拜之矣林君丞吉水慈廉大不負丞會陞南靖令刻之廣傳真仁人孝

子之用心也夫

賜閒堂集序

此吾師文定申公集也公身依日月歷事　三朝既登丞弼庶政穆穆無一暇晷今以閒名者蓋公乞身強健之年優游田園感　主上賜而以顏其堂者也玉堂嘉謨綠埜鴻譔咸附是編門人鄒子元其讀之茹納今古有典有則根心而語迫而後應無意于文而文自工者雖然果以文名公乎哉世所謂文者大半盧車土鼓已抹于旱公大之而

黼黻　皇猷經綸海宇次之彰序彝倫標表人代
質有其文不可尚已盖自癸未柄政来天下所蹋
踏不能須臾寧者公盡解嚴酷之網而登之袵席
寬學校則薪槱化宏酌鄒傳則縉紳體優停刑獄
則好生德普恤災荒蠲逋賦則鴻雁来歸海内歌
頌不啻更生又夙所褒寘耆碩束帛玄纁巖谷相
賁其灌輸者大而斟酌者衆至于崇祀三大儒使
人知學有宗源濂洛關閩有宋不得擅美華亭所
欲為未遂者公毅然行之非天下之至文耶以文

名公者非窺公之全也時當可歸遽返初服出處
惟時欣慨冥心睎彼百蹤呌閽首丘難遂者何如
是　上之賜公者宏也世躭情爵組者薄山林怡
情泉石者薄鍾鼎公以元宰笑傲湖山烟霞者二
十餘年世出世法兩兼之聞公甍後里閭庇其榮
而食其實者咸呻唫咨嗟不置是天之賜公者全
也我朝元相以弱冠登朝歸卧林泉浄氛除奸功
不一二數而遭時之難公獨倍之先是禁錮言路
日久一旦遭不諱之朝人人思發舒其生平言官

顛諍相臣默調兩不相下故公一身百艱攸萃亦
自當時言耳今回視當日何如乘策繁手按轡馳
轃世變輪轉寧得長如公時哉嗟乎雲之在天也
時出時入卷舒何心公膺祥雲之瑞附飛龍之君
為霖者十餘年倘公再出晚竟大業則田閭所餽
諳物情凉燠人才真贋洞若觀火必有翻然再慰
僉望者在寧無如蘇子瞻語契丹使者曰我師總
理庶務酬酢事物雖精練少年有不及貫串古今
博聞強記雖專門名家有不逮此公能事而惜乎

公無心出岫遽之帝所使人抱兹集惄然有屯膏
之嘆也

李司馬及泉奏議序

予初釋褐長者辟咡詔曰予知貴里譚司馬予沉
毅多大畧破倭禦虜閩蜀薊遼俱鑿鑿可紀此可
追蹤子邑羅少保毛司馬者已又曰李餘干將繼
宜黄起予且識之已予聞公巡三楚以嶽嶽淂過
江陵陞湖州守湖州故多巨豪每晉謁堂皇家奴
數百擁衛公一舉目數百人鳥獸散久而公察其

無他一意撫循爬梳之湖州大治比于黄次公量移觀察三吳時江陵諸私人借事齮齕大原公一意護持之獄得不起大原德公刺骨既叅大政將超公朝右公力辭委蛇各省蔚有華稱晚而開府畿輔總河漕公霆轟電掣大慰僉望衆方聽履聲為社稷楨衛乃公以憂河事孔棘謝世矣所著有奏議若干卷子孝廉正華刻而傳之請予叙予謂奏疏特公之緒餘十一可見者公沉思密詣所在流布灌注者罄竹不足書其詳然人知公所至有

芳樹不知公入臺即首疏祀胡先生宜從祀胡先生竟爾從祀此之功在道術而非生平服膺先生學亦安能表表偉偉如是故曰有本者如是公豈徒恃其才情揮霍然哉公母為張大夫人夫人為大儒張先生後裔張先生載理學名臣姆教師訓醞釀且久所得者深矣寧波屠儀部才而拓落士也一日大語予曰西江一片寒酸地所鍾人多磊磊落落為國家肩巨負鴻我所覩餘干李公其人也能使人手足應接不暇亦能使人肝膽畢露無隱予屠生大為心降予咲曰東海屠生亦降西江李公乎兩人大咲言猶在耳盖屠屬公字下者言家真因叙而并記于末簡且以志予生平徒辱公折簡相期未一披懷之為恨也

白石遺編序

傒如劉君天下士也胸挾二酉筆叅造化與世作者敵盖不知雌雄乃以持正取忌當路竟賫志歿天下知與不知咸為酸鼻而予悲更甚方庚寅元其逐而南也冀得清貞卓品踵其後聞傒如

簡命搥床大喜者連日傒如復與予同病俱不竟其以人事君熟念可慨矣銓曹昔為華貫左足而入坐蟒崇膴庚寅一逐元其已而王淄川趙高邑孟新鄉顧無錫鄒雲夢纍纍逐去又波及諸君子二十餘人而傒如亦與焉夫淄川新鄉無錫雲夢及君等皆世所稱慱聞方正知有公門不知有私竇可投足者一見忌而逐而錮而死權臣欲傾臣悅邪臣踴躍天耶人耶其不可問耶常念維岳生賢與國家羅賢畢世難得一人得如拱璧棄如敝

徙夫既錫之賢且才矣而又使權臣得以鼓弄其間吾不知天意于人國何如也君才與學倘假之年進未可量末學人國亦且受無疆之庥茲壓以文彩流布人間世使人把茲牘有殄瘁之感此予所反覆咨嗟嘆息而不能寘于懷也嗟乎傒如已矣予與君同逐君在亦且與諸君子並頌節鉞必不似元某之沉埋不振者同然予雖病且衰青山白雲一片閒心寧以彼易此矧傒如精光逍遥太虛蕩為祥雲化為皎月俯瞰濁世方悲憐忌才者之空人國如是而暇自悲予不為傒如悲矣來請序者子睦雅致蕭爽綽有父風傒如有子矣

辭榮終孝序

洪孝廉維幹諭樂安且仕且學即身即教寂得多士心一日偕門人曽子吉過予以諸使君旌甫翁辭榮終養冊見賜予知孝廉有仁父也客有在座者曰青衿即脫去何輕重事而曰辭榮則吾不知予曰子何易言也昔一督學黜諸士輙數十人予語曰督學自諸士如恒河沙無量數存否無足問以一寒酸脫諸生籍與都三事辭朝涕泣闔室皇皇者同情長老以予言為當于情也而子何易言客又曰今士屈首吾伊白髮猶不忍舍者將不得為終孝乎予曰亦各率一念真否何如耳時當執經執經為孝時當定省定省為孝廉石先生蓋感親暮年而懼以詩書奪定省者此真心也且世非無以是博名高也者聞先生慈祥愷易覩諸人有疾苦鬱結不為之抓梳謦救夢不安枕非仁人惡能如是仁則孝孝則錫類不匱孝廉今且握斯文柄以與一方士人提撕而廉石先生之澤行將溥之四方不獨為一鄉教父也

撫晉全抄序

此中丞繼踈吴公奏議也公在銓郎起草為都人士傳誦而在晉綏民萌興利除害如營家室固封疆禦虜不為一世計而為世世計至于扶掖善類擁護　國本有諸臣之復萬民之逆所不敢言者公謇謇爭之不難逆龍鱗而嚴鶴禁公蓋臣哉可以報　君父矣世或謂公未嘗親民事而公諸所

厝注有老吏所遜避者盖公自啣　命三晉来蕭然挈一二蒼頭以往三年不携家室無一毫内顧今歸也依然數卷圖書以歸人之星其靈襟皆有物以眛其胸有物以眛其胸則其神不清其神不清天地山河異位安望能赤手扶皇極奠宗社哉吾儕欲建光明俊偉之業未有不自無欲始讀公疏者貴得公之源本焉且予之仕也父教之忠公自幼耳文莊家傳培植深厚故禔身立朝綽有文莊步趨　世廟朝文莊以半生巖壑之蹤挽末世之運　今上朝公以旅進旅退之身無中立之范橋梓後先世濟其美嗚呼盛矣先是予友魏南樂撫晉十餘年晉人思之祀之五賢祠中公雖三年其心一南樂心乃遽返初服公雖忘世世寧能忘公其所以出而佐廟謨定國是當必有續是編者

撫閩疏草序

中丞黄公撫七閩殫厥心力吏民嚮風乃以大夫人憂歸門人某括公撫閩疏草請序予惟公生平經濟凡一見湖西而中州而三秦而金陵所至民

歆其惠士被其教尸而祝之社而稷之至七閩公得專閫其所黙移鼎革爲無窮休澤者不知其幾兹疏則告君語者公之猷爲未竟百之一也世嘗見公之家世簪纓勢居其盛而不知公之心常澹見公之握斧秉鉞遇處其順而不知公之心常下世又見公之吏事精絶以爲公才之敏而不知公之心常苦澹而能下下而能苦將無事不辦何有一官度越常情匪夷所思於公見之矣憶宋莊敏爲冢卿時好察細小一日命吏取諸辦籍元其具以進徐言曰公爲　天子冢臣司郎亦各有肝膽爲　天子使倘中有欲也何必辨而染指籍口交道接禮之説便自果腹宋公憮然曰公意若何予曰惟擇天下撫臣得百職事不如得一撫臣百度貞肅功效甚大公首肯退而語朱選郎曰鄒司封言大而要予性未能領畧然纖毫主者不知冢卿何有宋公卒以勞瘁終故元其疏惓惓以慎撫臣爲言倘天下得察吏安民潔己奉公曉暢軍國大計如公者數人時時在事何憂世不治而惜乎

閫不得終蒙公休澤也雖不得終籍公休澤公讀禮畢計東南重務帷幄機謀慰　聖天子拊髀之思匪公誰屬世必有信史載公巨編兹疏特嚆矢耳

皇箏草序

少府李公初下車以其皇箏集請叙予念公方剌我邦子民嫌于進熟逡巡不敢當者數年而公固以屬予民適公来署恩江篆予民茅屋在恩江界予閱集晰昔亦少衰矣晉公問曰閱公詩歌似浸

浸欲登作者堂奥而公以皇箏名似所未解公曰其畢棲一枝即奏黄鍾大吕人以為皇箏也者而誰和之予曰昔人有倚抱髀睨千古不得少吐其奇多嶔之聲詩以其不平公其有磯于中而然者歟世之偃蹇㪽聊狂歌者何限而公初仕披襟洞庭再仕彌節廬阜即吉州白鷺青原烟雲時在門庭公之神也曠禀精既厚日以靈襟對名嶽大壑未有不遇矣古有善詞賦者當奏之明廷播中和之章今有其人乎有必屬公矧公政又卓也其質

之家方伯公謂何

西江憲政紀畧序

語云天則不言而信天非不言以行示之而已相推而日月錯行而四時鼓而雷霆潤而風雨然天體寂然爾人君法天者也秉乾履符勢不能獨運則有代之行為鼓為潤者即今繡衣使者其職家雄峻已顧任厥職者其道而端豸冠峩峩鐵面稜稜使人不敢仰視即否鬲不得白其究也法勝法勝者下窮束薪恐折絞繩恐絶謂下所欲便而莫

吾制即大奸如山[redacted]問其究也情勝情勝者法弛法弛者上窮均無當也故曰張弗弛弛弗張即文武不能為理夫子祖堯舜憲文武夫祖述則憲章非麤迹憲章則祖述非空談千古語道法宗者亡踰此兩語迺今得安節吳公憲政紀畧道與法脩摯矣讀慎獻録求生編得貴之道焉讀正學編得觀之道焉讀奏疏得剥厚下安宅之道焉今天下不但剥床剥足矣公諸疏不至剥廬則民所載也賁山下有火火明矣上有山山止也明而出之以

止則明有本觀地上有風風所至即偃動也動而本于坤坤静也順也順而動動則不括公之學深于易耶詩曰憲憲令德宜民宜人又曰不顯惟德百辟其刑憲憲顯然示人法不顯又隱然示人非法非法而後能法法不顯而後能憲憲公之使百辟刑人民宜令則霆震澤則春同尊君如天不言而信者豈偶然哉公還朝報命　天子是筴倘得徽

上覽　上必霽色曰吾社稷臣苦心劬勷如是疆寓有賴内則需公贊燮外則勞公斧鉞敉我西土公豈惟使我邦觧幪如今日行將俾吾里家鄒魯戶洙泗公能事此如天之福不可徼也元其目送公行序公紀畧心揺揺有餘思矣

海剛峰先生文集序

夫心者衆芳之總萃萬行之徑梯也古我仁賢崔嵬萬古未有不淵源于斯者乃海澄闢新建疏有六經無心敎聖賢無心學語何說哉則新會溺禪旨矣新會繼陸子而起者也瓊州海剛峰先生起人但知其壁立千尋超然埃壒不知其學有源委

往在留都相過譚說甚周其學宗陸子而真信本心者也退語友人唯唯否否予近因興國蔡侯刻公在邑訓士諸語予評其大簡乃從東莞少府温公得諸編撰所著朱陸辨益信其洞見大意由陸以尊孟子信心而行者也陸氏曰先立其大則小不能奪公既有見于大則凡生死贊毀皆太虛中浮靄聽其去來而何足以塁公靈襟哉昌黎云大江之濱有怪物焉蓋非常鱗凡介品彙之匹儔也物固有之人豈獨無先生鍾海岱英靈來而為天下萬世瑞無疑予敬復蔡侯命以公之見大者弁之首手兹集其無以膚末而窺公

銓曹疏畧序

予與氏以不信仁賢而國空虛為訓夫山一官也居者去者伺者蓋已三人後先盻盻寧復少人豈其所謂空虛者有若無耶靈氣有限數百里得一仁賢若比肩然從古所難惟在得用人之仁賢耳得其人則一舉厝轉移如霆震風偃耳目都新不小覦之人亦不數數見也靈臺鐵壓河山異位則

無欲之難權倖薰灼順指氣使則獨往之難鶴長
鳧短物情不一則駕使之難居其地者如一葦障百川戛戛乎
難矣乙酉予左足入曹與同志諸君子趙高邑顧
無錫鄒雲夢王臨淄孟新安私誓曰我輩際清時
當一挽時趨誓孤立一意以澄汰爲己任乃言未
出口庚寅元某轉文選逐之南歸高邑無錫臨淄
新安雲夢無年不逐逐而錮波及者二十餘人後
來者遂以銓曹爲懼府而 上端拱深宮不知其

沉寃也越十餘年惟約朱公起而領計事予送之
江滸曰以曹運多阨公未必便于行志以公之潔
操雅度朗衷宏猷必能竟昔人未竟之志惟約唯
唯別去既而察疏出又既而挽選諸所淤者人人
心服凡海宇廌者能者沉寃者恬者羽毛不被其
振飾者鮮矣它人未必得請而惟約旋請旋得
旨雖 上一時厲精亦惟約得君之异數也憶高
邑計內雲夢計外籍出稱快者以爲盛事然而公
以是府辜而公領計與選有舉世所不敢任者毅

然行之無難色以兩公所稱得意者而兩無之此
又人所難也吉州仕國後先銓曹不八九人求得
君行志未知前輩何如恐亦未能先公顧公雖拜
常少卿歸省而一官屢起屢乞身斯可觀世矣三
十年前朝端大老皆以銓事起家覩一卧茅衡者
前牽後挽即不得之輔臣而言之至再輔臣亦爲
俛從人望一時濟濟師師之風猶可想見今一獲
領銓事長卧青山此予于公有無窮之感也人國
不至空虛不已問公銓政則有疏畧在雖畧而實

詳知者自得之矣

北虜封貢始末疏序

我朝 列聖仁覆海宇至于九邊多所添貸穆廟
款塞一事愚嘗竊嘆此天佑我 國家不忍委赤
子鋒鏑故得以享太平之福者五十餘年然當時
襄毅王公以隻手苦口血心赤誠與滿朝爭爭而
竟遂時帷幄諸公奪羣議公謀是依一時交泰之
盛真可想見後袁王吏凡數人近又復當議封而
我大司馬鏡源涂公實領其事睠昔初封再封艱

辛難更僕數初封時老酋抵犢之愛感生成之恩方懸惟懼我不與盟權在我再封時金繒之中未深日有所冀惟懼盟不堅其權亦在我乃至于今酋婦中左右蠱又其孫與石兎爭鬪大言小言不入而夙所貪中國奇羨者幾于入蕉無復足中其欲者蓋難之難矣公袖手宵籌若無事然舉朝人詐語爭言盟必敗公不應亡何盟竟成昉昔年毫無新加于是中朝所交期公者始悉公亦心石畫不在槍攘聲色閒而得之凝定靜養非人所能測

其萬一也公社稷臣哉姑無論方叔壯猷何如昉襄毅王公後先為烈它日史臣傳公于公遭際之苦處置之宜十倍王公者大書特書何似茲疏其嚆矢矣世常論國家利用和蓋欲息力乘時講武若馬強士飽久而不試恐一試而不可用國事殆不可支闕公在延綏時大戰小戰數戰數勝先聲奪諸酋膽故諸酋知者為公用勇者為公屈成功之偉蓋有根委往云南人不習邊事又謂譚學人迂而不可遠圖以公昉之真足為學人南人吐氣而謂和不足恃者必時戰而公乃足恃也邊塞從此風清數十年無事者又誰之賜哉

武宣縣誌序

武宣誌竹亭陳先生歸田所纂厥子州守允問刺衡陽刻于公署者凡山川風俗人物田賦犂然具備攬轡問俗者昭若指掌而官茲土者按典故斟酌物情不若蹊盩是澤閭閻者遠矣仕宦至遐方輒生鄙夷心不知人民社稷中土無異倘真心與民相綰結如家人父子然在則懷去則思尸而祝

之與桐鄉無異即都三事吾寧與易而吾夫子以十室必有忠信茲不知幾百千石室醇厚可興教化勉哉子大夫無負陳先生喬梓惓惓斯誌之意

亦政堂集序

余讀陳生甫所編亦政堂集習其先孝友純懿備摯行成于內嘉號布于外是所謂建之有本榮華自茂者乎竊嘗與友人論道以家為徼以孝友為宗即家即四海即千古即孝友即神化即性命倘根之不滋雖有百行如玉屑滿車不可以斲劃絲

滿筐不可以織亡本故也是義也雖庸且常陶冶
百氏範鑄二儀醞釀萬彙者卒不能踰越迺世有
驚奇忽庸行無當者真所謂抱螢燭環堵不睹天
光焜爛者矣夫慕古兄弟誼重天倫華榮棣蕚心
齋君實靈承之坤載孺子哀彼懿親形捐須搖心
齋君實式啓之而君又以儒行義聲彰闡亦何都
也君有六子今存其三長坤方為儒淹蹇常手一
編杜門偶拂鬱輙以濁酒澆胸中磊砢然不失為
佳士坤元即生甫浸浸古道是思偕弟坤簡不忍

棄捐先世善物可謂豈本遠條吾未見其止也嗟
乎盈把之木枝非合抱榮澤之水魚鮮呑舟則以
其根淺植故也陳氏為吾邑名宗其根既沃君子
有穀貽厥孫子慕古諸君以之永言孝思孝思維
則其以屬之後人肯堂者無忘爾先之有政也

漕撫疏草序

憶廿年前元某出為石城散吏時北地長垣李公
南樂魏公今漕撫中丞關西道甫李公在焉三公
者皆人傑也漕事暇輙聚首譚心間陟名勝飛葩
摛藻流布人間爭相膾炙而仄目者曰夫夫也岍
岍踽踽徒為名高地援之艱巨必不應迺今十餘
年南樂奠安三晉清風壯猷凜凜譚之有生氣而
長垣手一劍掃南北攙搶殆盡勳勒旂常關西撫
維揚總淮漕赤心石畫沉機深猷卒纖巨悉綏詆
隸析逆萌塞穴都洗天日為朗元夫誦之神王惟
士聞之吐舌險人望之且膽落魂銷予每讀其疏
議獵獵挾風霜氣而人道出公境上者歸與妻兒
私語戴公若慈父若春日夫得縉紳心易得匹夫

匹婦心難得境內民心易得境外民心難公真社
稷臣哉元某常有言曰為古人易為今人難今有
譚汲長孺寇萊公趙清獻三公事于人人必振襟
色變曰古之人古之人不可尚已設有告以三公
崇勳為四維鎖鑰勁操敢諫事即長孺清獻萊公
儔伍中人非懻忮拒弗信則隱忍佻弗應蓋古人
之跡已陳骨已朽誰與朽骨敵而鼻息尚在名位
猶人誰復肯虛衷降志拜下風嗟乎此南樂為中
丞十年踐臺歸李公為中丞六年若進若退似與

似奪身在叢棘中欲褰裳無從也諸君子良苦矣然甘澤灑寰宇諸君子洵樂之且　主上聖神膺斷始而疑中而疑信相叅久之必無不信雖身在去與就之際跡猶見與躍之間又何懼焉長垣鄒樂讀禮久歸而李公自淮上橐漕撫小草寄舊友鄒子曰不佞髮且種種子知我血竭髓枯乎閱小草可矣向日有心回天無術行且挈圖書携妻孥歸與麋鹿伍子念我賜一言艸端不佞手子言如偕子班坐宮庭五老閒甚愉暢元其思公讜議

上行且藏之金匱石室史臣特書之為蓋臣范何似鄒言為顧得掛草澤姓名籍中不獨籍為知交光寵俛仰二十年前事如轉瞚閒彼仄目者在回視南北半壁天下孰為撐拄始信士之揭厲自持者必有所樹當心愧汗下而欲編琬琰照千秋者必哆三公為萬曆間盛事況三公晉之且浸浸未艾也

送姜仲文叅知入　賀序

仲文先生弱冠以雄才登上第稍稍委蛇立取華秩而先生寂然自守官民部十年十年中一監徐州稅惟清惟公宿弊若洗先生寂好譚說國家利獘尒别賢奸若水火黑白不相入交戟內目攝之推擇為關中督學使者壹以廸德厲行為首務彌節各郡邑坐堂皇召諸生勸懲有差人各不爽又不借耳目學博諸有司吐舌謂先生神明何得此從畿輔叅知以讀禮歸十餘年始起補江西撫驛傳事西江故瘠土而自鑛稅役興郵傳騷屑民不勝扼楚莫可告語先生至下令隻馬輕舠即各守

土臣不白不得行諸虎而冠者聞先生名咋舌退民始有寧宇已又署學篆先生又志在闡幽顯微故諸先賢宜祀暨宗子孫貧不得請若先生必祀諸耆宿碩儒衰衰士林者必祠後人零落不振者青衿必世闡一善政必行闡一不善去必力忘身奉公根自天性蓋先生視身粹白學有淵源既以懾服羣心宜其所至建竪卓犖非世所能彷彿萬一者而先生以入　賀行鄒子于先生為心膂交屏跡衡杜久無能握手江介言别敬致聲先生曰

丈　賀者古今以金鑑為美譚後世豈無效嚬者然史不傳載蓋曲江得君專行政久故史臣樂頌之然曲江懿美不盡在此先生遠臣也業在坤之六三矣乾道方亨九三與九四一曰惕若一曰或躍矧世當坤道美而不敢彰也為而不敢有也是先生今日事先生業以卿寺推者至再至三倘
上翻然悟先生可大用所謂或從王事知光大也于先生何有先生行矣善為吾道照眷西江能久私先生哉

疏草自序

予初第用閩南望慈雲寸腸欲斷荷　上恩賜環倘積誠懇款行與聽未必無涓滴及民既孤立一意浮湛南北退居耕鑿差為曉事堅卧不决復犯乃窮戒有孚謂何松陰竹榻閒思言官不盡在敢言在通達國體不能言固屬怯怯能言不知言亦落敝蒙予之敝蒙天實限之每撫舊草輒不欲生欲焚之業流播人間矣夫抱燕石者暗以投人後深自悔歷世皆姍笑之不知彼雖寶燕石乎豈無寶明月夜光者在儆彼前轍不復蹈按劍之跳因而成者大是予疏副意也

南州郵傳牘畧序

不佞半生阨塞從阨塞中稍習人間世隱痛往江陵驛傳禁嚴士縉之滇黔者大半挈妻孥襆宿旅邸私嘗痛待士大夫貴有體體不可褻已禁解士大夫明得意嘗供外金鼓喧闐豪奴横索無算即賢者不免賢者非為自潤計曰奴崎嶇奔走聽之而已而驛傳侵病予庚寅民瘼疏内有驛傳之苦大都謂薦紳道路充斥總不外陞遷丁憂請告奉差數事即于所領憑文勘合坐以主名的數此無借資彼無影射不然陽遏之陰縱之濫觴無忌客有偉其計者此未有税使時言也及税事興所至騷皇無寧宇不能畝則稱貸夫不能支多泥垣走縣官如追逋逃然始應命會丹陽恭知養冲姜公來予以情告之曰小民反裘負薪皮盡力竭諸役亦終歲摩肩轂擊無虛日妻孥不能飽糠粃可憐各郡邑當孔道者宜稍為增益不然是驅之逃且

徙耳公愁然思增夫則病民乃下令嚴禁凡有唆
爍逼中者法無赦即不關白而輕有縱舍者亦無
赦諸不逞咆哮虎而冠者入公部內始稍斂久而
定又久而安公又清諸那借為名而實私充囊橐
者必追時又方議建甕船公力言不便者數事計
公所積餘可久支無匱之公且以入　賀行括其
前後諸文移曰郵傳牘畧不佞披讀之心入細微
燦若理絲知周窮蔀洞若觀火拒絕關請勁若欒
敵真所謂居一官必盡一官行一事必既乃心不
以渴失毀譽澹靈扃者或以公負宇內重望陟巍
履峻轉瞚閭未必肯親細瑣又世貴何知小民寒
苦而公于諸務必躬必親隱然匹夫匹婦內溝為
恥公真藎臣哉昔劉忠宣以職方請出為叅政後
為一代名臣嘗自言得方岳之力居多今亦有颷
歷外服閭閻以職事不能舉單詞者若如公者追
蹤忠宣何難後來者觀公録必體公苦心血誠常
思先正語云稍開一線路通車馬言法守責容也
若直以彼此縉紳比肩事人主彼請而拒之不勝

顏甲夫不覩赤日霖雨中胸嵩膺汗者皆吾
君之赤子也公署學篆維風振紀事頗宏鉅茲不
具載

孝友遺容冊序

夫人寓形宇內者即享遐須臾耳而神照灼千古
非形所能間也顧有傳不傳則有寡司之者非人
所得與其間予于雲溪贈公遺像事有感焉方贈
公之以病卒也令太守履卿君方寸已亂而太安
人泣曰先君子長逝不及令覩其遺容式靈謂何
廼召繪者至弗肖似太安人泣不置已履卿君振
鐸五羊客有譚黃司訓善繪事者拜而請益弗肖
履卿君淚灑露華愁結風木者不知幾朝夕矣會
移華陽令聞孫子貞氏善傳神召而繪太安人像
太安人召履卿君曰豈以我夫子神遂往耶夫神
不往其必使斯人得之心注之目應之手者履卿
君如太安人言焚香遙祝孫子一舉筆逮肖太安
人見而且哭且喜曰是矣天乎吾不見吾先子十
餘年今得之阿堵中神哉神哉夫思心官也思則

靄靄則神神則通動之淵護隱約之中達之穹蒼惝恍之際精誠之極即動天地假幽明洽遠邇况以骨肉之親噓吸氣脈聯不可解者哉聞之孝友之德通于神明以雲溪公事其伯兄一事周旋圖蒙冒荆棘千死一生此在古人中不多見雲溪公精神何之不通故不風戒而集不要約而赴不獨使孝子慈孫世有所仰承使天下瞻遺像而肅其友恭之心者天未必無意焉履卿君奉公像如峩眉如金陵如匡廬無一非公神遊地君撫綏蒼

赤藹藹然如春即如公之所以字履卿君者今所至亡不于履卿君尸而祝之予聞祭海者先河君父之恩豈其于公而獨能忘情也者又豈特一家一時之私祝哉宜春令史君某屬履卿君宇下熟君仁孝篤衷謁諸縉紳表彰其事代為之序如此

臺山先生六十序

上御極四十六年仲秋賓相國臺山公覽揆之辰凡屬人倫罔不慶曰公今始六十乎而十年前相

明天子為蒼生拮据加恩宇内者何慇愷也諸邏荒外夷亦罔不曰中國葉相公無恙此天以報公之德也世之祝頌者久矣公門人仕閩者郡司馬胡司李蕭等致書屬鄒子為祝辭夫公相八年斟酌元氣默植善類難更僕數而定分封大計釋楚宗纍因減稅半付有司此書之史籍無似于頌也不佞知公亦不欲聞祝辭也伊尹以匹夫匹婦不被堯舜之澤引為己任彼好為是侈言哉蓋從有華中覺性海無窮故一夫不獲時予之辜公常任

天下重先天下之憂矣一旦釋負而隱後樂園中知公未恐一日忘斯世斯民也世以仕宦至將相歸故里為晝錦若此中人見以明哲保身見幾而作為完局者此局儒見世之大人睎世間毀譽進退如浮露往来太虛灼見其是千萬人沮之不得灼見其非千萬人吏之不得無身名念無家國念實以吾身即天下天下即吾身此正大人事也公今之大人與小臣潔身者不同得無意乎閩自我朝来相者四人陳無可考見溫陵介介自喜而文

敏竄考文敏當國時有南揚西揚謀者謀斷者斷
如貿篾相宣其入告有六卿不知而同寅知之者
公隻身黃扉謀則獨謀斷則獨斷苦則獨苦如孤
鶴獨鳴六卿寥寥即欲借箸誰適為謀公睎文敏
似處其難國既付公以難天必錫公以難老夫世
之所倚毗公者正如日升川至自今伊始公韋為
諸弟子舉一觴倘公以所未竟者曰有諸弟子在
則古之師生如司馬如歐如蘇師師濟濟于廟堂
間者豈異人任哉

學士于公谷峰六十序

谷峰先生東魯大儒也束髮登朝鴻庠傑撰流布
人間僉以為蘇韓再出橫經講帷老成端亮為世
宗儒則又以為今之吕范既持正忤江陵歸起而
進宮詹典兩京試掌大宗伯事人望先生參密勿
政日以為歲而先生又以　廷爭元儲不得請遂
拂衣歸歸忽忽十五年而晋六十今冬孟月為懸
桑之辰年家子朱某過鄒子曰先宫保在朝四十
餘年常自念無可報國止得一于先生效之

聖主無餘憾先光祿取友四方切劘道義於先生
無兩而先人不祿慁先生煦沫卵翼有加無已子
辱先生知不淺其為我一言為酌者先即先公如
存之日焉鄒子曰予為先生壽今日祝予夫自先
生謝三事歸海宇苦困新法靡所控訴者必祝曰
天其祚先生以蘇我士緡楚水楓林老錮黨籍者
曰先生在事庶其援而彙征我四方驛使道宼國
者咸起居先生無恙如宋人問司馬相公故事夫
人情有所顒望則必有所祝頌夫祝先生何待今

日乎雖然司馬業已勤四方引領洎再入相惟新
法之為矻矻即素所相罷如子瞻一語不入義形
辭色議者謂休休之度不廣鄒子謂休休何易言
今人適百里者百里而休適千里者千里而休適
萬里者萬里而休適無窮者以無窮為休考司馬
居洛日惟編摩史集其所稱服膺者獨注念一中
則其學㟧畧槩可覩已彼雖欲休乎神識用事爾
我蘿堅吾知其不能矣伊尹居莘一介不與一介
不取非歷歷辭受之謂誠知反身而誠人無可與

我故無所取取亦誠知人人本有人無可取我故
無所興淡淡乎知身非我相故翻然欲以道覺民
而一民不被其澤引為己辜如是始為真休迺世
之儒者以意念把捉為休不知一頃刻間藩籬頓
起焦火疑氷身之不能忘于人乎何有元某竊窺
于先生之學十餘年來淘洗澄汰幽探容証休心
無窮之原世莫能窺其倪蓋所稱大覺休休者先
生其人矣彼敎家以一夫不證道不成正覺與耕
莘内溝之旨何殊　上習先生舊學一旦以政柄

勞先生所以俾我國家子孫黎民受無疆之福者
實惟先生此其壽豈松喬嵩陵齊論哉書稱保乂
有殷必曰天壽平格格通也平心休休無我之謂
也故惟平格始成哸配之功今所稱平格者舍先
生誰屬碩先生一出以韋天下倘先生曰爾瞻邊
見吾不出戶千萬古皆吾妙明性中物吾何以仕
為若然則吾身親見之語欺予哉元某昔常登岱
宗覩扶桑日出萬物訢訢然昭蘇融暢因悟詩頌
君子者曰如日之升易象天下化成必曰大人繼

明照于四方朱生某持二語為壽擧侑并致語先
生握政柄時韋偕玉階尺寸地容鄒生效子瞻故
事先生許我否

蕭岳峰先生七十序

岳峰蕭公以文武壯猷歷事　三朝蓋四十年今
歲春公引年請老　上手詔慰勞公海内聞而加
額曰惟公能固社稷亦惟　上能重社稷以重公
闔邑辱公世戚暢愉十百常情咸委鄒生屬辭為
公嵩陵祝鄒生謹拜手諸長老曰諸長老韋言小

子一一藉奏之有遡始者曰邑山水秀甲寰區瀧
江㝡著自歐陽文忠公而顯爰及文介文肅彭王
二殿講蓋以光大有耀至百年今始駿蕟于公扶
輿之靈瀦蓄既久則其蕟也必鉅夫紫陽一代大
儒彰教建寧而必宗新安重本也請酌瀧醴為公
祝有贊篤生者曰岱宗本諸岳長為仙靈窟宅公
家其下孕毓元和同符甫申此豈一鄉得而私公
則又有頌公功德者曰泰山之雲實表天孫曾不
崇朝霖雨寰中公自為令為郎為觀察為中丞所

至燀赫建牙要塞虜酋不敢南牧公量則旁䂓方
隅勳則扞蓋區夏睎古忠獻益州諸君子何後先
焉鄒生曰公等言至此乎曰盡矣余小子卑棲田
間久未曉當時事然竊窺公有不言之功者三哱
酋作難關陜震動九邊晏如孰為之制闢白啓疆
屬國為墟存屬凱旋孰為之策揚酋作孽黔蜀瀕
危闢疆俘酋孰為之計此三者　今上所稱殊勳
也蓋公忠誠端練為一朝蓍蔡心膂之臣有不能
遥廢者得公言而廓莞樞之臣所不能堅决者得

公言而衷議論之臣相爭如虎者得公言而解其
也可將推轂之恐後其也可大將其也可將將輙
又推轂之恐後羣力而力羣策而策身在局外神
流事中公不以身庸而以言庸羣賊不授首于公
而授首于公之策公口不言功人不得而知公功
小人雖不知而達者知之公之心若曰苟可以扶
社稷定傾危解糾棼名何必已顯功何必已居人
之名與功皆吾名與功也心可碎身可棄家可輕
它毀譽何知焉且公自領刑獄來會當其難

上耳目時時有所寄而時以其意出于三尺之所
不及覈法則莠言生内固法則怨言生外公無大
無小惟慎惟中上不失聖天子欽恤德意下不失
顓衣隱衷而士大夫無辜離法網者往往陰倚公
為命而天下亦自不究兵而兵理而理陰畫奇策
而不尸其功澤流愷悌而不顯其跡詩曰不顯惟
德錫茲福祉惟公有之諸長老曰可以此布于公
乎予曰未也公家德言以年老請致仕　太宗下
詔曰頃年以來天下無事方欲建禮作樂偃武修

文所冀才德並茂卧振高風使濟南伏生重在茲
日關西夫子猶顯當今國乘家獻彪炳日星
上詔公與昔詔何異今武功已振　上方偃武行
舉　元儲嘉禮海内班白頹須史觀嘉禮之成公
安得以側而欲振翅風塵之表乎　國朝諸臣如
王忠肅王端毅馬端肅皆以耄耋雍雍　廟堂
裕陵憂忠肅老近臣以其禄命尚亨為對　裕陵
始恍公柄用若少遜諸老然年尚未逮　上神聖
不測朝端耆碩孰出公右行坐公論思矣且今天

下不無事所拭目廓清而奠 國祚若覆盂者二三耆碩是望閶旂衆輩亦時時起居蕭司馬無恙公勉事 聖君以永厥譽元其將斟瀧江之水拭泰山片石紀公勳名壽公無極續歐陽諸先生芳躅焉諸長老曰鄒生言甚晳請獻于公

李順衡中丞七十序

譚者謂丁丑得人最盛然恢弘廓落掃攙搶轉海宇于清波者則汝培中丞其人哉中丞初為吉士玉立映人望之仙仙乎非塵埃色相僉以碩輔器

之而中丞恥事彫蟲默留心國家大計為御史請告杜門壬午出山即疏馮閹諸罪狀具副封晉蒲州相國相國驚而拒不見賴 上仁聖是先生言震怒立召輔臣具旨輔臣夜半踉蹌赴 召硯凍氷合呵凍擬 旨猶手戰身栗 旨下逐馮出都門輔臣始期中丞茗而咲曰吾幾失子子勁氣如是宗社賴之然有為而善居之難中丞退不省數數與江侍御東之言事殿中稱二虎臣上自公卿下至臺省嗔目語難中丞讁讁數年 上鑒孫忠

詔仍卿寺陞僉都御史撫遼東遼東聞中丞名咋舌戒曰是嘗蹶塞上諸奸而中丞總戎得重罪者相戒不敢犯中丞一以柱後惠文從事遼事方有紀不便中丞遂聽歸歸且十餘年鄒子伏田間二紀餘常念曰腐儒抱殘經老山中所甘心中丞社稷臣也何得並我輩落錮籍為之慨歎而中丞今稱七十翁矣同年劍江李邦和語予曰當與子共祝予思勳名爛然中外皆中丞所自有何待於祝回思中丞請劍時不有其身家又上有垂白之老

下鮮弱息中丞不難擲身命為孫注今竟得以全姓名稱老臣歸而戲綵襄事稱孝子繞膝蘭玉前有承後有啓雖天鑒孫忠亦 上聖神能容藎臣如此君懸弧日當望闕焚香祝 萬歲者三祝不在中丞也記庚寅邦上一別中丞三十年所予髮曰鬖鬖而足酸楚聞中丞貌如渥丹鬢飄飄可五十歲人松栢蒲柳本自霄壤嗟乎人臣為國批大郤導大窾能安其身殿陛上者難哉

吳繼疎中丞七十序

上御極四十五年大中丞繼踈吳公疏請歸
上詔曰惟茲晉疆恪躬乃職無辭公請愈急
上手詔暫聽公請　詔有司病痊起用夫今心膂
臣數十叩閽不得者而公數疏得之此非生平恬
尚乎　主有素能然哉今年季秋公七十矣梓里
爭上南山祝而公挈友朋涉麻姑之巔逍遥物外
釆芝徜徉避客去吉州素沭公教欲走一使代祝
而固屬元其致祝辭元其逡巡不敢進者久蓋公
之孝誠表彰文莊學如皦日登進俊賢力固疆埸

風清西極此有耳目者共見且聞無所容言且非
不欲言言之而無以測公之淵源即千萬言無當
也元其曾憶公金陵過我時方為孝廉而予以虛
名浮沉南北南北長者教予曰潛心於淵美厥靈
根雖服其言亦如好音過耳故每覩公之大樸不
斲無危言無泛行居然先民遺風焉則予汗沾背
不能已諸長者又教予曰學在研幾幾者動之微
吉之先見者也予用壯用罔動成履錯公當握選
時當事咆哮以銓府為奇貨不併司而遂不已公

受其矰繳旋避其鋒數年公論大明　詔起出山
名桂卿寺亦婆娑家園握斧西晉清風濯濯相時
而退無一毫戀戀名場意此非明炳幾先者不能
故予望公而又愧即欲祝公口先噤矣惟是恩豫
章以文獻甲天下名德不乏父子後先一心一德
為重臣者屈指何廣昌劉五雲外至公父子而三
端毅文肅時際其順未若公先文莊家食廿餘年
而公旅進旅退則公之父子似猶處其難也詩曰
嘉樂君子顯顯令德宜民宜人受祿于天保佑命

之自天申之公懿德粹履鄉邦藉為典刑德憲矣
宜民宜人矣天錫純嘏者政如日之升國之倚公
以增光宗社者政自今始公為予等嚼一觴予聞
公解官日上自縉紳下及諸魋結雕題之夷相顧
失色今望造廬而效嵩祝者眎予等情相萬也

岳父平原翁七十序

今大司冦予師北海朱公昔為郡李為予卜娶得
名家子歸可數百輛予念豊約不歆辭而盟里中
江氏念江故閥姆教嚴必為我儀乃予妻歸予不

獨妻翼予成即婦翁平原公有令人未易及者予
要未三日挈妻行戍蠻烟萬里瘴嶺千重人誰無
仳離之感翁壯予行無慍色既予起家官拾遺未
幾復以銓郎請急歸始脫兜鍪即卧楸樊棄熱乾
米人孰無喜炙念翁從吏予無後言既予　詔纏
起為宵人播弄　旨從中出復左遷白下以計歸
予妻當得拜封　勅命予謝不起闕翁過予不一
齒及即里開射利機械非義事毫未入吾耳予嘗
思予妻及翁殆天以授予者乎然翁生平隱衷懿

行未易縷數人所耳而目者朴菴公早世李孺人
佐家稍豐上官無名之需種種襍出翁一切謹辦
無敢後奉　詔旌義冠帶止一御居嘗惟一布袍
洎如也子國學君應宗以宕蕩寡謀蝕世業盡而
天二孫孫寡媳在室燭影煢煢人不能一日堪者
翁絕無戚容坦如也計翁一生若冨若貧乍順乍
逆萬部陳前覆之若夷甘之若飴豈有得于道者
耶予居嘗語友曰北門之詩夫子編之以為人上
者不可使臣子有不得恤私之嘆予所遭賑北門

大夫戓過之倘夫子而在當舉予妻以愧人臣妻
而懟夫從公者翁聞而誠曰子勿言古人不可尚
已江氏自翰苑公後裔兄國博先生靜齋公以淳
行為里中蓍蔡學博往而翁復繼之里人嘗比之
二難今年翁七十矣曩所稱二孫孫者有曾孫三
諸戚各欲舉賀翁避之堅予闇請曰它客避何避
我為翁曰避子酒無敢避子文予曰翁于世無它
嗜何我文為翁曰子文惡可不嗜令後世知有我
者子文也予謹次第其語獻之座右俾人知予之

不愧名教即衾枕相維以道義而世之憑肉戚以
射利機械為事視翁泚顏矣須縉紳嘆世教不振
敦龎之風凌替若翁者世之楷模里之典刑惡可
弗壽哉惡可弗壽哉敬用洗犖以進

妻甘泉親丈八十序

甘泉公今八十矣予姪嬪壻公冡嗣國學君過余
求觴公者曰公壽期會　聖天子旌公樹棹楔光
耀閭里繇布衣宁難事大人其韋一言以往予曰
予幼未暢四方事予蹤跡半天下矣未有如吾吉

貧吾吉貧未有如今日貧汝婦翁家在它邑不過
中人産所以名籍邑中者則以嗜義無吝惜故往
邑有號素封者意纖嗇與細民爭銖兩尺寸至以
身府怨不恤爾婦翁好行仁義里中意豁如也曰
書院曰橋梁曰賑濟曰輸粟所費者何啻千餘金
公一切無吝惜蓋其意曰貨如泉流則通塞則滯
自我聚亦自我散可以為我有亦可以為人有人
之有亦莫非吾之有也公蓋義而達者也嬪曰語
所謂富而好禮者非耶予曰利物和義婦翁有之

以閭閻一匹夫名籍省闥數歷繡衣使者及上官
大夫襃嘉則所謂嘉會合禮者矣嬪曰翁性戇人
有過輒不難訶語世輒為忌諱人生也直翁有之
予曰世以公直為忌諱予受公益矣予新佃而不
知盜也鄉人苦者數年公一一告予而予得以謝
過鄉里不為人怨詈則公直之以予心口不敢忘
公公蓋有古先民之遺風焉公又常言于予曰世
之不能聊生者皆以其心刻核其知彌精其福彌
薄其術彌捅其受之彌慳予拜而服公知言常術

以告子弟及人人以是知公為德里中皆以博大
故夫奧窔之區非樗櫟之植而松柏亭亭萬尋之
淵非鱣鲂之遊而蛟龍以興公有丈夫子二學明
[illegible]脩天報公者無窮在公受苑矣嬪喜而起曰大
人謂翁博大信然哉翁誠先民也請書之為翁壽
而里中諸友聞予言有當因挾嬪往得并書之應
邵風俗通南陽縣有甘谷水山上有大菊落英下
流飲者得其滋液壽皆數百又抱朴子稱厥祖鴻
臚少時為臨沅令井水殊甘掘之得丹砂數十斛

公風號甘泉子豈公家有泉殊冽秘不示人果爾
則公壽不可以數計不然何公八十矯矯騎如龍
步如風如少壯時予少不自愛惜未老而衰公幸
飲我當為公歌行葦豳風之章

雙壽篇為劉生壽兩尊人序

兩尊人者劉生先升允升父士仁處士母龍孺人
也孺人以壬寅八月處士以癸卯十月各屆六十
二而生過予乞言為祝予晉生告曰父母在常言
不稱老大父封翁在堂而父方當戲綵為歡奈何

以壽稱兩生曰先生所引者禮也會其等情有約結而不得拘于禮且予父母最善病俟河之清人壽幾何不肖等喜與懼并矣予父受書攻文不在家祭酒下獨阨于數終其身退然戶牖未嘗以家祭酒故稱車上儕明得意吾母雖為水部公愛女入吾門拮据攻苦有田婦所不堪者吾母甘之襍吾父稠人中布衣素帶不知為貴人兒襍吾母羣婦中縞衣綦巾不知為貴人女家祭酒謝世吾鄉人于吾父絕未嘗有遺行焉顧不肖受業吾父母

課督徒碌碌無所短長欲壽吾親何日之待今欲少伸一日驩者惟先生言是賴予晉兩生語曰予惡能壽子之親古今人子貴者何限然得壽其親吾獨有取于眉山氏當老泉為蜀布衣挈二子入都見知六一老泉名一日動于京師然其父子闊隱然自負千秋非吾世人矜一朝榮遇者比觀其記木假山以其中之竦然者自況而以兩山之並峙者況二子有味乎言之也世儒皆薄蘇氏學謂與濂洛異旨予讀其言曰天之與我者非偶然曰

人有不依形而立不待生而存者此果何物豈無所指擬漫言之乎彼蓋晰夫世之超天地而獨存者在其自壽亦何遠也君家父子有味于斯旨則睎世之榮辱欣戚贊毀得失皆過而不有為壽莫大于是予故曰吾言惡能為子親壽子為我執而獻尊人并聞于太史翁以為然否太史年八十餘見冢君夫婦並壽諸孫翩翩傳觴喜當何似予覩邑南山之麓有瑞氣隱隱若輪若囷者非子之家也耶

誥封劉母楊大夫人八十序

太常少卿劉君元丙以使事過里先是弟太史君請告在侍而今年七月太夫人八十懸帨之辰諸守土臣及郡邑使者執牢醴獻詞為太夫人百年祝者甚具曰世有韡萼在身覩其後落穆不振者而太夫人相方伯公躋崇階三鳳翩翩王國何都也有曰豫章銓史兩局自元丙昆仲出西江人大有起色諸與大常太史以道義切劘者曰劉氏昆仲清真絕俗不但濟世寶筏亦吾道金湯天祚母

遠矣鄒子聞之酌者辭如此吳選君朱司封故與元丙兄弟莫逆過而語予曰太夫人壽期且至吾輩辱在世講可無一言祝是在子予低徊者久之蓋世之為祝者不過曰福與壽此皆大夫人所自有即極稱引亦贅予嘗竊易而知造物之功用盡于卦圖矣六子仰承乾坤乾坤責成六子乾主于戰坤主于養坤也者地也萬物皆致養焉故曰致役乎坤六子離居其三諸所謂出與絜齊者至離始見而說而勞而成悉自離而告成事故曰離也

者明也萬物皆相見聖人南面聽天下嚮明而治意取諸此蓋自元丙秉銓而海以內淪落故紙中人無有知其姓名者藉元丙始振文詞腷臆無所師承淂太史始顯蓋見而且說說而且勞矣夫人誕辰蓋當　世宗馮几右文之辰月建在申申即坤義命名諸子也亦取象于火元丙昆弟起家柄事又皆在丙丁午未之際有嚮明之義敢以易圖義為壽簉一揚搉也者遅之百年收功于艮夫人享有完祉矣吳子歌來童鄒子歌拔茅朱子歌王

鉉為太常太史誦誦二君祝大夫人也夫人蒙天佑八十年閒如入蔗境常聞夫人召二君語曰老人目覩　世廟二朝及　今上初政今視先公時何似孺子勉之人又咸謂夫人諳　三朝憲實如此起諸大家比德何後先焉二君謂予言有當萬一俾載以往予碩朱君曰予庚寅起家未久而遂予不能貽母一日開顏事即吳君亦未終選局子乘大君健飯繼元丙芳躅亦元丙昆仲意而二三兄弟同心也

習母劉太孺人七十序

前戊午少宰習時父先生以文魁西江人為封太史翁榮今戊午其介弟因父亦以文步先生後塵時封翁與先生謝世久偃仰六十年淂之介弟天之祚封太史翁者遠哉少宰魁時母劉夫人年未艾享太史尚方之奉數十年因父生劉母今年方七年覩其子光大封翁少宰之緒豈天以兩劉母倡習之閥耶少宰母夫人綏順含和融融熙熙如駕一葦泛輕舠勢處其順四父母半順半逆昧昧

晦晦如策馬九級之坂勢處其逆予于是而知易
道焉坤三爻陰有美含矣而弗敢成弗敢成者卒
有成也夫子曰含章可貞以時發也劉孺人章含
矣時發矣因父出從王事光大之日矣鼎之初爻
曰鼎顛趾得其子无咎說者曰有其子豈但无咎
予曰无咎者必其子於鼎義無當也若子而有實
而雉膏而玉鉉而凝命方且贊黃旒之業吉无不
利顛趾者足反居上之謂也母與因父似之易之
旨曲而中肆而隱以言乎邇靜而正因父常言母

自歸封翁抑抑內則得坤靜正之體即因父昆仲
濟濟諸孫森森母退而不自有曰吾夫之澤也非
是母不產是子然哉同邑諸孝廉列子姓行屬大
孺人懸帨之辰請予言毖而獻百歲之祝予演易
旨以進坤地道也妻道也臣道也地道妻道母無
愧而臣道因父今日正始因父勉之夫　國恩所
以次第顯封翁與兩劉母者未艾斯所為壽母者
長遠而少寧不與有榮施哉

劉母彭大夫人六十序

劉夫人者予友駕部郎劉允玉元配也當允玉令
平湖時夫人當得　褒封而生母在例不得請茲
稱夫人者以德操足術云夫人為彭大司空草亭
公孫女自幼諳內則孝經諸書既歸駕部郎中外
賢之駕部起家進士為平湖令則夫人從襆被南
北即則夫人又從駕部居官好砥節有懸魚風夫
人不難約己成夫子廉名駕部好賓客客至呼酒
相娛樂至懸餅不問客有求者駕部一一應所需
又必厭其欲乃止即囊空夫人為之畫然未足奇

也及駕部薨于官無以為歛夫人脫簪珥護駕部
歸不受人一錢曰吾夫子誼不受人憐都門奇駕
部有賢妻翁別駕公病忘床褥者若而年及晚年
姑鎦奄奄多病其養其瘞即駕部存日無能過之
人又奇別駕有賢媳翁與姑人不能一朝居者夫
人怡愉若滿志然此豈趦趄所能窺涯際哉夫人
以初春之五日屆六十諸從駕部遊及受駕部卵
翼恩者皆掉臂去及過門不一齒及者往往如是
獨吾黨數人如駕部存之日咸欲致詞為夫人賀

而委予執筆予嘗覩名園麗景方春和時百卉爭妍鳥鳴嚶嚶游客載酒為驩者不知其幾旣芳謝景移萬木凋零獨一松亭亭雲際飽風霜傲歲月其貞性固不與時而俱移也方劉氏父子弟兄珠履填門望其庭戶非世間有今獨夫人偕猶子拮据力固門戶行且孝廉君翩翾皇路光振先世簪紱夫人者豈獨駕部所托重劉氏數世重有倚蓋為夫死生交情世道所繫予輩今日壽夫人可以愧友道之鄙薄而夫人所關家道世道者不在乎

壼閫計脩短矣行有惇史載夫人為女師續彤管芳徽吾允玉盖與夫人千秋並耀哉

壽劉繼菴偕元配吏孺人七十序

玉受先生以名進士為令期年政冠畿輔偶棘于中遂援牒請告客有尼者曰委蛇兩年便可得給事御史何自苦為先生瞋目曰劉生需一給事御史乎當事者察公賢借諭吉州至之日諸生肅于江滸尊敬惟謹兩年間事先生如父而先生之所提詔于諸生者又若才子弟爲人人以劉先生愛我成我方旦夕不忍離而先生擢大司成屬以行諸生怏然如有失也相率過鄒子鄒子問諸生曰爾以師何如人乎語云經師易得人師難求經師者句分字晰疑必解問必釋如洪鐘東序叩閎弗應也者人師者模而模範而範如以印印物罔弗肖似也者自爾師之下車也予覩其沉涵萬象精光內發孳孳抉性命之微如春風披拂不知所以然而然者盖超人師而上之謂心師者非耶惜乎白駒不可縶矣諸生趨謝曰公知予師哉吾師尊

人繼菴公及吏大夫人在堂昔偕過鷺渚吾輩得接太公丰神仙仙乎若姑射仙人聆其謦欬似成弘以上人物闡與大夫人家范小心惴惴即殞棄猶有懼心是仁義之府甘露之門也諸生頷附一言起居公惟無辭予復進諸生語曰人世之所榮稱或以子爵父或父以子重今繼菴公身依日月稱 天子親近臣吏大夫人自貴種人擬古大家不藉先生貴與重予何以稱哉予嘗聞公與大夫人歸也先生遠送江滸淚灑層波不自禁公及夫

人強顔慰曰兒為人師戀戀兒女子態乎今先生
捧　新命歸樹酒盈觴昆季在庭先生稽首上元
旦百歲祝兩尊人必喜曰兒昔官豫章念爾為勞
今歸乎當醉屠蘇為先生加匕箸又越旬日銀花
火樹爛然宵旦笙鼓簫鏞填衢夾道兩尊人呼先
生曰吉州故瘠鄉樂事寥寥兒走霜露犯烟水政
逢令節烹雪梅與先生道官下事融融洩洩其樂
何如又越月餘先生必啓公曰大人為兒一官判
產給兒鳳池虛席久願侍大人往無使兒盼盼上

國為繼菴公與太夫人必首肯曰兒言是樓船簫
鼓啣尾而入彪李夾道鳥語嚶嚶淮徐齊魯燕薊
道上負弩持刺慇懃　内翰國子先生甚備兩尊
人必呼先生曰吾家世受　國恩代有名德可無
負吾父子今受　聖天子恩當益思所以報稱者
何在先生必跽而稽首曰大人昔以尺一檄活江
南數百萬命報稱者通國口碑在兒幸為民牧及
造士亦兢兢庭訓不敢負今敢不益勉稱塞大人
德意以報國于永永公與大夫人聞之必益喜計

即日公且飈歷列卿先生亦握衡柄鈞茲行豈一
家之私慶父子間所以壽國壽身者政自無已諸
生躍而起曰鄒先生言辨請書以致諸生遙祝遂
書之雖然予姑從世法言耳夫劉先生所彈精請
事不從世法輪轉予不得深言之也

誥封何母方大夫人九十序

何君侯政暇過不佞言曰應奎之得有今日悉我
季父太史公翼之也奎困諸生久季父挈而之國
學旅困都門裘敝囊空季父悉飲之食之敎之誨

之常懼無以報我季父萬分一幸我大母方夫人
明春届九十奎未得進一觴目營營在大夫人膝
前也惟先生一言為我釋其慇欵幸甚且先大孺
人與大夫人居相連而最相暱大夫人念及先大
孺人往日事未嘗不為之欷泣言訖泣數行下予
語君侯曰易稱嚴君詩詠聖善太夫人為女中之
師無論一君侯允家之屬毛離裏指不可量數悉
啣大夫人澤以有成立是天生母以振何氏宗也
君侯曰然予又曰今有子得一命者其親未嘗不

色飛以為子之祿仕夫人有子為方伯公吳越燕薊齊魯閩夫人未嘗不祿養吳越燕薊齊魯閩欲方伯公大澤者咸祝夫人千秋是祝夫人不自今日始君俟曰然予又曰司成公為　天子講幄臣爾者晉居鼎鉉至七八人行且及司成公矣司成以舊學簡在帝心海宇沐司成露霞者又不知何似夫人將為母儀而又何待于燕詞為君俟曰先生言固當但專父性純孝一晷刻亡能離大夫人左右古人云不以三公易一日養專父以之予曰

君俟殆以世論夫人也予聞泱莽之山有大樹焉其尾拂碧霄人不可仰其根入重泉人不可測吸風飲露孕日月光華不知其幾百萬春秋此固霜雪之所不能侵而斧斤之所不能加者也大夫人似之元氣既為天所獨賦則完福必為天所獨畀計日　聖天子特拜為帷幄師臣奉大夫人分大庖之奉入而術術政事堂出而大夫人問海宇太平何似是挈六合以為家而不止君俟所稱一氏門庭之歡愉已也君俟曰固所願也然家人之同祝也乾坤廣大以予所聞宋則有吾邑誠齋楊夫人九十餘諸子孫詵詵上壽我明如山東新城之王餘姚之孫豫章之劉八閩之林洎夫人止五家五家子姓皆並顯著上壽日內外環珮聲珊珊是予所謂得天之元氣與完福者也

徐少癡偕元配黃孺人六十序

徐子丕承自捉髮竒負而連蹇兩尊人今年偕六十矣一日泣而過予曰弘祖時憶先王父暨吾父日手一經辛勤授不肖者何嘗望歲今父母口雖

不言不肖默自撫心者久之惟夫子一言不肖將跪一觴得有辭焉不佞告之曰子欲壽子之親不佞老而亦欲愛吾身嘔心嗌指媚世不佞恥而久辭謝矣子無若我而生情益苦不佞進之曰子知夫友人好竒遊者乎偶陟崇嶺且逢勝境松蘿拂天巘水澄澄超超埃壒之表令人欲仙而人甚相歡也忽有嘆方以外者其人忽鬱鬱不樂曰安所得仙境而共盤桓也者吾可蟬退人間事矣默然者竟日其一友極醉放歌曰俯仰名山兮百鳥關

闌攀條陟磴兮天與餘閒醉而歌眠臼石者起而呼友曰子得無慕不可必之境而忽見在之樂事乎闔者以友為達嘗觀世之人父兄子弟聚首一堂融融洩洩如魚于水鳥于山洵樂也乃忽以為無可樂致羨于榮名華除此所謂不深沃其根而徒務其葩者也世不有貴人矛乎無論陟屺陟岵早夜不遑將父將母者致嘆即既貴有德色誶語于庭者有府怨飲恨於闔井者不少求如昔家庭之大樸不斵得乎且子之兩尊人奚待子而壽乎

梘川先生脩敦睦之行里人高之而子之尊人禔躬篤厚友于兄弟儀于里閈者即先生如存之日故有謂子之父執尊先民不改父行者為難又有謂子之母寶慈為質熊聲翼子者又難大樂無相蹌鸞斯應夫此皆足以長子孫享天年此壽徵也豈待子而後傳哉況其具在子時方未艾鼎祻有待弃日天固未常不定也徐生起拜而受曰夫子命我矣家大人以下世世承烏予更致語生曰家藏斗酒幾何有客而能中聖者為我闔之

壽慕華羅君五十有一序

始西昌羅生內正從予遊勃有英志未幾以試學使者不利遂發憤尋文毅先生遺跡走金牛開戶羅諸名賢集日肆探討予念其遠招之來鐵佛庵中晰昔日進予期生不終年不歸生忽忽心動以其尊人慕華君夏當五十有一欲歸則傍皇以未能酧大人望許是懼不歸則望雲痴躇心復不安同羅生遊者業請其師公代氏代生祝生固欲淂予一言為前茅夫子當禁言又五十不稱老生欲

以言壽親猶外之也予生平百折於學差有入生不聞朝斯夕斯請事猶落世間相非予所樂聞生嘗述尊人有行誼孝友其至性鼓鍾于宮聲聞于外睹生歸必曰兒敬業事君子而持空言壽我何為予幸健望子正未艾耳子而務學脩身是則壽我

鄒子存真集目録

卷之三

譜序

鄒子存真集卷之三

吉水鄒元標爾瞻父著
紹興年弟周汝登　門人李　賓重梓
同郡年弟曾鳳儀仝編

序

延陵吴氏會脩宗譜序

先生維世之意何詳且殷也民紛紛而聚懼其潰且亂也則為之宗法以統之恃恩者易潰恃尊者易凌勢不能以盡如吾意者則又有世爵以臨之

夫是以家政雍肅而風俗淳美降及後世封建既廢而士鮮世家雖有世家而中經兵燹東騖西馳莫可復合惟江南偏安一隅詩禮畊稼迷上古華冑而家矜門閥有祠宇以聯渙散有譜牒以詳枝派然皆詳吾可知而吾所不可知者莫之考也予竊病之文臺吴大夫自鎮江歸讀禮暇乃告諸族彦曰吾吴之跨布都邑者其簪纓井竈不知其幾然皆宣公裔也宣出太史公兢兢出季子後雖各族有譜然皆未有明其宗之所自出者夫人之有

宗猶衣服之有冠冕水木之有本源也不端其源
委其究至睠其親如路人然此在吾二三子之責
也吕譜而宗之諸族彥僉以為然遂與余同年椽
賀文學君道溥等刊精竭思肇基發祥有考居徙
古墓有圖而家嚴於世系凡出宣公派者近貧陋
而不棄非出宣公派者雖貢文學崇爵禄如少微
通玄輩不録貴實也曰延陵吳氏會脩宗譜廼介
猶子文學君科鍾者余弁諸簡端余嘗聞先儒論
風俗必以宗法為先不知宗法以世爵行常有聞

人焉其輩門圭竇而為族者不必盡收而今則否
世爵既尠而衆散於四方弗收則弗廣收之則吾
不能以一人之力而使其族屬之盡賢此其名雖
美而實則謬大夫輩不覥覥宗法而汲汲宗譜盖
善體維世之深意焉雖然族非能合之難而以身
範族之難以身範族非難而明所以宗之難以身
範族其義可知也能明所以宗非研幾于學未易
晰也近譚名理者輙宗新建不知新建而上有新
會新會宗聘君聘君而前有陸子陸子宗孟子孟

子宗孔子孔子宗文王文王法天詩云維天之命
於穆不已學術宗源亦可見其崖畧矣夫所謂天
命者見之子臣弟友而非顯也隱之不覩不聞而
非微也天下萬世而非遠也一人一家而非近也
在會而通之耳或曰新會從聘君無所得獨坐十
餘年恍然覺如馬之有勒其不宗聘君明甚不知
聘君云此心浩然虛明隨心應事與致虛立本之
旨何殊惡在其不宗也嗚呼能明所以宗雖訴天
地同六合可也而矧延陵乎不明所以宗吾懼其

一室之内悉秦越矣於延陵何有此非余吟言也
學者當以天地聖人為準聘君已先詔之矣予敢
揭之首頣諸君子慕季子宣公之高風追康齋之
實學而以身為天下萬世之宗

永豐纂溪族譜序

夫吾族綦置聯絡跨布都邑者楚楚矣至語及纂
溪故實則令人嘻吁酸鼻不忍竟云靖難兵起我
大理公以孤忠受戮親族悉戍戮無遺其先世有
出世曾者以故得免已為宗人齮齕復徙戍戍而

宥歸歸而蹋天踏地眎鄉姓為路人也者曰吾曾
人也人亦從而曾之不然無益吾祖之祀而既且
旋踵乎越數世而叅藩公瀌官大行拜兵科給事
中始疏云臣不佞死罪臣故大理丞死難瑾後裔
也瑾兄樸官御史聞變不食死臣家死者從者不
能殫述臣祖雖嗣曾雖再遭北從賴　仁皇帝釋
其餘得返骸骨然所不同覆敗者幾何徼
陛下寵靈臣祖臣父悲叨任使然猶系曾姓每念
及先德欲叩閽上聞念非言臣罪且不測春兩秋

霜撫膺雪涕不知凡幾矣臣幸得備官掖垣凡懷
忠讜不自別白者臣得直敷其故矧臣家親離沉
鬱上之使先臣有嗣而若無嗣下之使子孫將忘
其祖之所自出臣用是晝夜旁皇夫使瑾而果奸
黨也臣死斯死矣瑾而非奸黨也望　陛下容臣
仍故姓使歸而慰臣父暮年亦可以見臣祖於地
下　上報曰可縉紳咸嘉給事公孝而哀大理公
之忠是冬公以　冊封過里祀大理公三忠祠大
會其宗人宗人臨老有泣下者曰吾家數遭閹留

茲得耀于光明者誰之賜也又數年公陞浙叅藩
忽捐館而譜不克就越萬曆乙酉公冢子學松中
鄉試乃僉謀于宗之長老曰昔長幼荷芟荒塞吾
家靡有孑遺茲猶得徘徊松楸衣冠雲仍天意國
恩蓋陰賜吾家者甚厚文獻無徵先德謂何遂與
從兄習夫取己未所集者潤色之名曰纂溪族譜
譜成於營前名纂溪者公志也告成委予一言以
詔宗人予惟天之祚人國也其國之大義將傾也
則必生翼運之臣以為之砥柱而其家之將落也

又必生仁孝之士以為之顯奕使先德不至闇而
弗彰大理公者誠國之藎臣而給諫公者則仁孝
之裔也天意良深且遠矣夫眷德者天承天者人
詩曰勿替引之寔在後人圖之而已譜以渢公為
始祖中條引甚悉憶給諫公每過文江必期宗之
長老及先大夫輩懽從數日曰吾不忘吾水木之
思也計偕君與予輩亦克惇宗盟灌其根培之而
使茂也濬其源引之而使長也吾家子孫其茂勉
之項閔吾學編鄭端簡載大理公為永豐人又云

或曰四川人三五先生編吉州正氣録以樸為大
理公子夫端簡夙稱博洽而弃梓裀傳猶不無魯
魚之繆矧時遠年湮其訛愈甚是譜可無作耶我
國家典章遠邁前代獨於靖難諸臣猶爾沉湮識
者悼之夫宇宙精英其泓渟鬱勃之氣勢不得不
宣洩於後它日有我　聖天子闡幽微顯而徵大
理公事者斯譜雖謂之國史可也

寧波慈谿劉氏族譜序

余郡司理劉公竟其尊先人所訂族譜成過吉水

出示鄒子鄒子敬觀之其家流風蘊義懿美有足
術焉浮屠風熾世鮮禮教自無閡公闢浮屠祀先
棄楮不用至今子孫尊其教勿絶元以夷狄亂我
中華山斗大儒低徊洪濾自介白公疏貫似道後
終其朝子孫無一人恥珪組者而宗自侍郎寶湖
公以至進士公端平端平至似祖仍祖二公並以
學行著聞爰自我朝如太史公本學博公銓給諫
公煒尚寶公滂高者皎皎厚者肥肥他白首林丘
士亦爛然邑乘者若而人亦何都也世纂家乘者
多遷遡華冑至祖不知何許人識者羞之茲譜也
斷自五季仁晦公始仁晦公子三世翊而始遷慈
谿又再世應時而徙定海凡一分而有上中下宅
再析而有東西派君子曰此信譜也彼駢拇枝世
者有餘媿矣公言于鄒子曰家故有譜續而脩者
進士公若芬若爕學博公若焞若覲學賓公燁處
士公鍾及先皇父逸民公津顧家濱海溼遁脩遠
散亂殘缺嘉靖間尚寶公以諫罷杜門脩葺纂為
義例曰譜例曰世系曰世業曰世範世恩世述世

倫曰族約將成而阨于年以托先子先子勉強圖
維補未有增未倫可成而奪于貧常曰我宗代有
聞人皆賴祖宗蓄德畜仁敦行不怠世世踐脩厥
猷豐本遠條故卒無隕前聞顧家乘尚缺而未備
余其卒負尚寶公托耶是在孺子不佞徼天之幸
叨入仕路遺言泠泠在耳常以先子未竟志是懼
會族彥廷謨至不佞與之朝夕考訂睎昔年所裒
集者並詳矣子為我序之鄒子曰積善餘慶易有
明徵早服重積古訓凜然夫所謂積者匪朝夕故

所由來者漸矣人知劉今日之蕃庶碩大名德不
乏不知其先之淵源于勝國日者何積且遠也水
惟積也而後能載舟浮大川風惟積也而後可覆
翼上九萬世未有不積德蘊義而能昌熾有家者
也余自入朝得接司空公重菴觀察公念庭比部
公海日司空觀察及司李三公官吉郡皆以清端
著闓司空觀察二公又皆不竟其用而比部以真
言垂翅下邑夫臺崇惟基食德者舊諸君子涵濡
深厚吾知劉氏之興蓋未可涯涘矣司李公清真

嚴肅蕭如寒士茲以其餘力崇先啓後此何心哉
蘇子曰讀吾譜者孝思之心攸然而生劉氏後裔
當何如心公之心請言公行公登第後遭親喪廬
墓者三年是不忍忘親之心也不忍忘其親即不
忍辱其先不忍辱其先即不忍薄于貽後公嘗為
余言宣撫主簿二公稱慈湖高足弟子兄弟友恭
今所顏之堂凜如師保公庭有餘師其柱礎儒林
也豈無自哉鄒子常有言曰家無巨細醞釀孝友
其興勃焉室有勃谿其亡也忽焉予今于劉氏益

信劉氏子孫勉之傳家寧儉無侈禔身寧厚無薄
受享寧不足無有餘立朝寧迂拙無巧遇用無過
佚諸先人世德遺芳斯庶幾積善早服之義萬一
而予畢司李公之命或者其在斯乎敬拜手引其
端

夏朗劉氏族譜序

邑夏朗劉氏自文介公以夙學魁 大廷以勁節
忤權倖今譚名臣稽世閥者首必稱之公家自元
宋至今仕版數十餘人居室相望食指繁夥大要

尊公約束士不録有司者白首一經為子弟師貧
者手一藝自食耕者織紝者力自操作魚魚如也
伏臘祭罷聚族衆聽宣公所彙宗範曰共無辱我
先闇有身入有司族之人終身不齒嗚呼盛矣茲
宗長合各房譜成乃遣其族彥某某乞言於鄒子
鄒子於公為里中後進方竊公餘敎以淑我族人
即有言寧能有加公哉雖然譜之合也匪矜甲第
詩繁庶以稱雄里閈蓋為睦族計也然豈聲音笑
貌為哉堯典親九族必曰克明峻德古之欲明明

德于家推本身心意知格物是齊家親族盖自明
德始焉夫德非外鑠也人人有之也試觀孩提曾
有不愛其親者乎曾有不敬其兄者乎夫此愛敬
之良即明德之端倪也水雖一勺也而極之至於
彌天火雖一星也而充之至於燎原人雖赤子也
而充之可以叅三才靈萬有頃時興習移知與物
遷慕妻子而天親之愛衰矣爭貨財而鬩墻之釁
作矣此豈明德本然哉人能充孩提愛親敬兄者
將無所不愛無所不敬矧族之人乎是故睦族必

在明德而充孩提之愛敬者則明德之入門也予
嘗友觀國初皆耻譚說而尚躬行敦布素而薄華
靡公中解額後惟教授里中子弟有子弟為大官
公卒不與計偕者二十年又門下有負薪而夜篝
燈讀者後俱取科第去先輩薄榮名而敦本實也
如此遐想其時孝弟力田閉門探討猶有漢循良
遺風焉今此道亡矣而劉氏後人有先德思予則
無務計小利而忽遠圖孜孜矻矻茂勉明德由吾
身以達于九族愾于寰宇斯於爾祖聲光千百年

不墜而譜之作也不徒矣韋無嘐嘐然曰吾言不
出爾宗也里人誠其職友之子曰爾祖何若則恍
然悟爾父何若則潛然淚又反覆開譬之曰上古
何若則戚然寐何者祖父其天易動也詩曰毋念
爾祖聿脩厥德

尹氏續脩族譜序

夫吾吉㝡矜尚者有二曰宗祠曰譜牒然竊不能
無慨于中朱子家禮祀止吾世吉則遠稽邈紹今
雖有赫奕郎士林者至不得側席一俎豆焉夫子

生周末去夏商不遠猶嘆杞宋無徵今談上古事
無少闕文豈周則畧而今獨詳乎吾里故稱文獻
窟宅耶然嘗俯思古名人嘉言嘉猷及賢者之後
影響鶩沒淂籍是世世勿絕君子固將以天下為
家矧吾淂姓受氏之所自出又其源有可據者從
此而崇睦惇好禮讓行于一姓不敢以其身不齒
于宗斯亦化民成俗之一端君子猶有取焉予髮
覆額執筆就郡試尹氏祠飛甍連雲先大夫指而
教予曰此尹氏宗祠其族多名德是時如大尹公

求菴刺史公湖山皆以名儒為世冠冕予旣頌之已閱掌故得熟忠諫訥菴公行事神骨悽清叨入仕路晤都諫君莞石侍御君冲萃清標玉立聞令中丞公春褱向用方殷戍貴陽時又得友別駕君學孔倜儻樂善始知其皆同宗而有可據者尹之先始于唐天水思貞公公二子愔憶愔六傳至顯顯子崇珂為吉州節度使遂家于吉今派衍吳楚粵閩曰新市曰灌塘曰牛田曰某皆珂苗裔也先是諸長老會有通譜邇中丞公乃謀諸別駕曰夫

譜如傳神一不肖似傳信謂何乃斷自崇珂公為始祖崇珂公以上則有圖以志始合之動朝宗之思崇珂公以下則有世系以志詳瞭然見一本之真別駕君洵布衣秉庠生仲縉畢歲而告成事族彥起泌令子應中氏問序於予予披閱再四因思乾離合體為同人夫子系曰類族辨物類族者方以類聚辨物者物以羣分于統同中而有辨異者存聖人兢兢宗教也如是予嘗疑同人文辭曰于宗吝于野亨于野者謂其能通天下之志心無間

隔之謂也蓋聖人見天下無非同衆人見天下無非異不得不異者迹不能不同者志子曰同歸殊塗一致而百慮夫慮百塗殊而終歸於一聖人豈固強而同哉蓋曷不觀睽之義乎夫天巍然運乎夫地隤然處乎何上下相懸絕也而其氣未始不通男正位乎外女正位乎內何內外懸殊乎而其機未始不感林林總總直者夭者喬者飛者走者調調乎其適洋洋乎其無所不之故曰天地睽而其事同也男女睽而其志通也萬物睽而其事類

也天地判而合男女分而耦萬物渙而聚聖人于家人後受之以睽睽而復同之以一聖人真見業有家人未始不睽睽而未始不一雖欲不同不可得也此尹氏譜之所由葺也嗟乎世未有不以天下為家而能以家為家者以天下為家則萬有皆吾一體況同宗乎以家為家即一室之內自相隔閡矧同宗乎昔吾夫子志在老安少懷實以天下為宗橫渠張子西銘發揮詳盡宋之諸子彥明氏得之最真陳公甫曰乾坤一點龍門意分付當年

尹彥明之義也羅八紘而不為大亘千禩而不為久無古今無人我一而已矣尹之子孫豈無如求菴湖山諸君繼和靖遺風繹龍門微旨紹西銘真宗乎予敬引其端以似無曰吾言不出爾宗也起泌父子質而好行仁義學孔進為循良處為孝友拮据祠事如營家舍非真有志一體之學者不能而乘恂恂焉篤行為名儒肖子咸于譜事有勞夫使節度公遺風鴻烈照耀來葉者則誰之力哉詩曰大孝不匱永錫爾類諸君之謂矣例得特書末

簡

暖水祝氏族譜序

盖余淂友祝介卿氏知其為醇粹君子云余兩入燕市閒過介卿商訂舊學心相暎照丙戌予告疾歸介卿以淩厲為世仄目出刺毘陵人曰介卿名士令執腰板礬折道旁是不縶驥鹽車乎或曰介卿學道愛人且試盤錯于利刃也介卿至治聲颺馳上官大夫爭颺于朝青衿諸士問學于庭介卿且仕且學閒乃託所知函書文江鄒子曰辱在泥塗輩不為天械所苦常思吾祝蔓衍西江先少卿孟獻公曾有譜牒不治且久中夜凜凜輩業已訂稿大都以冏卿公為據畧於銀青公以上而詳于暖水者據實也子為我一言詔宗人且諗吾兩人交于世世乎予淂書捉筆遲回者久之盖予見村有醫閭都鄙都鄙誦之若神引而之世醫之門噤不敢發一語祝氏近介卿文岐作所二君浸浸為世名儒啓迪宗人必悉予何能加一辭雖然斯道本一吾學亦出於一吾一可以通萬古而何有於

一姓予嘗閱今之學者危冠服準繩趨非不傑然以儒自命然徒矜莊嚴識者有文繡土木之譏陳格言勤辨駁非不亢然以師道自尊然徒取聲聞識者有說鈴之譚閒知致力于內者則又內外藩籬身心互持而徹去塵根超然獨悟者誰乎夫悟者內無所有外無所執一切經綸參贊皆其分內睦族特其一端耳夫任道非難悟道難睦族非難有學以詔宗人難吾不知諸君子所以聚庭而語族人所以齋心而聆果安所在不然冠綾雲仍雅

稱盛際斯學罔所發明他日不將抱斯譜而興無窮之感乎山在諸君子之責也不佞頗闡其旨

新淦族譜序

予自癸巳乞骸歸時時思吾宗繁碩宜有宗譜以世宗法不逮迺以多病因仍即本支譜十餘年間閣筆者屢而同枝新淦諸彥某某過言曰吾枝譜牽告成矣予大夫嘗序纂溪譜視吾枝不後纂溪宜有言以詔宗人俾知世世尊其訓不忒予接諸彥溫乎有君子之容而所脩宗政曰塔下曰下痕

曰歷止其家之人尊若令甲吾宗有政矣因進諸彥曰吾宗之聯絡也天啓之矣吉州之鄉皆本吾吉由宮而之思江由思江而之安成脉絡分明珠爍星流予嘗思二邑思瀘二水咸滙于文江而後之河之海分派者其勢不得不合流者水之性也故曰水百折必東矧吾同氣乎夫水之所流不有以障其橫瀾則其勢必過吾吉諸水又有玉笥諸名勝以為之砥柱而不至于過乎族家其下吾宗諸派且以之則孰謂非天啓之也說者謂神明之胄天必相之吾宗本神明之後又代有諸名碩以為之培源而達枝固宜其有闡世世詩曰子子孫孫勿替引之是在爾後人之責矣予姑書數語以告諸宗裔宗裔其勉之元氣之流行于天地間也在人醞釀之何若孝友其根詩書其枝它日有元夫傑士昂然如玉笥參霄者出其間吾吉州諸宗實且賴之矣宗譜請似之異日

東岡劉氏族譜序

予少時聞潛江水部北華劉公嗜古正學與司成

文莊鄒公為縮帶交公安成城北里人有子曰域起家辛未進士任南都儀部郎奉 璽書督滇南學政致事歸喟然曰吾家潛者三世矣徽祖德父子世世爵祿不絕而贈瀘渚麟崗吾祖宗丘壠在焉昔先大夫與太守見川公予與憲副淳寰君議脩譜而遠不克就今憲副已脩藤橋譜矣東岡猶然無紀先志謂何於是作東岡譜譜成函而徼予言為序予披閱之義列有八曰原族自筠從東岡者始于祖景自東岡遷齋樓者始于祖貽由貽遷

城北者始于祖澄凱自城北徙今潛者始于封員外郎秋畹公四地雖子姓繁夥而一脉若星貫珠聯可覆而數矣曰世系曰大傳外傳曰恩綸瑩阡曰祀典文翰闡幽顯微凡可以詔後人者纖悉備至又為之言曰收族則上通百世為一日下聯五族之千萬人為一人仁哉學憲庶幾乎知一者然一未易言也夫予鄉多名家巨閥祠祀巍煥譜牒裒然名卿學士筆不絕書然予嘗見其家富貴者奴婢餘粱肉而其宗之人餓饉道上曾不得一望

糠覈而厭焉又感同骨肉利爭銖兩操戈內向身死戒妻孥不得往來何以故彼所謂一者其迹也潛去吉何啻千餘里由身而遡於其祖不知其幾而惓惓若聯于一非真有見於一者能之夫是一者即吾之真性也真性不昧羽毛蟲角皆吾一體矧我族類乎為東岡後裔可以思學憲之衷矣東岡祖晡藤橋祖瞻賦三公各從其地無論其先名碩相望如見川公官二千石家如寒素北華公官水部郎沒之日不能供塟學憲洎憲副皆兢兢操

持為世倚賴父子並峙又相類夫非一氣之所鍾歟學憲有史學當著作金馬有執材當勒勳旂常迺進則歷著平反之譽收造士之効退則近見於家政則以直道而行北儀曹二月見疑於江陵南儀曹數月齟齬於宵人雖時論推轂而堅貴益决以其有得於一者無涯也雖然學有得於一紹聖真開來緒天下萬世皆吾一人也而劉氏何有學憲圖之予家先世散之四方予從祖以小忿擔簦楚遊予祖常道其子姓茂衍卒無賢如學憲者興

朝宗之思予輒閱舊譜欲捉筆一言以詔我子姓而以詞蹇遲回睞斯集潛然不自禁矣

燕山士林蕭氏族譜序

嘉靖中年吉州人文稍替獨岳峰先生崛起東魯為邑人所憑藉甲申春予赴南幕陟岱宗式先生廬時先生鎖鑰西寧為　天子重臣而田廬井竈不改其舊予低徊不忍去者久之乙酉冬予再入都門先生以書遣其子國學君某抵余梓誼嫡好甚篤也又明年予請告歸里先生復以書戒其徜

子而屬予曰不佞家東魯自先大夫少司馬始先
大夫每語及先德及譜序未竟輙泣簌簌下不佞
半生辛勤塞上鬓且鬖鬖白矣回首南望肝腸欲
裂茲幸得竟先志子其為我一言以詔宗人予讀
一再過則未嘗不壯先生孝思純備云方高祖入
關諸將皆爭取金帛子女而先生家祖酇侯獨收
丞相府圖籍故因得以知阨塞戶口多少強弱處
功垂日月旂常爛然有由也予足未及塞上人從
西北來者皆云馬市互興我軍不習每聞邊報帥
臣常惴惴焉有不謀夕之憂且邇來荒饉薦臻災
沴頻仍易子齩骨所在莽蒼先生坐鎮安謐猶得
以緩帶餘暇崇一本之宏圖隆惇盟之鉅典孝子
慈孫一展卷瞭然先德此其賜酇侯家國不同而
其忠孝則一也語不云乎賢者法不賢者守焉酇
侯得平陽侯一遵其約束故人為之歌曰曺參繼
之守而勿失予閱譜中先生所為後人畫家政者
至宏且遠其尚兢兢先生明訓勿使隕墜斯厚幸
矣夫守未易言也子輿氏歸守身本於事親而終
於養志茲其義微矣然養志必本於澹泊寧靜酇
侯與先生不治垣屋非其有遵於無欲之訓而然
者耶蕭氏後裔勉之俾先生功成畫錦覩諸子弟
熙熙雍雍無忝盛世名德不佞兀伏蓬巷亦無愧
有道之鄉焉是為序

永豐陳氏族譜序

乙亥秋予侍里中先達會講青原太常卿視軒陳
先生儼然造焉時先生與新鄭有郄初拂衣歸入
方朞纏帛再臨而江陵仇吉州者踵至矣先生以
是始堅貢于丘園云癸未予自夜郎歸晉謁先生
而先生神益王學日懋里中慕効者衆會
聖皇物色諸巖碩然雅知先生暮年所尚至謂未
竟其用咸不勝耆老之思焉今秋予抱痾南還方
期買舟再瞻先生遄先生自為譜畧譜核二通函
詞不肖曰吾陳有姓始於周武王封虞後胡公於
陳因以國為氏嗣是而散處海內代有賢哲其在
江南不暇悉數即恩江亦斌斌可覩記矣先大叅
侍御二公同朝約歸譔譜牒會機不相值予計偕

時業已具稿而奪於仕今漸耄矣參華無徵世資無據靈根謂何而今滾滾為也今幸而卒業子為我敘諸簡端予閱譜畧以筠州倅為祖遷徙凡數處而澤泉東門西坊水南五石大園其最也核證世次韋附之繆稽侍御登科録自吾道公以前能推其始也稽送如蘭敘自從兄燊訓後能致其詳也先生可謂篤念其先矣蓋常論吉州學術自新建倡學者煥然一變然膠固者東望于一隅而超悟者脫畧于倫常先生潛心問學當官也一介不

染注措也纖微曲當為給諌為名給諌為刺史為良刺史颺歷藩臬各有聲稱薦陟清卿齟齬津要晚優游郊扉猶克惇宗盟使人知斯道遠之極于神化邇之不越倫常先生真可謂出處無負者矣且陳至今數百年以二公所不克就者先生得以聿脩前聞倫序不墜俾陳氏子若孫一展卷而先德瞭然若何如無忝箕裘以無遏佚前人之光先生家學亦永有無疆之休哉族之百世可也

荷塘廖氏族譜序

荷塘故邑名宗國初有敬先敬存二公所稱六君子者具解學士籍中嘉隆間景韶大夫以文行為士林冠冕予近得式其閭田疇膴膴喬木葱蒨東山時時墮几席間清光映人而長老及諸子弟儀度甚都昔人稱華閥鄭鄉兩無愧焉大夫葺其譜成而以示鄒子曰吾譜止荷塘而以力綿不及槩諸宗即恭敏公支最著而不敢輕附者蓋稽之無當于心恐無以傳遠也夫譜猶傳神纖毫弗當即簪組郁郁駭人觀聽而其子若孫蓋不知誰氏子

寧兢兢詳吾荷塘世系而不敢越尺寸子大夫為我弁諸簡端俾吾子孫益有所徵乎鄒子拜而受之荷塘一世自觀民公始觀民公二世子敬先官太史敬存以博學名至今蓋十世雲仍繁衍詩書之澤愈昌而熾其事確其文核仁哉大夫可謂思深慮遠矣予鄉譜者無慮數百餘家至書其上世榮顯不絕即號為賢者不免溺其中夫士不自樹而因人為植是謂倒置之民又有巨貴欲附胡忠簡族者先賢哂曰可為忠簡不為顧為忠簡後乎

大狄不以不梁公賤而郭不以祖汾陽貴恭敏雖名臣乎而荷塘名賢項輩相望奚必借才異世公無當于心即恭敏公不以輕附此豈尋常可窺者哉大夫生平質有其行纂著極富視兹譜猶有先進遺風焉予安得公是書為里中譜法謹為序大夫意廖氏後裔其務自樹爾宗先君子太史刺史公得其一亦足支大厦翊仁賢彬彬如是益務滋德而續其家聲焉

炎村石泉劉氏房譜序

劉念南大夫初仕南海李官時尚嚴核用能以寬和佐郡治南海有聲　召拜吏科給事中江陵在位箝制言官令私人伺其動靜有不為己用而譸譸言事者輒出之大夫任年餘糾貪偉臣數人江陵憚之出為閩僉事尋參楚藩議副使滇南大夫自滇齎捧過里追憶先封奉政公命乃編所謂石泉房譜石泉者劉氏世居地也房譜者志石泉派也大夫命子國學生如暘過余請引其端予閱蕭太史序亟稱譜有五善曰絕駢拇之私重垂裕之統彰前徽尊制詞遺茂訓備矣雖然吾里名譜不乏而孝友蒸乂之風不聞上追隆盛耰祖德色箕箒碎語若漢賈生所痛哭漢庭者今豈無之顧所譜者非其人耳鄒子曰若大夫者可以譜矣夫譜者普也謂自上世以來千萬人合為一人千萬人心皆吾一心普吾宗祖之德意於無涯也而世之據高享腴者睨若秦越甚至憑陵呑噬譜義謂何大夫居嘗簡約恬靜至族中有無休戚不但如其身親之邇歲大祲米珠薪桂民死徙且盡大夫解

橐中裝活宗黨無筭又自族而洎一鄉鄉人食義者無窮昔文正羅相日盡以俸餼周族又置義田若干畝未聞其譜牒何若今過吳門觀范氏子孫若起文正而揖讓之范氏世澤至今不衰善乎先正云欲樹之繁無斷其根欲流之長無閼其源大夫之根固蔭遠而源茂也劉氏自翩翁居炎村國初登第者二人餘悉饒于貲井烟繁盛雖脉相望後封奉政公復業儒閩奉政公初入塾時甲子春忽庭前雙桃灼灼而開占者曰瓜瓞緜延時當

早春不于其身于其後人大夫果以後甲子歲駿
蔉以是知天之福劉氏者數十年豫為之兆大夫
之仁心直道可垂之千百萬禩者不誒斯譜而祚
無窮也予故曰大夫者可以譜矣

花園王氏族譜序

花園王氏邑儒族也鱗鱗有宋者姑不必述我
明如解元僉憲公梧岡著作名家贈員外公惟仁
蓬州公前峯贈學正公南麓教授公唯齋叅軍公
懷蓬及今留臺司務公中宇譬之珪璋琳瑯其一

足以華國而矧彬彬者乎王譜在宋寂箸而燬于
兵燹有山囿公者心一一默識不忘得以遺世世
勿絕而寂後人文繁盛諸君子欲增所未備或奪
于仕不果中宇公自楚令歸而嘆曰夫吾先學正
日汲汲譜牒謂何且教授兄業有端倪而失今不
治睎山囿公腹笥不有餘媿乎乃裒餘稿欲存諸
宗而問序于予余與公同朝久且叨世戚誼不容
辭王自宣教公謫官吉州遂居白沙四世富川令
茂君及南賓公始築別業花園而[illegible]五塘迄今

蓋十餘世其間仕者清白以遺後人而隱者明經
行脩不愧先民矩矱王氏稱盛際矣予覩公家譜
有餘思焉吉重鼎族家握信史豈非無徵顧貴者
好攀附上世名賢以哆譚至不難隱忍摶顙祠墓
恬不為恥而貧者至以其族為市富者亦樂攀附
它日得稱名宗焉竊謂士君子當為人宗不當宗
於人故無因而宗於人者謬也公嘗譜所謂花園
者無攀援附麗之非稱信譜矣公述昔人云譜三
世不脩世相睎如塗人今業已脩矣果且不為塗

人乎哉夫不晰于一本之學則未有不至如塗人
也者王氏代有明德僉憲公官中大夫不能庇其
子孫而諸君子皆恂恂雅飭公簪筆南臺傳經璧
水為世倚重徒以骯髒為世反目遂挂冠歸歸而
克惇宗盟是亦為政夫寔衆世傳家有餘師王氏
後裔其熟念今庭槐鬱鬱森森皆先人手植封護
非朝夕故培之無斷其根愛之無剪其枝斯非公
屬予有言意哉

龍氏通譜序

吉州文獻甲天下稱右族者彬彬矣然其稱右族者不過以達官貴人相推長耳夫其所謂達官貴人者果皆肢體之聯屬乎哉下里子欲附巨閥以自託而華宗無賴子亦廣收以自潤則雖有家乘其不見信於王公大人者多矣予嘗有言曰人能慎脩厥德無忝爾祖雖匹夫可為天下師而窮廬畢門亦炳炳寓內者奚必達官貴人華族巨閥為也何世局耿小之見而寡通方之識者哉祀溪叅軍翊者不佞友也常告不佞曰吾祀陂舊有通譜

今僉憲公南岡少叅公澄源推永新所自出者名曰通譜頤徵先生一言為重予困阨中未之應也今年謫官南来叅軍訪予舊都復理前語予閱譜牒則深嘆龍氏慶流之遠而諸大夫敦本之義即諸右族所不多見焉始評事公在顏溪耿然一區耳乃傳而歐田祀陂甘竹茶攸長沙罔不家詩書而戸衣冠亦何都也上下數百年間周衍千有餘里龍氏支派一開卷瞭然如血氣周流無間夫非仁孝夙植克念先德者亦何能若是其惓切也為龍氏後人者得無忘諸大夫意哉予嘗道祀陂矣叅軍以行義孝友倡於家其弟琦者亦躬行君子也諸子若孫林林嶷立又嘗訪少叅公甘竹矣公以撣霍長材未竟厥用然其家于甘竹山下山勢蜿蜒磅礴兩家後人必有繩繩而起者續通譜於無涯也矧又有列族方興未艾者哉有達官貴人之衆而又有躬行篤實之士有敦崇一本之義而又無攀援附麗之嫌小子執筆其後有光榮焉若枝派之詳告誡之語有先達先生之言在

龍塘劉氏族譜序

予屏跡東山之麓日取先世文獻而飽飫之至雲谷草堂記則匡山居士本道劉先生筆也中語多名理然不知何許人間質之族祖南莊公始知先生為泰和龍塘人今平原則從自龍塘與予族蓋疊婭云予恨不得炙先生亟欲識先生子孫會先生族子文學君宗臣偕諸族彥某平原某而過予曰余族之有譜也經七星先生手澤可謂核而要矣生齒日繁派衍日廣己酉歲諸族長欲重新之

不果僉不知宗臣不肖不足以彰先德而考前聞乃委重宗臣董其事而以姪瓊齡副之茲幸竣役矣敢徵先生一言賁之予拜而藏之者越半朞稍暇披閱之其自龍塘分環龍塘居者無慮數十餘處而文學科名孝廉輩班班可考則詩書之裔而禮讓之胄也未讀文學賦有但從一脉承流衍豈以羣芳識本根之句又惇惇四本之訓未嘗不壯文學所以緝睦倫序者其意良深且篤而無所籍予言也乃晉文學君曰所謂一脉者何居曰江淮

河漢日夜湯湯雖斷港絶潰而必歸之於海者以海為之本也予劉自長沙而洵金臼土又自臼土而龍塘自龍塘而平原諸處其脉可指而鏡也同于一者雖負販鬻繒吾不敢棄異于一者雖崇爵連組吾不敢附而親焉蓋有盡于世之駢拇其枝而視至親為路人者先生以為然否予曰君知家之脉同矣亦知天下之同一脉乎夫堯舜禹湯文武周公孔孟歷世千百祀歷地千餘里而此脉之流衍則固無古今聖愚一而已矣故學不通天下

國家為一體今古為一息者未樹也詩曰至於兄弟以御于家邦不然一膜之外皆秦越矣安望其能家君幸進之文學君曰敬聞命矣四本之訓可乎子曰夫道一而已矣道原於一則本固無二也文學君輾然曰由家而進之天下約四本而會于一此聖學之喫緊而劉氏百世之德也者吾何幸開醯雞之覆而與聞大人之學先生幸籍之予不佞次第其語以弁之簡冊俾千百載知予兩姓不惟世講且世學

金灘王氏族譜序

夫吾吉名家巨族不獨詩書簪緌蟬聯者有足哆譚即不簪緌蟬聯者其詩書馴謹亦有孝弟力田遺風焉則安成金灘王氏是也王氏食指井竈不知其幾其家非有尊膴都赫足聳視聽而邑中推名家故族必曰王氏王氏豈非以父老子弟知重本務孝弟而為禮讓之宗歟今都諫徽郡吳公舊令安成入其祠壯之因進諸父老詰所謂譜者諸父老感其言乃帥其宗人若子敏朝任國極繼宗

繼元等各捐貲脩葺譜志遷徙曰荷山曰盧陵曰連嶺曰袁州曰梧源遷徙異處而以金灘名者志今所居也遡源委自長者該而及十三世範自範而及八世宗英自宗英而及三世孫九鼎自九鼎而及孔碩孔踞孔模孔範孔莊孔綾孔興孔経必詳者詳其所可知也諸君函而乞言鄒子鄒子曰予觀王氏譜而知造化陰陽相生相代之數盖不可究極云夫宗英三子之没于元兵也王氏族如箋矣乃一傳而宗元再傳而重賢三傳而九鼎三世宗祊係九鼎一人之身豈不岌岌乎殆哉乃九鼎而生八子其二則析居大江之原今派衍于金灘者皆六孔苗裔夫九而生八八而歸本于六盖九者陽數之極也六者陰數之極也陽久則變少則不變陰六則變少則不變世代相禪六位相錯金灘孫子吾不可以世記矣若九鼎所謂一絲千鈞者非耶夫人當快意之時則矖然口張當拂意之時則愀然眉蹙今明之繁庶優游可樂也昔元之孰子艱危可悲也居今日所以安憶昔日之所以危閲斯譜者孝思之心油然生矣安成饒傳王氏學然或以意見或以義理或以窮索毌者忘之執者失之是皆意之為祟也而王氏之旨荒矣嗟乎天聰天明執三尺童子皆然王氏子孫其有能奮然恥於今世所謂吾家良知者一洗義理窮索意見之陋斯人者吾願與之為友不獨可以詔爾宗人也金灘居邑之偏其地叢岫茂林多逢衣愽帶士又雅從鄉先正學豈無於鄒子之言有當于心者乎予將式而問之

盧陵丁塘劉氏族譜序

盧陵皂源劉愈立故爲黙黄子予戍黙時與之往返道塗古岾扁舟野店孫亭尊酒囊徊者月餘既予詔起家不相見者十五年居嘗念之今年夏愈立忽至叙故感舊不勝懽然既乃出譜引告曰立家有事于譜願長者謂必得名公大人言以弁簡端顧立貧不能乞言願先生一言為立重予取而閲之宗且權公以下珠聯縷悉傳信也自且權公以上必削者削其所不可知也盖諸長老類若

有懲于今者曰不知者慕其繁顯妄附之則不親
不親不孝知其親微賤棄之不仁不仁亦不孝凡
吾譜矣譜吾所同者而廣仁孝之原也獨柰何妄
且誣耶予卒業嘆息者久之蓋予受役郡人譜事
不少得而槩觀之皆譜其所不可知者[illegible]必長沙
李必忠武前朝簪笏蟬聯若數一二然未終卷而
竊哭之謂不長沙不劉不忠武遂不李耶丁塘直
以攄吾宗而明吾一本識何卓也乃復晉愈立言
曰君知李北地譜乎北地自譜其家不過數十餘
人止纖瑣靡[illegible]子信之又布衣而能褆躬孝友
炳炳烺烺何必軒裳世之軒裳為子孫不録者不
少也君家祖刺史明府學博及諸文學公彬彬後
先又北地譜所無者茲譜誠信信則傳傳則永永
無疑矣君為我致聲族之長老子弟曰二儀磨盪
一氣流行和則祥乖則異往往如是彼妄附繁顯
以傷吾宗者不乖則異君家一氣流貫同則不異
順則不逆循循井井是在爾家人引之哉予往赴
安成四山巃嵸田塍泉甘草木鬱茂人物稠密路

（該筒子頁左半頁缺）

人指曰此丁塘劉未知為愈立宗人在焉今而後
余將攝衣来矣愈立貯佳釀俟我我為爾宗人道
予戍時流離顛沛狀始知臣之邑國與子孫承家
其艱一也

安成永嘉萬氏族譜序

吉州先輩多埋英鏟采純誠龎厚無大遠于人情
近嘵嘵者多溺情慕古而驁今夫古道泃可加尚
廼神情隱約回示古人何如此在有志者自辨矣
憲副心源萬公惇龎樸茂進退取與不皦皦為名

爲人不得而求多爲其所惇惇訓家人者不過日用常行事揆之大道卒不踰越即其所葺譜可概已公之言曰世有借資它姓衣冠輝煌簡册者失之誣吾萬顚庸者不之無庸借資矣世有聯郡邑駢拇其枝者失之誇萬代著西江者不少耆譜吾安成所可知者如恒範康年二公後者當詳即西昌荆楚且略已世有賢人君子明知其非吾宗也不難俛首卑辱稱雁行進失之欺欺吾即死不爲吾譜如是足矣譜成偕其叔别駕公以予言不佞

（該筒子頁右半頁缺）

人余退而羨之一日諸長老肅幣走鄒子曰吾施譜幾脩兹以生齒繁夥恐後服盡至睇其親如路人故不佞等重竭日夜力告成事顧先生一言弁其端予閲譜惟今施方與信豊爲獨詳蓋詳其所可知而魯而沛而吴興而麻村必究其源委蓋窮其所由始稱信譜矣諸長老曰世之駢拇其枝附離顚融者以誇詡鄉人若數黒白卒不能掩人耳目則吾不敢鄒子曰吾于譜可以觀世道之盛衰爲先輩之敦族也以親親而近以驚世古之本也

一今之本也蓋自一而之無算一則親親則久不然者求不至爲路人亦無幾施氏兹譜其謹禮崇孝洵可爲世鵠且吾聞人之先崇蘊蓄厚後嗣必有興者而施之先代累以長厚著聞諸子弟茁發穎樹爲世球琊者楚楚其必有爲世偉人者出人裕而曰此故守禮之宗也亦無所容其附麗矣施氏去邑城數十里許四山縈抱膏田水灑灑逶庭除獨一山若逆若順似向似背以故文風鬱而弗邑予惡而欲去之諸長老有難色鄒子曰君等奈

何知出愚公下鄒予雖年老尚欲扶太山遊鴻濛之野乎東海與民耕牧其上玆山培塿耳士君子有隘九州呑八荒志須彌介子可也范氏子孫必有負挾山之志而出者有是志即格天之業可必夫萬鈞之弩括于寸機萬斛之航驅于一舵志固甃齊國家之機與舵筆以誒之異日

歐陽氏通譜序

予舞象時耳聞歐陽六母熟數先世源委狀而知廬陵吉水西昌安成及潛江皆文忠公苗裔又曰

公吉水人誥勅□存劉隸恩江以故恩江得名公不知公吉產也予心頷之長而嘆曰神明之胄後必有興者文忠公孫忠大節正學雄文標表一代其家雲仍奕葉如是彼謂君子之澤五世斬者不然哉予竊謂斬者截然明著之謂千百世猶可稽考焉以今觀歐陽氏通譜益信矣歐陽始祖令公萬折為六今所著通譜皆祖令公脉燦珠聯即三尺童子可覆而數焉鄒子觀之蓋有三善焉夫令賢知之士能道高曾所自出固鮮矧高曾而上三

十餘世一本之誼昭若指掌非篤親親之仁宜不及此矣漢諸公卿守相太史公俱為紀世家年表以文忠公在漢當列在世家而宋史臣特為公一人傳千載而下誰復能識其子孫者是譜出補史臣之未逮流奕世之訏猷玆不但為宗乘矣宋一所稱翊世元勳者四如富如韓後皆澗畧無聞獨范在吳門稱巨宗然不過六之一而公之宗人姱布吳楚且死節如巽齋守道如圭齋皆光岳正氣流芬千古非范宗所能髣髴萬一又不獨以公一人

重矣或曰今海內所宗譜者兩家曰歐曰蘇蘇止譜五世而上而歐上遡九世人病其濫今玆通譜睎公過數十餘世譜者謂何予曰此局于見也吾吉素重禮敎崇閥閱與眉山蓋自宵壤且僻處一隅兵燹之所不及其子孫長育昌熾者宜也今庶民之家尚有歷歷能道其數世不亂矧公宗人乎或又曰聞公避里人難終穎州自老近聶貞襄公始携其子孫歸睎其先世丘壠今宗人無不公也謂何予曰昔吾郡風氣鬱而未開今赫然為海宇

廬邑無兩者是誰之賜子以為歐陽氏宗公稍有聞知今誰不為公之後者而必以宗示公者亦淺之乎小矣譜既成元某辱在彌甥謹拜而叙諸首公舅前小子口逡逡不敢襍一它辭禮也回思吾大母耳詔時猶一日矣

丁田藍氏族譜序

吉城南有丁田藍氏蓋邑龍自東山迤邐數百里其一自東而之澤宮一自南而之縣治由南而中有田延袤里許則藍所居也巽水遠後天玉峙前粵虔諸水襟帶几席折而右旋予嘗許其形勝為城中冠冕以故爭靈芑秀為邑名宗其先太史中丞侍御姑無論以予目所觀記影纓獵組燕楚秦晉粵蜀吳越宦履遍寓內之九而又循循雅飭不罣吏議歸其素封者亦守恬脩娉抱真履道而諸秀彥蘭茁玉潤翩翩王謝遺蹤矣今某葺其族譜成諸長老過而問予序予晉諸君曰予與君家辱在世戚憶景泰間先大父清齋學博閩別駕公登賢書方共灑掃庭內為歡而亡何學博公尊人報

亦至遂辭歸予宗公時時譚以為里中盛事皆學博子孫官蜀留滯荊州不返遂為楚人而所與惇睦世誼濶略無傳予幸得侍教諸君子有日其何敢辭予拜而卒業祖述丁田者獨詳丁田祖為伯時公伯時公子三曰彥遠彥進彥述而遠進獨傳今分為上下房二房之子孫井竈詩書馥郁亦相當予序譜不知其幾家至無駢拇無附麗一脈流衍可信今而傳後合茲譜奚屬諸君之意蓋曰吾家衣冠簪組不絕無所容其附麗而門以內尚有未盡協于一者則又何所馳慕于外此其矌識信非人所及然吾聞藍之先諸長老誠無間言後乃稍稍負氣岸不相下至隆萬間始如初蓋不相下而即和好如初者諸君子之真性也夫兩房如左右手今有人于此一指瘡痏終身不勝其楚彼雖一指乎而脈絡貫通故痛癢相關善調身者慎寒暑固腠理不使有一釁天地委和而後能臻遐齡夫善齋家者能知萬指之一指萬身之一身庶幾可語大人之學矣藍氏諸子孫其勗之

城西李氏族譜序

文江鄰城後以科名起者惟吾與仲岳廷評兩人又仲秋同日生仲岳舉庚午予舉癸酉以先大夫憂不與計偕丙子予讀書臨清大寺而仲岳適至丁丑予成進士仲岳仕晉江諭又同寓都門者半年是冬予以狂譖誒罷仲岳適與諸大夫飲偶鄒傳有進士疏而得嚴譴者仲岳驚曰此必吾友鄒子後報至果然郡觀察太守賀仲岳知人予以癸未 賜環仲岳時宅石潭公憂祖予桐阜之濱甲

申予謫南比部仲岳服闋補儀真予為仲岳序訓士録明年仲岳入為國子予亦郎吏部未幾仲岳丞國子拜廷評以得過貴人謫中州從保康令調竹山令陞州守仲岳遂投牒不往與予並棲鑑湖者二十年仲岳于世故澹然不以星靈襟一日抱其譜成過鄒子曰昔我先君常從壚頭曰我城西泒蓋子恩公苗裔具吳草廬先生脩齋堂記中列在上世班班可考惟是吾李一顯翰吉公貞再顯吏部公昉而詩禮世承無似借資于他會吾宗子

姓散處宜一葺其譜系詒我宗人是在爾予每念先大人命無以靈承百一蓋在同邑若圓塘若塘尾慶吊無間吾所可知安成遠不可考竊以為念會家姪之安成問學劉徵君觀徵君序吾宗譜即先翰林手所撰支泒無异是天彰先大人孝慈盛心不令不肖汶汶無從也譜既成予為我序之簡端予惟吾吉素重世閥諸同姓此曰彼宗彼曰此宗勢可攀衆可附不難降志相從觀者亦漱帚竊咲之仲岳茲譜源源本本無駢拇無附麗一本不

容已真心範今信後必傳也固宜予雖晩得侍石潭先生傳経里中矩步繩趣蓋里中祭酒而仲岳長兄其其為諸生有辯才仲兄其賓于鄉有至性猶子日亨子日東從予遊皆嗜古篤行問之皆自翰苑宗白公一脉而繩繩者且石潭公而下亦代有偉人可稱聞宗矧太史吏部兩公大節表表者哉仲岳所至以端厚方正聞溫陵國學門弟子頗衆多乞身強健之年追翰苑公未竟之緒茲譜雖謂之世史可也大羹玄酒即之有無窮之味糟粕一

醊無餘則其膏竭矣予觀李氏一門父子兄弟彬
彬大雅其膏方飫留有餘以似無窮者寧有涯哉
用書以似

濟陽丁氏族譜序

憲伯國雲丁公鎮湖西嶺北庶幾㬎豐于庚桒楚
也者葢嘗謂朱邑一桐鄉令尚以邑人為血衞豫
章吏公宇下者不知幾桐鄉它日自有譜公千秋
者在公一日寄世系圖一冊鄒子鄒子拜而卒業
此勾章丁氏類族之善物也公言曰嗣不佞束于

吏嘗欲葺譜事悖宗盟未果會嶶纏稍隙兒子基
自家至佐其成不腆宗籍子幸弁其首閱譜一世
祖顗次子逢龍叅明州軍事遂家焉苗裔散處者
凡六老界鄉公則毓秀地閱世二十有五公枝獨
詳正所謂詳其所可知者耳覩　恩綸録嘆曰焜
煌哉天書也林林總總烏世篤忠貞矣覩世系圖
曰遐哉邈矣婉而章法而詳質而核稱信譜矣夫
世士緍譜者亡慮數百家大都牽合附會以雄世
然未轉盻子孫襍之敗楮中不自愛惜公子侍公

為永孝思計公譜有托矣涑水謂積書者後之人
惡能竟而誦之世傳為莊論以觀叅軍公蕤先人
藏書萬卷沉浸濃郁世載明德于涑水莊論似不
侔然涑水亦謂不可必者耳夫公家于不可必者
既已駿蕤于後如是矧公十餘年間飾憲揚紀貞
度章敷湯沐袵席吾西江人士者更僕難數其可
必之天者何如也楚邵陽即召公甘棠地過而式
者召公如在之日即太史不記召公世家召譜自
在公方且以四海為戶庭四海億萬皆公之曾玄

史臣它日紀公世家兹譜其嚆矢乎勾章濱大海
闢公家披襟而踞其勝粘天之浪浴日之波蛟龍
之所蕩喻鯤鵬之所鼓擊鐘而為物若珊瑚若明
珠夜光之璧瑰琦萬狀蒸而為人宜表表偉偉繩
繩而起此丁氏所以獨擅東南為世巨宗非偶然
者丁之先肇基大公望表東海數傳而漢而唐稱
神明胄未易[redacted]計公譜遡自宋而始它日丁氏有
繼大公表南海者如瀛海俾海兩相對峙豈不泱
泱乎大哉是在公與後人勉之矣

水扡孫氏譜序

昔侍先師胡先生孟菴習水扡孫念和先生有儒行已先生奉按辟薦待選人三為儒官所至春風習習薪樵化行當事者方破格薦公領民社寄而公遂拂衣歸士論高之公之歸也惟惓惓敦本崇孝思是急一日祀罷召諸子弟訓曰爾等覩吾家一水縈廻者乎夫水滔滔東注也之江者之河之海當時條分支雜故今得不出戶而知曲折亦有水經在吾祖自別駕而青塘而查口則吾孫之崑

崙星宿也水扡仁可公開其先勝遠進遠存遠三公啓其後叨天之靈雖無大顯奕者光朝請而儒紳禮樂世繩繩不絕古所稱德門者吾家有焉柰何使諸數千指竟相眎如路人則雲麟怦怦有餘恫焉諸子弟聞而欣然以公言為當也遂敦請文學敖君及諸生文明文昭復浩光國編摩者累月而告成事乃遣諸子姓請予為序予惟吾吉重世閥西昌為冣諸所稱揚與王蕭陳及胡與郭者或以相業或以名德或以勲猷爛然金匱山不待家乘而後徵者稽名碩于國史則孫氏有待徵文獻于諸名臣載記則若文信國及蘇文忠之剛說亦何其悉而備也孫不讓于諸名閥矣吾聞官不必膴期于無負念和公雖一老薄士乎進不負國退必以禮可為仕進鵠偕慕竹昆仲共賁丘園白首相莊孝友仁慈可為昆仲鵠且諸文學濟濟彬彬其儀不忒入而承兩公之訓督出而肩先聖之正學者孫氏其興未艾它日必有為斯譜光重者予謹載筆以俟若諸君子詔爾宗人者業詳且備無

所容吾贅矣

高唐王氏族譜序

孝廉王君貫萬論士也一日偕其家子姓政元衕瀚國校曰仁求序其譜予家與王連姻數世子姓為國學諸生者咸及予門予不得辭按王之居高唐也以別駕忝吉州事淹始淹之來也實自大名跨高唐蟄蟄振振者皆淹後今衍而擴大者六傳興可之子後裔也而譜凡一脩於侍御子直再脩於孝廉為廩生子斐兹三脩矣大都孝廉與諸生

一真為倡常考吉州諸王皆曰三槐然遐遠無可考術亦可見人心之善矣夫善與不善較蒼素易見以名與實較黑白易辨迺世有艷慕三槐門羅荊棘者吾又不知何心王氏以世儒著閩予登其堂耆儒耆老醇如也諸子姓進退閒雅魚魚如也耆老不言子弟緘默不出一口寂如也予退而服王氏家范昔正公過富鄭公宅子弟衣冠披靡後多瑣言正公厲色曰長者前若是爾家教何在夫以鄭公不能得之子若孫者王氏綱紀家政如是

可以觀教矣不肖序世家譜牒頗有然多麗襍附會即真者譜固譜心自心即有宴享歲時之儀吊唁往來之節文具耳王氏能以諸子孫衆心為一心即不譜可也況茲譜所盰列諸先輩質行及家訓甚具夫名山良材已自蓊鬱又時灌溉培植之不至扶疏千章不已孝廉醇性實學不務譚說偕侄一真俱以實行為鄉祭酒一日以事與家人偶左者孝廉私告予曰予家政之所以提衡者吾兩人在吾兩人諸宗務實綱紀之予聞其言銘刻肺

腸此與藺廉兩將相下謀國何殊王氏諸子弟其熟味斯意綿綿和德不替則此譜千秋有光何論三槐幸無曰鄒先生言無甚高論徒以吾家事為談資不知道無鉅細言出而家天機流盎即神化也吾叙王氏家譜而叙王氏家政

許氏族譜序

文江金灘有許族爲蓋嵬然巨宗也其在往者亡論我明以科第辟薦顯者則有進士廷評公誠邑宰公曰僑曰蟠學博公曰新曰衍曰果曰登鄉少

尹曰表曰元卿叅軍曰建曰槃大學生及諸青衿肩踵相望顧其家俗好矜尚與閭左人譚必曰吾許吾許而閭左人亦嚴事習而安之泝其源祖孝廉蓋睢陽後裔贅分宜凡六世而生尚書貴尚書子曰瑚璉瑤環琳瑯珂珮居金灘而錯處者珮公苗裔也環居贛之白澗灘琳居贛之良富珂居萬安夏造皆並金灘而衍其源流可覆而數餘俱無可考先是廷尉公治有譜牒欲詳虔與五雲諸系不果今學博公登卿少尹公元卿以官成優游林

皐召其族之長幼謀曰族衆盛譜牒不治且久此
吾兩人事且吾枝散處遠方者雖時惇宗盟往来
絡繹不絕然不明著其系之所自統條分縷晰後
將益衆多不可收拾情誼渙散一本謂何于是公
弟姪輩治卿孺卿公聘汝燧公揚汝慎輩來兩公
命惟謹扁舟溯洄夏造各宗者月餘宗之長老驩
然曰吾觀章貢之水滔滔遠金灘而百折不回也
吾甚愧之朝宗之思吾日夜未嘗忘念諸君子辱
臨予敢不操牘以從于是其等竭日夜之力而譜

成問序于予予閱近世之合宗者大槪攀附華冑
及當時名顯人以自誇耀閭左然閭左人亡不掩
口竊咲以自有真也金灘許蓋自貴宗而合所合
并者又皆勤耕稼誦讀孝弟樸茂之家非有華冑
名顯人以夸耀里閭蓋本[illegible]也晰之損非吾體
也蓋之贊許氏譜蓋[illegible]矣吾聞忠節之後天必
昇之浸明浸昌數千百年未艾雎陽在唐室扶日
轂而翊天常淪墜之日其後人在西江本支百世
天而不亡雎陽乎則爾諸宗固方興未艾矧諸宗

老成名碩培之者苑也予接金灘諸宗後先輩多
英穎閑霽虔輿五雲皆以質勝夫兩者固當並相
濟也文勝則蔑質質勝則當濟之以文予序以族
之首簡夫學博少尹耄而勤植家範諸弟姪一心
以靈承先人親親之善物其仁孝不匱可式来禩
無所族吾贅矣

水北夏侯氏族譜序

泝瀧江數十里濵江爲水北夏井竈鬱鬱田疇膴
膴喬木鱗鱗稱鼎族矣問其源繇長沙徙瀘江有

曰韶者仕至大常卿宋元祐中有曰顯之澄之昆
季登第至邑宰又有以辟経第而授廬陵臨川敎
授者世至今凡三十而登仕版至數世大學及諸
茂才咸各有人譜凡幾脩矣今茲重梓益衍而詳
備則吾友學博文瀧君也不佞昔遊文昌覩諸名
宗鱗次相望始與諸君子議鄉會舘于水北之右
隅蒙諸君子不鄙夷而落成鳥歲時偕二三父老
子弟俎豆諸先輩及行講讀法腊祭臘飲其間既
又以先大安人之靈得徼一坏之土于漕坪而安

為舟下上未嘗不與文昌人士習又與夏氏父老子弟更習觀前之耆老皆淳龎樸茂無外慕觀後之俊髦皆茗發穎豎常進諸父老子弟言曰同一鄉也昔何以甲于郡邑今不得與一文鄉盍何故思古之人不但淹貫涉獵博古通今為高即考其素行隱德彬彬質有其行有古孝廉萬石遺風焉蓋其氣停涵苞蓄深且邃則其發也必光且大以遠今豈無攻文惇行者乎然扣其衷情去淳厚之風益遠故曰縉薄易裂基薄易傾二三父老聞之

以為然夫欲追先世之厚則當刻今世之薄此不但教家即推之四方亡以踰此學博予惇友也予舉于鄉之年學博首諸生讀其文淳深醲郁不讓諸先輩而阨于數不第為湖州學博所造拔多名士陞中州名聞方起謝事以歸汲汲與家人惇倫敘族是亦為政矣㬎哉夏氏諸後裔文昌多師多士来游爾里其必有馮翼孝德而臨昕夕觀感能無勃然而興起者夫茂林必有松栢無松栢不稱茂林其尚厚自植哉學博君委予序敬為質言如此

泰和南溪蕭氏族譜序

吉州故重世閥而西昌為盛西昌南溪蕭氏自五荊駢義諸公流光史乘而及相國秉鈞外簪筆珥貂從容省署秉鉞分符騰踔疆埸者咸有人予嘗過其家蔓衍武山左右皆蕭氏子姓神明之胄殆天啓之非偶然也蕭故譜而以始遷南溪大承事公理為祖大承事上至始祖軍巡判官覺凡七世二世祖專知判官茂貞始自旱禾徙瀘源譜蓋并

載獨三四世逸其名予友希高大夫心竊疑之曰軍巡至大承事緜七世昔吾先公闕而未致詳者益以待後之人而後之人竟付之烏有惡所稱紹述為頃歸田暇始率諸子姓展二世祖墓瀘源因故牒中而得三世祖叔友四世祖仲山遂歸以續于五世祖應圮之上而又以其餘力自軍巡公上遡至徵子啓凡六十餘世咸有圖系視昔譜益大詳以備過而求友人鄒子一言以弁簡端元其嘗繹夫子去夏商幾何時而嘆杞宋無徵以文獻

足故夫所謂不足者非真無耤可考葢當時流布
人間夫子未暇咨諏始雖嘆無徵而終之所刪定
者必有所據不然夏商典謨班班可考諸承學猶
若親數家珎一二孰非吾夫子作述補遺之力也
今齊魯秦晉以世閥名者始不能名其先人數世
葢宗子法廢而親親之念澌而不講吾吉在東南
盛際兵燹不及家守先人敗楮遺墨護若要領然
或顯于此而微于彼或始以一本而親繼以枝蔓
而疎顯晦親疎既不能無異則宗乘詳略亦各秘

所私瀘源自昔㝡著而南溪今顯著視瀘源不啻
倍蓰匪大夫興朝宗之思萃渙合暌則先人之所
待于今日者必無及矣夫水之濫觴者以濫觴為
祖告以嶓岷不信之嶓岷者以嶓岷為祖告以西
宿拒不信不知西宿之上猶有宗焉瀘源其南溪
之西宿而瀘源以上若干世則公西宿而上之宗
也葢公仁孝夙具志切追遠如昔人著水經者必
窮極乃止公血誠可知頃吉州諸蕭羣聚族而謀
以南溪為冠冕強公為盟主杜門謝不赴曰吾未

信而安能強所未同則誣吾祖誣吾祖惡乎敢今
公載所已信者以詔族人曰吾譜業祖瀘源而不
詳以詔吾族人則無以憲吾宗蕭氏譜不似公而
有似公而大備蕭氏譜實以世臣信矣

康氏族譜序

予友康大夫某再起家　六詔遣其子若姪持譜
牒一函謁元某曰此某泳游山澤時所譔也予家
始祖一乳三男唐主稱為人瑞勑授將軍以武功
著兩粵晉封伯開寶間恥事二姓遂卜居吉之西

昌家家焉長居銅莊仲居橫乾季居古瑞鼎足而
峙里人稱為人瑞康氏三將軍後者以此而諸後
人復播徙不一如辛田如橫頭如龍崗則自莊徙
如玉盤崗如龍泉夏溪如龍溪漕溪則自橫乾徙
如興福院今仍古瑞如金灘如千秋如泉塘則自
瑞山徙總計居地凡十一始猶慶吊相及呼吸與
通久而子姓繁衍遂疎始而本支猶親今本支亦
全不相識為何如人予竊懼久而一本之義澌湮
與各房之耆長謀治譜茲幸告成事凡予所為謁

心力者寔難吾先湖州守公宗闡學憲公中振各
有志未竟吾幸得成事非敢以臆見一以彥灰萬
壽二公及文信國所序原本為據曾當時原本止
詳吾副祖一流而于各宗未及致詳夫鼎之所以
並峙者以三詳其一而缺其二易所謂折足覆餗
者相懼不敢子幸財擇予拜而受之目凢十首姓
苑巍巍高山仰止有宗矣次世系脉絡川流昭穆
有章矣次家傳先德是思即笄黛不遺内外有則
矣而地圖而墓道而祠儀幽明必脩矣 恩綸以

彰國恩執文以彰世獻家訓以流懿範訂訛以示
必信大夫良于史哉無言譜矣予嘗赴萃和之盟
式大夫宗祠言言翼翼宗人指而曰此大夫竭生
平俸金所積以佐成者常過大夫室樸角不剪而
汲汲以崇先啓後為圖此何心哉無亦有不容已
于中者歟語云愛身故尊祖尊祖故敬宗敬宗故
收族收族則百千世之下吾姓皆吾祖宗之一人
億萬人皆吾祖宗一人之心不煩禮而肅不煩刑
而威不煩告詔而化此大順之道也大夫其晰于

此義矣宜大夫之居官所至以仁厚慈祥著令聞
也歟雖然康氏業以人瑞名矣夫瑞之為言祥也
景星慶雲天之瑞也驟雨飄風則天維墜河清海
晏地之瑞也而山崩川裂則地紀裂慈孝友恭人
之瑞也而薄倫毀行則人道滅夫人稟靈毓粹豈
自甘為不祥之民總之不則先民而自以意獲于
中意橫則氣昏氣昏則隨其所欲為而莫吾制故
先儒論學曰誠意意誠則心正心正則氣和氣和
則天地之和應之語曰和氣致祥此綱維世道總

理人羣之要領乃所謂真人瑞也已元其有言曰
夫親親長長而天下平天下之瑞慈孝友恭家國
之瑞爾宗既以人瑞稱名奕世其必有聞吾言濟
濟毓和德如大夫為國之禎出矣

曾氏族譜序

吉之曾大湖山以叅知及孝廉春野公著九都曾
以予友金堂尹著熾下曾以予友比部葆和君著
龍潭曾以襄敏洎國博公大顯而螺陂石瀨蘭廈
以一經為菑畬者有人此予所可知者頃吉州人

皆講敦睦之道予友天鐸門人天復大容明檡大葺其譜過而求予一言為弁予閱譜以擄為祖蓋擄避莽不仕家于江南二十九世天佑子曰四崇者析為四宅伯曰崇鼎曰石人坪曰輞坊曰睦陂曰錧頭則鼎之苗裔也仲崇德曰土羅原曰九都院背曰午崗大湖山曰螺湖曰新陂曰龍潭蘭屢曰螺陂則德之苗裔也南崇鄰曰板陂曰石塘墈下曰山口曰村心曰坤溪曰上巷曰石瀨則鄰之苗裔也北崇禎僅衍郡城馬鋪前跨布諸邑如吉

水如廬陵如安福新淦凡四邑遷徙凡二十三處計中間宂著者自龍潭外錧頭亞卿其烈祖矣夫世有能舉其二十餘世者即為明獻而茲上遡至六十餘世若耳而目之一無剌謬然耶不耶予憶古者以宗法提衡海宇故神明之胄千載猶新嗣宗法廢而晉始貴姓氏亦有艷其姓而私附之者有識鄙之吾鄉人矜重世閥咸各追其所自出離而合渙而萃疎而親傳至千百年合者益親萃者益密親者益固各求無忝宗之所自出猶有宗法之遺意焉雖然請為諸君言諸君始居處異地東西南北異派也講雍睦家人如父子然非同心不及此昔有吳人之國都者見華族慕焉其宗見而語曰爾吾宗也眺不信聞者亦以為謔語迺其人奮而歸宗耆老無不以為言其人始惝怳累日夜曰吾幾喪吾真今諸君得無如吳人初適國都者乎譜具骨肉指掌千載同條夫曾氏獨得其宗者在守身一語夫身非小也家非邇也天下國家非大且遠也諸君既治斯譜而又能留意為本之學

近之而范家國晉之而式九有又近之而垂憲萬世則天下皆爾家何異何同何親何疎何遠何近吾以天下萬世為身則天下萬世亦以吾為家且祖義軒稱黃虞何論郕國君等不以郕國重夫君等家世如香林名材出其一馥郁百里矧滙而為宗吾知人且以諸曾為瑯圃矣東魯之後聞而朝宗者必曰先公守約施慱不意蔓衍江南如是徽國曰獨得其宗者若為今日左券哉

永新浯塘彭氏族譜序

禾川在吉州㝡以節烈聞譚烈婦血染黌宮入磚
循新興譚並美者則有行軍鎮撫彭九萬妻李氏
九萬行軍李氏被執并其子友諒女秀不屈死事
行載國史而彭氏為烈都邑者已久夫彭氏自金
陵家螺川世以詩書簪弁著聞徙浯塘蓋九世矣
逌五世浯塘祖鎮撫子友習友誠習誠與仕布政
使友信蓋同堂昆季信遷攸自攸而上以補居武
濟橋豊本遠條載在家乘與吾郡駢拇附離者不
可同日語彭氏家敎厥有自哉譜成徵君劉調甫

以示鄒子曰不佞於彭為彌甥行先大安人常挈
而之其家覩其家殷富好行德里中金處士若銓
若處進餘風猶存諸業儒者彬彬質有其文今若
機若材皆敦本實勅廉隅為士范茲且率其子姓
銈華毓華國華及桐有支譜之役某亦得效編摩
其閒某不見吾母先大安人而見先大安人家黨
模楷若有餘思烏子為我一言序之簡端鄒子曰
彭氏其有興矣昔羅文毅題其門曰忠節孝烈予
觀吉州世閥恃門第哆然自高而彭氏諸生及齊

民各一其業雍雍肅肅惟敦本是務語云仁義之
門興也勃焉誰得而禦之雖然數百年省郡邑乘
而烱烱丹青香人齒頰何彼其真性千秋不磨者
自在也夫真性養之平居潛如處子拔之萬變金
石不能比堅爾家友諒偕母甘死若飴者此何物
哉性定故也匹夫不可奪志皆是物也徵君平居
與諸內戚所以切劘歲月者久且長計必不墮世
儒習聞籍口中庸之說以無昧性真此又不佞與
文毅調甫期爾宗人意茲譜不永有聞哉

雩田彭氏族譜序

遂吉州醇縣雩田彭遂冠族也前十年前以先叅
軍以光鴻臚率其弟以星以茂侄之麒從予遊予
睇其器蘊藉悃愊一望知為國器也者一日以星
等偕其族彥世宦世耀世亮以標以儒之鯤等持
譜求序先是予蓋為劉徵君調甫敘其母黨浯塘
譜知浯塘與雩田同源顧浯溪支畧雩田則詳而
備矣按彭始祖遠自金陵来吉遂家西昌南塘由
南塘更數世昉明始徙雩田譜譜雩田也至今凡

廿餘世矣簪組名賢後先彬彬盛矣常思夫子去夏殷幾何時嘆文獻不足徵豈春秋多故典守者無據耶予徵彭氏文如信國文公學士錢公家卿王公司冦劉公闡揚其家世纚纚甚具文足矣如震龍之勤王以死繼炎之保捍全邑仲恭之惠綏中州舜卿之清操曰亮之孝友孔堅子泰之藝文泰申之逸行方乘爛然獻足矣夫它乘非無有足徵者然率餖飣乞靈它户如省會郡邑乘具載零田蓋不多屈指焉予於是知夫有顯道矣元兵初起群雄鼎沸繼炎以匹夫特起掃衆為爾萬生靈護持此其澤何可量數語云澤及千萬人者千萬人之君彭之興也固宜予聞零田與爾福相望羣流所滙維石巖巖爾祖當時環壘而營英風槪可想見詩曰念爾祖聿脩厥德爾祖當危難之時以生人為德諸君際昇平之期悠悠以負真心勉哉諸君前數百年旣有徵而可信後數百年續忠孝廉貞芳躅誰之任哉予於彭氏後裔有遠心焉

重脩江氏族譜序

吉陽江氏以科名為偉閥者有二其一宅城東鑑湖及霸溪以翰苑公顯其一宅仁壽曲嶺以給諫父子顯代有俊髦孝弟力田彬彬如也先輩多負氣崇實雍穆之典缺焉嘉靖間大學生時欽及諸生其等始克惇宗盟頭會而議禮越數年祠成于泮右又越數年譜成予閱初譜序出大學士解先生手筆解先生詳于城東蓋兩家聚族而處詳其可知者亦情也兹兩譜合大都以吉水薄元晏為始祖薄生愷愷生長子集傳數世一居東嶺仲玉徙霸溪次子洪傳數世徙曲嶺源遠雖分脉絡不紊稱良譜矣諸君過而請予叙予蓋為江氏子壻而悉其家之胎育元氣者寂為深厚它所不可知翰苑名禮木夭給諫風高瓉閹予僅浔耳剽所浔躬逢者如靜齋學博長髯粹顏望而知為神仙中人文恭羅公生平嚴重之外父平原公雖一布衣乎履繩蹈矩郡邑有司旌以為守内式其它如石陽經濟廓吾隱儒皆所謂恂恂質有其文者也鑑湖水周旋舍下清泠可掬曲嶺峯峰蜿蜒秀色可

饗各擅其勝故鍾為人文鬱鬱亭亭為吉華宗今
且並俎豆于學右巽峰揖讓凡席間江氏與朱艾
矣嗟乎以一本之親使今日昭穆井然不至視為
路人者誰之力哉迺知敦睦之典聖人樹世之善
物非有儒者維持其間親親之道未易言也

仁和翁氏族譜序

周埜翁公守臨汝叅藩粵西予昔其政又從青原
講席覩公貌恬而方正人也公自粵西欲解組歸
過予曰不佞資非逢世歸與父老講漁樵耕稼事

暇垂簾讀周易以老吾與世從此辭矣予曰世未
嘗不知公恐終當為蒼生一出公弗應乃出其所
譔族譜示予予卒業蓋公族自汴扈宋元末來杭
至于今為世凡七代以貲雄業儒闡其以科第功
業著者自公昆仲始公之言曰予初於二世祖世
莫知其詳也官金陵以使事渡後湖歷查吾宗始
知道安公為吾家鼻祖天不忍絕吾道安公綿綿
延延浸而之予兄弟叨有爵秩諸子姓姻文事祖
餘庇也吾為此書不得比諸巨族稱閥閱以誇耀

人耳目使吾翁氏子孫講敦睦世世無隕先世善
物斯厚韋矣予曰公之語欲以挹損之道示後人
公過矣漢所稱萬石君者史氏艷稱公昆仲並領
雄封賦萬石君半之並鎮名藩所稱公侯名宗者
非耶而況所至未艾它氏將借之為姓重而無所
似過遜也然公之所以凝祥訓勑其後裔者意良
深矣語云貴以賤本高以下基侯王自稱曰孤寡
不穀故宗廟享祀不輟公之祚無涯矣為公後裔
手一冊思公崎嶇而欲得系所自出者何心不忘

本也一展卷知此數十人者皆一氣之聯屬則必
思所以培恤其宗人而聯屬其遠邇用以光昭叅
知昆仲令德永閑無窮之祚公之志庶不孤哉

鳳崗蕭氏族譜序

予年友蕭惟直守石屏以卓政聞而移潯州司馬
遂致政歸大夫人在堂得以菽水為歡者數年大
夫人始謝世君子曰惟直出而澤愾遐荒歸而順
聚庭闈蓋完人也暇日與侄孝廉其考訂族譜刪
訛訂僞開来闡幽義例咸備遍而與予商曰世之

譜者謂吾身上世之所自出而不忍遺謂吾身之所續傳者衆而不忍睎如涂之人凡皆以不置之思寄吾不忍之心焉耳今之譜遥遥華胄不嫌于附柜之毋心不忍之深不知果一一無怍否郡邑聞有聚族而謀者策騎結轍望屋而止凡同姓者曰吾宗也甚至編氓下里惟貲之多寡爲出入士君子竊鄙之以故吾家長老絶未一挍足焉兹予與宗侄某編者皆信譜也予拜而卒業有前後二編前編探其源莫盛于宋時後編詳其委猶莫盛

于今日譜以始遷其爲祖祖一凡五而其獨傳今鳳崗皆其苗裔也序多出名人手筆太師楊文貞家郊王文端祠記則出羅文恭令序則大司馬郭公文貞文端覩公家之淳深龎厚知其家之必興也文恭則以執經高門羨公家之盛而且至也司馬爲公門壻所以鋪揚公家之簪組文物者蓋獨詳矣予何言哉入公之里覩巃嵸揷霄而嶽日者問之曰三顧山與娀姥並巍以故家其下者曰羅文恭蕭尚書及今司馬公皆一代名碩聞公家風

氣盤回平疇蔓延諸家尚遜之靈輿磅礴之氣蓄之久必發之厚而今以縫衣爲里中祭酒青衿濟濟未足以盡公家之竒蓄也况潯州公老年博學宏猷百未試一不盡其用者乃天以有餘似之後人吾知蕭氏之後必有蹈淳履和媲美前哲濟濟周禎爲兹譜重矣用書以似

賀氏族譜序

禾川賀最繁夥而有同异其同者則祖會稽以遷令永新家焉孫四人各分居有差曰良坊曰大成

曰下布曰廬陵荷山則美裔也曰龍田曰厚田曰江南城東則圖裔也曰楚攸縣湘潭則琰裔也曰安成東門界塘耒陽則緒裔也四枝系于圖者寖繁荷山則寖顯且盛爲世幾三十先是譜凡幾脩而吾友少府汝定氏念雲仍繁衍復加訂正過吉水問鄒子一言弁其首予閱前序皆出文莊文恭兩公其次爲安成兩峯先生此三公儒宗也言歆金石讀之毛髮爲竦予即言有加三先生而聳人聽聞乎夫三先生之所以諄諄訓戒者惟是日用

倫常語自孩提誰不聞之然自體之至白首不能
殫其奧夫子曰子臣弟友未能此正所以為夫子
子貢曰文章可得而聞外倫常無文章也性與天
道即倫常之精義入神者也不可得而聞正夫子
精義入神處此惟老于學者知夫子之苦心而近
世之所稱盡倫特不過致飾于事為之末而聖人
之旨荒矣元某與汝定壯年有志今各班白必不
以元某為贗言夫以元某與汝定至老未能衆人
便無所不能乎汝定未艾乞身孳孳求友以西原
一疉為時雨地予哂之曰君上世鑑湖佳話今以
鷺洲一泓水沁入心肺鑑湖不可同日語雖戲論
亦質言也公諸族人其亦有味予言否夫有味于
予言則羅鄒劉三先生之所以作之前者百世猶
新也賀氏在禾川多以義氣著聞耆儒隱德彬彬
相望予知荷山則麗水令龍崗公之清脩嗜學憲
副少龍公之學證全歸大學實甫術其大父龍陽
令家訓護大理公暮年稱鄉國孝子高士茲汝定
則又聖門中卓然者嗟乎荷山多賢悉父子昆季

一脉流衍以世學著茲譜其永有聞哉

五嘉塘王氏族譜序

五塘王峻宗也顯秩科名耆儒碩彥後先班班矣
譜修于副憲廉憲侍御繼脩于私治間隆慶戊辰
復修之而未竟至今若而年諸英俊挺生者未載
譜故今復重葺義例嚴明示有族也遠族必稽明
有親也家敘肅雖衆有范也其源始自臨川徙本
邑白沙花園復徙新淦高岡祠下有諱琛者仍卜
居本邑五嘉塘至今蓋為世十有九子孫無慮數
百人數百人中上者明先聖之道其次策名皇路
蹇蹇王臣又布衣而俱修匹夫之行洋洋乎盛矣
予何能為役憶予先大安人與王同里常術其鄉
故家巨族甚詳備至王與羅蓋聯姻累婭朱陳世
講云顧其習各自相雄長不肯下一日少保公自
公家歸歸而語家子弟曰王氏諸後裔不減謝家
瓊樹已而廉憲侍御憲副僉憲公輩鵲起衆服少
保公藻鑑而兩姓之和好益固予猶記其宗之以
儒鳴于世者蓋數人雖厄于遇從石蓮先生遊者

如龜年如方平如龜從如邵如以貞如御然亦百
夫之特也予又記其宗之裔于閩者乘堅策肥或
絲履縞自為豪舉而今以折閱一經術授諸子孫
諸子孫雖豪舉稍遜名儒濟濟相望豈所重在此
不在彼耶先儒有言曰先世積德累仁有大功德
于民故天賜其雲仍以昌其後此必然之理也如
廉訪公在楚一日釋疑獄幾百人百人焚香頂禮
為公祝公後侍御憲副僉憲皆以祥刑冰操諸公
後桼何不昌公矜疑之心即好生之心好生之心

（該筒子頁左半頁缺）

峻德也峻德常伸萬物之上慮周萬物之下即至
昌九有可也矧一鄉族云乎哉

劉氏族譜序

劉之先始自河南[illegible]丞五雲家
焉以昌以熾巍然吉州仕族也說者謂中州浔扶
輿元氣渾龎敦厚故發之也宏以遠或曰中州有
繁且廡如公族者乎必其先積德累仁有人不及
知者故天為之昌其族詩曰陳錫哉周侯本支百
世即天子且必為天所與故其百世之澤愈久愈

（該筒子頁右半頁缺）

後稱故家衆所稱故家者自為大耳爾劉之子孫其尚思先公積德累仁至有今日而步武先世善物小心翼翼以處鄉族思水為百谷王以善下故無敵世自高其閥而斷削元氣則天所以陳錫爾宗繩繩無極矣

解氏族譜序

吉城東有鑑湖一碧千頃解氏家其上者舊矣先世有顯者載在史册至我明春雨公大顯公不但以藻翰流布人間　特召內閣以元相鴻猷摩天

浴日人知有二祖功烈即知公知公即知有解解自公遺漢庶人難家仳離者二十年後奉
仁宣二廟始得　詔恤立復故宇長育子孫以予所覩記於家數世衣冠文物不忝家範如一日也今年公家文熙士嘉登元登雲以旂以遠以達競德以其所編譜成求叙予閱譜出公手澤者半第世之譜有姓龐而可竄入者公姓既稀少而竄入者亦無所借資稱信譜矣按古稱世家者多屬之
國史其殊功茂烈卓行昭著多為傳以昭示入代使其子孫得有所檢鏡而不至下移至于相臣猶復豔稱即蕭曹而相國世家可按也近稱世家者多屬之野野無可稱述多羅絡所稱名人闌入其中千載而下牛驥同皂誰復能辨其真贗嗟乎使世家禩出者國憲之失而使相臣家自為譜以示子孫則史臣溺職甚矣亡論公家世即公之佚事遺行世多稱述又凡世名家當時不得公一言未[redacted]藉筆揩大以掩其陋往往為秘閣唉笑曰此非公真筆亦可哂已嗟乎世之族有不待公筆而重

者乎夫世之譜得公而重則公之譜無所借重于人可知矣予文何能重公譜惟以公之譜當載在
國史後有良史其必以予言為可信載公全譜為世獻矣吉州我朝相臣十人列卿數十人相臣子孫綿綿延延久而彌新說者不知其故予謂必有深仁厚澤及民以孚天心故天佑其雲仍以昭明德矧如公才與功又十臣中不敢望者夫盛德必百世祀理如可信公之子孫無涯予不知其涯涘將與鑑湖掩映無極矣

南岡黄潽胡氏續脩通譜序

南岡黄潽譜盖自吾師衡廬夫子及少府近湖公葺之先明府某州守某及諸國學文學某某髙士某竟其事者予淂敬觀之其先世自長沙徙金陵諱璸仕南唐為顯官遭時多故三子避地来吉居泰和之西鄉仲曰暹為南岡之祖叔曰炅為禾溪之祖南岡後九世曰太徙居今之義和禾溪後再世曰惠徙黄潽又七世曰斗南徙居今之社溪其分居廬陵之芳逕者惠季孫良也具載通譜珠聯璧系如百川朝宗于海支流澗沚總歸大宗其先人篤于孝思如是族故與直下同系而兹詳義和黄潽者詳其所可知也今吉州胡有不祖忠簡乎先儒譏曰可為忠簡不為為忠簡後乎諸君豈其有概于中者耶夫世之有所麗于它氏者以無所籍也義和黄潽諸宗科甲雲仍詩禮接武以予所覩記在宋慶曆則進士衍景定進士崧在明則永樂進士雅景泰進士練及某某等仕郡邑流循良之徽聲隱林臯髙少徵之芳譽至於勤王如文可

文静二公忠義凛然與文信國並祀瞽宗我師以正學步武濂洛則又它氏所無者它日國史且載之為世九鼎而矧曰家乘憶侍吾師側言曰吾吉州重世閥世閥之所以重者不重在圭組舄奕而在有棟世之儒棟世之儒如西羅文莊諸羅且將摯之重它不過世所稱顯榮爾不佞佩以為心銘師屢屢述仁者天地萬物一體為訓曰非二之也須覿體始淂方欲請歸就學師乘箕逝矣諸君之譜斯者豈其仁一族是謂盖直欲以仁一族者通之天下予嘗體之良難語人夫先王制服五親盡則窮服以内不淂其所有不能為之地而矧曰族有同氣聯枝而睚眦于室者而矧曰服以内則先師與先儒語虚乎聖賢言不能使人盡行而能使賢知必有行者譜成不能必九族皆親而能使族之賢者必親以一賢化衆賢以化衆賢化千百人南國黄潽社溪芳逕雖隔河山猶之乎几席也常恨不淂起師九原而禀度焉諸君子淂無意乎天下大矣下上千年間爾宗宋而淂一文定為麟經

鄒子存真集目録

卷之四

序

鄒子存真集卷之四

吉水鄒元標爾瞻父著　門人婁文華
紹興年弟周汝登　婁文蔚重梓
同郡年弟曾鳳儀仝編

序

中丞心谷陳公還越序

今上御極十三年化瑟更張　詔起故驗封郎姚江陳公仍故官尋綰選事公挾一老蒼頭提闌署中晝炊夜宿孜孜矻矻以登良選忠為己任奸讒

不逞之徒勢未能盡去惴惴惟恐公知君子雖未能盡進而皆恃公無恐貂璫要津不敢持赫蹏望曹門來即來公亦不省未幾晉太常少卿會江西撫臣缺移公鎮撫西江朝中縉紳咸曰商彞周鼎楚楚廟堂陳公南郎而西江人士私相慶曰忠烈文成姚江產也撫我邦人為世名臣天且以吾邦私我公也公雖握斧鉞乎全則閭閻然山恬谷靜雞犬彌寧復挾老蒼頭朝蔬一米一酒一肉食者聞之公雖不事科指煩瑣而屬公約束者亦不以

莊色縛儀事公咸檢束其精神以求當公會歲大
侵 上所需陶器甚急公草疏千餘反覆曲譬雖
未能盡當上指然亦無可奪公竟減其半明年歎
亦如之公察其由以商販媒利闌出故怒然曰西
江一彈丸地朝耕不能宿飽何能濟友邦緩急且
堂奧枵腹乃持粥糜而救戶外即知者辯之矣趣
下令禁旋以疏請西江人若公肉骨而生之會有
言公過艱忤 旨者 上大怒而貂璫嚙公東銓
時不得闗說者從旁吏之遂奪公秩聽家食公闔

命飄然扶老蒼頭還士縉攀挽幾不能行時鄒子
卧山樹旁皇者累日謂公社稷臣也社稷一日安
可無公恨不能立赤墀固爭公久之乃爽然曰余
為公論惜耶公素絲五紀行方司馬即蕘豎能言
之矣謂公重去耶公昔以郎官忤璫欒拂衣山中
者十餘年今紫芝黄菊山中豈少耶謂公無所事
事耶公進則為泰之拔茅退則為漸之羽儀是公
進亦重退亦重而進退有餘裕矣余覽圖経姚江
聚東南王氣巨靈所鍾代有鉅人百餘年間孫王

二先生後崛起我公庇我邦人猗歟休哉蓋嘗論
二先生功如嶽嶽撐雲蔽日人皆見之公功如河
河漸漬長遠人不及知也而非小子孰能知之余
敢書之一以納公行李一書其副竢稽名臣者採
焉雖然 今上豈不熟公蓋曰是夫硜硜猶昔蓋
將以嘗公也行且為社稷召公矣公彊飯自愛

慎所傅公起南大理丞序

癸未春 聖天子用言者起謫籍諸臣十餘人小
子元其無足齒數餘悉磊瑰卓犖之士至老成凝

重則共推安成傅慎所先生云先生起補河南道
越月擢南大理丞旋以病請今春再以大理起鄒
子適卧病丘樊追而送于江之滸執手而告曰知
主上今日用先生意乎知如武仲不欲如公綽莊
子之勇冉求之藝豈不斌斌質有其文必文以禮
樂可為成人聖人學術已可見其崖畧而高明者
每搏空執虛不無求多於人則何恠反脣相稽者
不紛紛也又職無巨細咸足輸忠官無崇卑要在
素位世詘道辱絨默求容者鄙也世平道明必于

有言者恥也先生為令為良令為御史為名御史即不以言譴亦不失為純臣以言譴者非先生心也而世有好事者無病而呻無故而涕甚或拾䑓省餘類亡問官家事利敗則亦非　負扆而弘聽納初意矣先生出使賢者有所觀摩而凌競者有所感愴得無意乎然先生則將何以為報哉益之初九曰利用為大作元吉无咎蓋言受殊恩者當有殊報也吾儕二三小子得全首領卒老牖下已為榮幸而恩命屢及夫非大作何能為報恩地也

然所謂大作者又未可以意必其閒也夫五音之宮商迭奏五味之辛甘並陳中有入人不知其然而然者則有以調之劑之者在也今政體紛紜朝甲而莫乙邪正混淆朝夷而莫跖先生從容垂紳徐以一言辯別其閒已無聲色之煩世享和平之福斯大作之實也上九曰弗損益之大得志也先生圖之常怪持正者難盡竟其用竟其用者未免有枉尺之弊薛文清官大理時能使內官之獨服薛卿不能以身少試于政本之地斯非其人歟先生官其官居其署其尚學其學必有以復我

中丞太蒙王公晉少司空總河序

丁巳秋　上晉豫章中丞王公總理河道先是廷推公少宰僉望拔茅可期已為忌者阻計公奏冣且六年宜正卿席而茲屢以少司空畀掌河道夫河道知巧所卻步者而以畀公公雖無幾微辭色然海宇脉脉咨嗟謂藎臣調世之難也吉州與豫章遠數百里故于兩臺冣曠違惟是聞公將舍我輩逝也則相向鄒子曰往使君官西土者數年

為德民戀戀不能釋自未有久如公者公歷官廿餘年矣威德暢茂漬入骨髓何以報公諸士言曰自吾輩蒙師陶埴故感師知我之德然師未嘗以私昵我輩而以身為型范吾師乎吾師乎古之人也何能舍我師而諸耄倪聚族謀曰無論公它政即數年商羊肆虐閭殫為河鴻雁嗷嗷仳離滿目賴公叫閽為萬姓請命民以公為天何能一日忘公言人人殊鄒子晉諸君曰余聞天欲祚人國也必生貞固純一不二心之臣以匡砥其末流而奠

安乎宗社之臣也如百練精金色澤自如然亦若
矣公在西江為守臣也勢懾之不動為學臣也情
投之不狥如恭知如廉訪如右轄劇投之不窮左
畫方右畫員至于開府以来如王良執轡就熟路
有少年以為必行者而公寂不應有人所易忽者
而公必注神于椒嚴郊野肅吏畏民懷周旋禮樂
兵農之司曾有一人閒公者乎此真不二心之臣
也詩曰左之左之無不宜之右之右之無不有之
公之謂矣詩推武公民不能忘歸本盛德至善又

遡自切磋琢磨世徒見公德問昭宣不知公之切
磋琢磨闇然内發尚論者貴淂公之源本焉諸君
復進曰子知公深矣河水湯湯底績何日鄒子曰
公等皆立朝久曾見河工告成者乎又曾見河工
終不成乎夫河無功以漕通塞為功年年四百萬
漕京師年年河功成矣夏忠靖陳恭襄公豈不能
且　聖天子璧馬寶式靈之天之助公與公之報
國蓋可券而必者計即日公入而掌銓澄汰流品
襄　聖天子萬年無疆之治河必不能久借公矣

江左撫西江忠烈文成二公外有餘姚陳恭介三
君子功在西江如山如岡撐雲蔽日人淂而見公
在西江時而峻嶒時而灌洽三君子之儔匹也公
即都三事西江藉𢕟𢕟者亡已時而公一日能忘
并州之思哉元其辱公知無能攀公道左然公如
道遥河上飢溺由己憶元其隱几巖竇洗心藏密
公耽犧鉔之憂元其尋簞瓢之樂乃知禹稷與顏
回同道兩人時時如見矣

中丞蓮渚孟公考績序

遼東阿孟公官銀臺也當事者數借公斧鉞
上憚公驄輙不報會公當入計毅然曰爵禄倘来
物即臣子欲報　君父奚必耽耽職事乃為報稱
夫丈夫肯從丘壑中有以自完纖毫皆　君恩也
遂飄然歸公是時超超玄箸明窓淨几焚香啜茗
茗夜坐一小禪床不枕不席烱烱孤燈相待天明
人目為地行僊迺未幾于心性之旨洞然有契曰
夫道先天地而獨存後天地而不亡非區區摶精
蒐以遊世也凡有形象之物皆未有不生滅者于

世所謂儒與釋或同或異洞然不惑若將以是終
身焉會南贛撫臣缺銓臣以請　上欣然報可海
宇輙相告曰孟公遂臣冠冕自公開一線路我輩
彈冠有日咸欣欣喜形于色公上書請告者至再
尼不得上始以單車至未幾推公總憲人曰孟公
席不暇煖恐虔不得終公大惠逦天假公在事者
朞年公思銀臺時所當奏績者未上欲具以聞衆
或以差池幾二十年恐　上不省而銓臣疏請
上手詔復報可海宇復相告曰　上甚知公鄭重

總憲者蓋知東南一片地籍公椎席吏士藉公儀
刑是以公惠東南也歷觀往事凡從田埜閒雌伏
日久一旦在事多懲其既往深自引避射世如破
的至于事所當為亦縮朒不事事公自下車來綱
維禔飭吏有為民蠹害聞公名解綬去而舊時將
官所恃為肘腋者公一切以柱後惠文繩之至于
救荒彌盜選將練兵實難更僕數所承公德意者
自轅門及山藂雕結之椎咸懍懍洗濯當公意指
不暇東南坐收澄清之効匪公誰賜也記公在銀

臺時諸凡奸譎借隻辭興訟端為民搆擩者公絕
不聽以故司寇廷評門若掃公之功在銀臺甚鉅
兹司功氏以公績奏　上必欣然馮几　召公即
都三事昕夕間矣夫以三朝耆舊一心一德飽歷
風霜如公今奏績無足賀惟是于公一人卜衆正
之途且闢拔茅之吉且至此足為公賀矣元某辱
道義患難交常欲駕舴艋訪公鈴閣尋伯安先生
遺績并請事新淂而以僻錮削跡蘄杜因贛守楊
君等徵言術公所以系世道者如此

晉峰李公晉常少序

乙酉典選郎缺會曲沃李晉峰先生需次　闕下
即以先生請報至留都留都士縉咸相顧色喜曰
曲沃故名邦李氏為曲沃著姓代有顯融先生稟
德淵冲光昭前聞又往年柄事者齮齕善類當重
人意旨近稍稍展采揚眉譬升木始甲非雨露滋
培之其不遽槁者幾希先生端人也其為善類所
馮依也必矣暨先生當事即推轂諸言臣夫諸言
臣皆常有內郄禁不即用者先生輙請而輙報可

人咸稱愉快云不佞始在留都亦應推轂中至則
穫倍先生末議覩先生外油油其與俗也中井井
其有執也進一善欣然見諸顔色而若已有之也
方以得俗先生為幸今春乃晉太常少卿同寅例
有贈言次及不佞不佞顓恫迂腐亡能有所談説
獨憶歐陽子云天下事惟宰相得盡行諫官得盡
言洎待罪諫垣始知事固未易語者語及宮闈避
路馬之嫌語及大臣招絳灌之忌語及時政有掜
搤掣肘之嘆惟是典銓者陽頫仰於簿書磬折之

間陰以求天下之材黙使羣材各効其技而顯使
正夫正婦無不得其所斯貞臣之上伐以方言臣
難易何如也先生亦可謂志信而道行矣嘗讀易
至否泰相因之間則愁然有深思焉繫于苞桑曰
泰詞曰內君子而外小人城復于隍曰否詞曰內
小人而外君子君子小人進退其關國家之治亂
也如此先生選建明德賢哲比肩遍者又顔其署
曰進君子保泰之意殷矣雖然君子為陽為健小
人為陰為柔陽則光明洞達健則幽靜堅確其進

退也甚裕陰柔則據徼乘機鑽隙抵□即之也易
入而撲之也愈然夫人孰不曰進君子然君子卒
未必能進則各以其類也泰之初曰拔茅否之初
亦曰拔茅其類固相從矣二三年間弓旌輪帛賁
相望于巖中充庭漸階悉彬彬質有其文庶幾稱
極大景象然吾懼乎陂之相因也不然泰之三爻
曰艱貞无咎何謂哉不佞以能進君子為先生頌
而以保泰為司世道者告嗟乎藪澤臞儒行且理
芝朮山中去矣終不敢自外于君子先生何以贈
我焉

中丞青螺郭公榮壽奏績序

上御極三十年壬寅孟春大中丞青螺郭公寔維
六十初度之辰會當報滿得書其狀獻于 天子
其部內式歌且舞曰黙不韋隣于強酋不覩天日
者久今茲得耀于光明實我公賜文武諸將吏慶
曰往孰公名頷執鞭弭無從迺茲在公爐冶中二
天再造幸甚其友鄒子元某竊窺撫臣奏績不過
書兵戎錢穀察吏安民諸務然歷歷循令甲故事

不足則增所未有若公三年中皆大兵戎大機務
關繫國朝鴻猷非歲時疆隅經營者比不書則公
一腔血識無所表見書則罄南山之竹不足寫公
拮据憂勤萬一然公處此良苦矣蓋自我　皇御
極來靖寧夏存朝鮮滅楊酋載在盟府者三然槪
持鉞諸臣或糧饟雲集或材官輻輳諸在幕府左
右都咸足集思廣益秉鉞者雍容緩帶有如公赤
手入疆一無足恃乎諸臣成功多奏凱旋即大兵
之後凶年勿問有如公集鴻雁綏孑遺當大荒疫

一一安全之乎播去黔不數武朝發兵夕至夕發
兵朝至陰倚抗衡上國者日在公之肘腋公至持
重不發一語秘計勝算卒以革面捷聞人人爭言
功狀公不言則用命者無所勸言則疑于暴白公
寧泯泯黙黙役而不言故公之苦即內戚所不能
道者元甚獨知之常以示客客問鄒子曰郭先生
偕子泳游山澗時上書乞歸者再而子知先生必
為世鼎呂既聞開府命時言酋當寬縱勿問者十
十而九而子策酋必敗又知先生必有報上是則

何説予曰予觀公於微矣黔中命下予習酋先是
常發兵窘辱二中丞二中丞大損威稜致書公無
以家累往公復書曰是示酋怯也吾身家委虎穴
矣予心竊壯之籍令公有全軀保妻子一念則利
害心生利害心生而所注厝寧復有俊偉表表如
今日者乎故曰不有其家者廼卒能安天下此予
所以知公也非但予也予與公同事衛廬胡先生
公昔官水部時業以大與微勗公蓋謂惟積而後
能大惟大而須知微公力踐此二語恢恢乎如太

虛之無所不容兢兢乎如以一矢引千鈞故援之
艱巨劃然若拂鍾而映劍也予師先道之矣予安
能知公客唯唯會邑侯鮑桓金公致書予曰吉州
名獻麟麟然無踰西昌文江兩邑予閲西昌邑乘
理學則兩文莊勲業則文貞文端忠節則周紀善
劉比部廼若揚旌萬里威稜懾乎疆埸宗社奠若
盤盂而學行端醇如公者則西昌稀覯不佞叨沐
名邦覩茲盛事公奏績又適届壽期聞子與公契
誼深可無一言代不佞祝予拜侯命無能為詞敬

書答客言往并致聲公曰公之忘身入黔棠在蹇
之六二履信思順獲天人之助在履之上九德盛
禮恭在謙之九三此不必殫述昔新建功在西江
謗忌藂興公惟開閤接引來學為事公非惟廢人
亦以自廢也乾之九三與四五為隣終日乾乾夕
惕若然不過曰无咎蓋三與四五相偪偪則嫌嫌
則多懼聖人已燭其隱矣夫子繫居業而本于誠
又曰知至可幾知終可與存義幾微也存義成性
存存也乾天也入微而後能存存存存而後能天

新建良知之脉由乾惕入吾師致大入微之說其
於與幾存義之旨寧有異耶聞公自羅師後豁乎
事心之大者與新建一致予安能窺公所至故凡
以文章經濟勲業頌說公者此皆公之膚肉公直
土苴之矣頃廷推公拜少司馬入相　天子上豈
不念公意固有在行且　召公翩翩劍履不趨不
名入謁　便殿　上必喜曰此吾社稷臣命肖公
麟閣如君家令公故事惟天純佑我公𤔡成億萬
年無疆之治則兹考正二十四考之始太史方珥

華大書特書以為臣鵠詩曰文武吉甫萬邦為憲
公以之吉州豈得私公予言又安能重公侯謂鄒
生言有當聿聞于公公必開顏曰予卧薪嘗膽者
三年未嘗語人而吾友𥹸何知之雖然吾倦矣它
何敢知至所聞于師者行與爾共勉矣夫

侍御安節吳公還朝序

今繡衣使者廵行郡國即古省方觀民設教遺意
云予嘗思設教未易言也其風樸畧稍稍提其耳
目一其心志其入之也易豫章在海內稱瘠鄉然

浸灌儒先禮教寖深且厚學一先生為究竟地者
開目如是即戶說以眇論彼拒不入非不入也有
所堅韄其中者雖入無由也此非禔躬粹白心志
皭然掀揭褱寓惡能得其景從而樂趨乎先是以
繡軒至者縣三尺示民民兢兢然避其三尺恐後
求以學為民鵠者往聞之天台陳士賢先生近見
青州朱文甫先生二先生不同時而學皆宗濂洛
矩矱精神嚴凝民則而象之乃今得叔行吳先生
先生故嘗令上高以賢能調豐城令皆以寬厚著

聞守柱下廿餘年抗疏歸　詔起家奉　命巡豫
章先生資望崇赫例不當外巡而先生聞　命輒
欣然至曰白鹿五老遲我已久心神馳斗牛墟者
未嘗一日閒也至則父老依依然若以為慈父即
先生儼然以繡斧臨之彼惟知其為慈父也者除
煩苛諸科條告誡吏諄諄數語耳會鑛稅中吏信
州大封山西昌婡山議在開採中先生繪圖叩閽
力争頭鬚為白癸卯無歲先生為百姓請命兩允
得改折民受澤利無芖凡前哲懿行隱德表彰以

示鵠者殆盡而士人有寸長片善悉禮而致之稍
稍亂法者不難以三尺繩之或曰先生昔不嘔喃
我乎曰吾官宜爾卒不以法殉民元某常窺先生
注厝時張時弛知微知彰知柔知剛世師吏先生
師聖世法法先生法身身法左之左之無不宜之
右之右之無不有之諸士縉與吏先生守下濯志
當先生宜也陳先生列在理學名臣以先生參陳
朱二先生何後先焉世論執法者輒慕尚風裁元
某常云吾儒所謂風裁者潛心于淵而已心潛則

神幽神幽則靈徹九天九地何之不入先生使吾
黨敬且信者則以潛也然神潛不露者則以學也
先生常從諸耆碩切劘薰陶匪朝伊夕予别先生
久覩先生日精日密慥慥皜皜其所至詎可量哉
語曰君子德風詩曰有覺德行四國順之彼以摶
擊為風稜者可思矣或曰吴先生肅叙憲紀本于
德德風廣被本于學信矣予聞風之蓬蓬然起也
必有所由止先生學其起其止何自鄒子曰子言
可謂知風之自矣學而曰自非言想意思所到即

見神不得而窺請書以問先生

湯義讁朝陽尉序

義故一代才士陸沉孝廉癸未始第進士余在掖
垣欲識其人會譖義者曰是狂奴不可近余心疑
而過之義從榻上起攝敝衣冠禮我立談間抉肝
洞膈余心喜余未幾謫南義選太常博士義日無
事獨無籃採古圖書謝絕賓客閒啓扃與余往来
余日夕與之探奇訂訛似不可以一時士方之方
陟驗封旋請告歸義留南數載當得推擇給事御

史又選郎故義知己欲引義為重而義以長書謝不欲給事御史欲浮南郎署于是從儀制郎余起家之任義以隻雞斗酒迓我燕磯班荊聯榻眎昔益加恣飾似有竟于無生之旨也者余心益敬之明年余復謫南義見余喜不自禁越兩月義蒞憤上書言國事觸忤權要人　上是其言而中格竟謫義為粤典史謫後入重罰言官以為護黨凡與義交遊者或欣或戚欣者曰義糾言官言官復陰黨同事　上重旨詈之是義言未始不當聖心也且召義矣戚者曰昌黎一代山斗潮州之行竟不無少望蓋士浮湛英華多所暢少所抑其性然也義今之韓子尉與刺史名位相懸義浮無少望耶此皆非知義之深者也方義之上書排閣此身皆其度外寧計其他余獨喜者義志性命之學該固堅志熟仁之一機也哉夫貞松産于巖岫固蒼然翠也然非霜雪之摧抑雷霆之震驚則其根不固而枝葉不稣不凋義韋勉之寧為松栢無為桃李寧犯霜雪無飽雨露俾向之燁然可驚可愕者歟而若無若虛斯非　上之賜而余所深望者哉若夫跳叫際睕登臨賦詩自寓其抑鬱無聊之氣非余所知也粤多遷人孫比部為尉且六年所楊給諫為尉且一年遷客相逢椰酒自勞為我致聲曰主上聖明國事可為行且召公等公等其何以報

上

送劉惟衡給諫序

始予與長山劉惟衡同舉進士同出山陰朱先生門墻一見即懽云惟衡學慱而確遏從必竟日惟衡捧檄為高平令去予㫾嚴譴若風馬牛不相及也癸未秋會　闕下同拜省郎予北省惟衡南省朱先生呼酒勞予兩人曰爾二生者固夙相期許者也同官同曹雖南北不同所可互相咨詢謁節輸忠者顧無讓兩人謹受教而別未幾予有南遷之命至則惟衡侃侃章數上矣實見為非也若持刃入三軍見者莫敢奪也意有彈射也若機之省于括無瞬息留也皭然人不干以私也如處子絓潔其身而見者凜然也其自薦紳以下咸嚴而憚

之未幾擢陝西僉事以去 命下日咸相顧錯愕
先是君嘗領京營所係工經營事悉中便宜諸將
士人人德之走而呼曰劉給事去耶又私相嘆曰
昔崇奸亂政居是官者數年今持公秉正如給事
者不期年留也夫今世道清明登崇耆碩所稱改
弦易轍之日也奈何使公論存于下惟衡析簡予
曰升沉總夢覺悟為真予患不覺耳予聞其言而
訊惟衡曰覺者覺其迷也有迷斯有覺如寐斯悟
如醒斯醒君未嘗迷也何覺之有無已請繹其義

而壯君之行卑污之士迷于勢利高明之士固于
有我譚脩践之語于匹夫匹婦之前則聳然聽譚
性命之說于王公大人之前則怫然怒是豈王公
大人知不若匹夫匹婦哉我知其迷者有五談古
今善敗事口若鏌鋣心若詛盟不氷而寒不火而
熱則有迷心于聞見者焉沉酣六藝追踪左馬馳
聲李杜則有迷心於詞章者焉以廉隅禔躬以傴
僂御世足未踰步武口不越尺寸則迷心於謹愿
者焉迷心經濟者萬目而焦當世之務胼胝而極
閫閾之窮迷心氣節者折檻以為名高迕時以為
凌厲此皆高明之士自决其性命之精而冥然罔
覺也惟大人者非無聞見未嘗為聞見障也非無
詞章未嘗為辭章累也脩行而不以謹愿名經濟
而不以經濟顯氣節而不以氣節高譬之海然百
川歸之止而不盈尾而不泄譬之明鑑物來則應
物去則否已何與焉茲吾所聞者如此惟衡其有
意乎惟衡仕為横渠先生之鄉横渠始好兵既好
佛晚粹然一出于正古先聖賢悉歸忘我予不知

惟衡之為惟衡惟衡又安知我之為我故敢以斯
語進焉君未聞報三日夢予譚學娓娓有箴規語
今茲覺之說者而豈徒焉請書二通一納之行李
一上朱先生就正焉惜君之去者細人之愛也廣
覺之意者君子之言也謂私于同門者不知予者
也

郡侯靜峰汪公入覲序

我郡侯靜峰汪公之守吾吉也以身為政意之所
注各邑稟稟向風云今以九月當奏最適值覲期

瀕行有日闔郡士縉紳民皇皇不能釋公而郡學
博歐陽君某及吉水學博胡君某等過而徵言為
公贈余告之曰公甫下車凡一切緐儀苛禮剪除
殆盡公無所事此諸學博曰公之所禁者文也其
之所請者實也非文則實罔宣夫國家之建郡邑
學者豈曰督聚散課升畫己哉蓋將以儲才之責
寄焉頃畫職亦難言矣往吉郡風淳士矜名檢而
近有結知上官以媒利者又其次則鼓衆挾公庭
稍不從立而訐語矣又其次則魚肉細民細民聞

之公庭亦以其衆不可犯而假三尺寬之甚或徵
服襍市儈以自標致而文無所師承行無所檢押
事或彰聞上官詰責曰此故爾弟子然持尺一召
之彼睨若弁髦安望其敎行俗美而稱人師哉自
公之来也凡職之所欲禁者公禁之殆盡凡職之
所欲廸諸人士者公樂育之不遺吉人士非詩書
絃歌罔誦非道德仁義罔譚非孝友睦婣罔以飭
躬至閒有不檢者呼曰不畏汪使君耶驚而吐舌
去其丕變若此是使各庠罔溺其職者公之遺也

公寂愛才察某等中有稍通文藝者公愛如才子
弟寶護之不遺或有小過惴惴恐開罪公然公厲
語隨詞止久亦忘其為過也是公之甄陶某等而
罔有遺覆也非言先生罔知非先生言罔重頤積
而載之鄒子曰世情之灼人蓋淪于膏髓矣夫今
郡邑豈無以造士育才為名高者然考其所為上
下胥相為利罔耳公之敎育諸士所稱入室者不
知其幾而未聞以一事私庇一士未聞諸士以一
言關說左右匪吉士之勝于昔則公身敎之以也

世之愛士者至匿其瑕公即素所愛士聞其瑕不
難割愛絶之凡郡邑有敗名檢者公一一手牘如
燭照如數計至或扶之庭不少假蓋公任怨而不
任德故諸生始而畏公卒而感公語云守令者民
之師師大帥師者正也若公古帥師者非耶諸博
士復晉言曰某之于公猶埏土之有罷也鑄金之
有范也罷不良惟型其良亦惟型工攻惟范不攻
亦惟范公而去某等不型而埏不范而金惟頤先
生一言促公遄来式我有位余曰諸君言過矣夫

公天下士也天下師也余與君等及諸士能徼天幸沭公教三年又安能終徼公乎公為天下師矣身教攸在孰謂不師公哉謹拜手復諸學博公以為當否雖然亦與博士家言公教而已若公實心異政別有紀

郡侯恒初吴公視學四川序

今所與陶鑄海宇斡旋元化者一在銓府一在督學使銓府譬之工師既得美材惟斵且削學使譬之場師聚彼美材時其灌溉銓府不得人或有枉

材之弊而才自在學使不得人即賢如銓府坐嘆乏才之二者衡重也故它官惟銓府得行己意而督學使文學問宗伯風猷問大中丞政績問考功氏三者一不當則不得先是蜀儒童有羣而譟學使者學使缺且久當宁聚而謀曰是宦大不敢必得博學方正行誼粹白先聲奪其氣懾其心者以往則羣推吉安守吴公蓋謂其令歸安守南康支郎剌吉州咸有績施可紀而羅絡今古諸以堅白鳴者不敢厲行進是真博學方正粹白之儒者宜

往銓曹以請　上報曰可吉州人相嚮嘆曰仁父去我即將謀尸而祝之而九邑長廬陵莊侯吉水陳侯過元其曰不佞等事公宦久始公之臨也一嚬咲不以假人自職事外凛凛憲公以為公難事然公肝腸可揭白曰不佞等有不逮亦賴公覆鑄得以無溺于職事今公去不佞能無感念子為我一言以志賀鄒子曰予觀公進而知世之將興也公壬辰起家以公政學宜持橐筆典要重乃十餘年勞公以民事竊嘗謂公器如商敦周觚即有耀

月星奔雲雷之文注黄流載清酤之資罔有識者今公以方正見擇乃知信貨亦可賈而良璞豈終刖哉世道自此興矣嘗繹先儒語云師道立則善人多夫立何易言松栢亭亭孤騫不知亘幾風霜而後能不凋世人以脆弱之資孤植鮮操即擅挾天之藻小小沾濡化為繞指柔何其不仆而可與言立公提躬所至具有本末不涅不磷隱顯一致視世之巧宦睢睢盱盱逞一時豪雄者寧隱約蓬蓽有所不屑居然考亭遺軌可謂能立矣蜀國從

此多善人矣蜀為坤輿輿區坤為文為輿故相如
之藻思君平之獨往彬彬迭諜獨坤又有所謂柄
者蓋言立人極扶世綱如蒼松翠柏之類是也入
我明來予最慕楊新都新都當貴臣鼎沸或者謂
其議禮失之執然予謂不忘　孝宗一念天日可
鑒趙内江以句曲書生雄入九重流離瘴鄉卒以
流離中淨明正宗而鄒合州英風侃侃說者以三
原謂其發之早而三原語驗予竊謂合州所少者
世福耳今神氣與三原並永此皆所謂世之綱紀

人倫之標表者而于所謂為柄者語始驗公行振
鐸樹頗異日有如三公者出其間人曰此新安吳
公門人峨眉劍閣藉公持柄益雄峻蜀不益永有
聞哉蜀去神州稍遠負氣非有它頃者之譁敍蒙
而非頑也書用識哉欲並生哉公夲寬以敷教無
疾于頑廣厲中存曲成德意是元某所望公者異
日公正位銓衡斷而削者即手所造士公乃慢然
曰吾友言學政與銓府衡重信哉海宇且儀公為
師帥蜀不得專美公矣

陳荆山刺史考績序

歐陽子云天下事宰相得盡行諫官得盡言然昔
之名公鉅卿都三事累上考勲業彪炳旂常至以
不得守令為恨豈非以躬親民事熟知天下阨塞
利病與居中遥制臆決懸想者名實固不侔耶雖
然為一邑父孰若為衆邑父守又衆邑之父也頃
今之官人者判若蒼素豔内者以諫官為華選得
一當第毛舉一二瑣屑或嗷人殘膏以苟啚稱塞
下者乃揣摩當事意指借而結納當其權朝獻書

夕報可取公卿如右券間有昂首伸眉慷慨論天
下事為重人所憚者輒陰中出為守去矣夫守豈
不重哉然世之以諫垣而守者意不能無少觖望
則遂易其操以媚世趨傍援曲附圖旦夕擢去凡
向臺諫時所條列若自悔為狂為非重人見其然
亦曰是善改轍事我竟復得美秩去嗟乎今之風
俗概若此適今吾年友荆山陳君則異吾所聞癸
未予與君同省垣是時君以河南理徵為天下第
一予覩君外和而内徑貌温而中崭心甚敬之及

予南調君旋亦請告也何復補禮科給事章凡數上謇謇諍天下大事皆人所不及言者重人目攝之嗾出君為太平守夫以君之才即外當得名藩而必太平守不足盡仇君意也君絕不以幾微見顏而一意奉職廉潔公正凡所剏畫不為近名計如建橋築圩脩長堤革罩役造多士皆其鉅者茲君奏三年考會予舟過蕪湖其屬令當塗鄧君蕪湖葉君繁昌謝君習君教令謀所以為贈則以予忤時孤踪雅與君同言必有當于君者夫諸君不睹汲長孺故事乎武帝憚黯出之為淮陽守黯曰願得出入紫闥補闕拾遺武帝曰惜君卧治淮陽然以黯之孤直至其為守亦似不能無少觖望功名損于在內時予甚惜之君在瑣闥以風裁著在郡以循良著竟其身儻無變塞進安可量也或曰主上方宵旰勤渠如君政事必在行春賜爵之列予曰 主上豈不樂讜言而恐出君乎語曰一鏖飛而稽天此之謂矣君第閱閱脩其職俟之一切升沉何暇計焉獨予與君同舉進士同為耳目臣言既不售而入白雲於生民毫無霑濡異曰何以見君

送督學胡泰六公序

當公給事金門時所摩切大臣引綱維匡國是纚纚甚具會有忌公轟者移為信州觀察使衆相顧愕然曰胡公南郡而知者曰公官南安知道不南也至則一意官下嶽節冷冷吏民奉繩墨惟謹會西江督學憲臣缺銓臣請徙公賦學政 上報曰可公得報賦去秋闈才數月耳首驅車彌鸞渚拔王生績爍冠多士卷帙浩瀚必親必慎辨澠淄若易牙于味伯牙于音被嘗監者皆知名士士大悅已何轍環各郡風雨晦暝曉夜不替凡數月告成事秋闈入彀首多士即公所下車初拔者人以為異而被公陶埴者已不得雋而諸生走相告曰吾師乎為吾黨而竭精神心思于嚴寒盛暑間者亦既瘁矣何以報我師相率走鄒子求一言拜德余惟自昔名臣鼓身朝端遑遑以進賢蒙 上賞春秋覇國之臣一朝進莞庫士數人史臣艷稱之如

公一朝而得士百又皆經術脩明行誼卓越元愷之流亞與莞庫士不可同日語它日有立朝而績懋旂常名標麟閣人稱曰胡公門人漸昔持皂囊與
天子宰相爭是非可否功業勞逸大小何如也此不待知者辨矣豫章與衡湘接壤隸斗牛之墟並稱楚甸維楚有材自昔記之以公大匠衡度其閒曰師曰弟儀刑不遠豫章之材行見扶踈日起詩曰濟濟多士篤生王國王國克生惟周之禎諸士以之芃芃棫樸薪之槱之奉璋峩峩髦士攸

宜則公之謂矣先是言臣奏公宜
召還禁中共襄太平之業
聖天子悉公憲紀與學政如是行且
召公公道南矣豫章不得久私公矣

湖西觀察袁子壽叅知雲南序

予與子壽袁公丁丑同出山陰朱先生門墻甲申始晤于白下乙酉同官南職方時大司馬為華溪郭公公最晰兵事一切倚辦公而公調度悉當公畫東南倚公安者數年予徙官北去尋歸公以資轉青州刺史辛卯予調南疋馬道青州訪朱太僕

先生先生立譚閒即呼曰子知我太守公乎提躬廉潔二千石中鮮有青錢縠甲他郡稍染指所入不貲先是有私取羨金夜半以車數輛驅而出城歸者謂郡人無知郡人洞若照火自公來民閒旋輸旋運絕不以經目一邑省羨金不知其幾合數一邑省羨金又不知其幾我郡人德公不置予素好稱人廉閒先生言若身有之喜溢眉宇予別先生公亦觴予郊坰予告曰公著作傳海以內不知何地得徽文旆公曰予疲矣顛得一隅而効力焉

若文事則吾豈敢予曰公不薄湖西青原白鷺其以屬公公曰聽之耳亡何公果拜湖西
命下日予與吉人士稱慶者久之公之治湖西也持廉廩公亡異治青時而更持大體綱舉目張事治民綏吏有歡度于紀者雖憑城社公必以柱後惠文從事不少貸百職事廩廩奉公約束惟謹聲華益徽江以西矣會雲南叅政缺陞公以往報至鄒子聞而不敢賀公折簡曰予與子同門且同署又宦遊于鄒予行有日子能無一言贈我予徘徊者久之

蓋予自綰髮嗜古而屢經多難苦無所入近深自懲創而知精神之外眩也夫眩於外者其中無所有公包涵萬彙如金如玉洵廉洵才而休休若亡則公之所韜者固也予何能加公或曰　上留意人才方岳大臣有清望者亟徙而之內以需中丞之選公自入仕來更歷南北所至以端廉謹愿稱宜立致公卿在　聖天子左右柰何致公遠方予曰君知鑽木者乎方枘圓鑿則必不入此可喻公之仕矣公之初仕也稍自便可優游華省而婆娑

白下者六年白下稍遠迤可立陟名岳而遲回遠郡者五年夫不久歷不遠方不足以見公之真公行矣予兩人所時時砥礪者其説在復之初爻乎顧各勉旃無負朱先生之知

觀察禹門丁公陞嶺北參政序

觀察伍公既從黔銓臣請得擢湖西兵巡丁公守嶺北　詔曰可報至湖西士民走而不知所出曰鑛税之設所至湯沸人人不得保其先世業凜凜而何暇憂生之嗟自公下車來肅麼貞憲士安詩書農安耒耜外無干掫之警內有桑柘之蔭庶幾東南一樂境也匪使君調燮于上而孰衣食我教誨我怦憮我何能一日去使君鄒子曰虔與吉唇齒之邦公往在吉猶能為虔民陰畫奇策匙重困豈今日而忘吉耶唇比齒固予與君等猶得托其庇蔭焉公未去也已聞冠警猝至則又愕曰昔在世廟辛酉閒冠不滿數百湖以西摩剥殆盡烽火燭天井屋為墟實嶺冠也今南海不勝誅求而崗冠起崗冠起其去邑若建瓴而下公實我干城而

忍可去鄒子曰予以冠之至也禦于境外乎亦禦之于堂皇也曰亦禦之于境外耳曰公為虔鎖鑰倡先聲銷未萌吾與若等藉公安枕矣諸士民稍釋而邑令盧陵陳君洵泰和金君永豐朱君三君侯過而語曰某等眎公師保如臨昔各邑濟濟咸沭公指麾覆露得無濔于職事今二三在事落落晨星匪公孰為振之而某等何能釋公鄒子曰豈惟公等元某夔民也歸棲十稔如屈谿石田無所用之不相知者眎如嫫母匿而走耳公以年相若

也奇情𥉻映有難縷數而元其又何能舍公方與
諸君倀倀無所之公聞而起曰有是哉諸君不忘
余也顧余去吉一衣帶水耳鄒子為之歌哀衣序
其事而納公行李并祝公曰今天下公以為治耶
未治耶未治則所需才實相須之貞臣汲汲矣予
觀公為政以一人而綰諸道不為不劇遊神太虛
之表不為不逸新法雖興乎時而陰剟時而顯諍
時而以去鈍爭時而以禍福譬舌焦神殫紙獘墨
渝使臣既詘公之正義又不能不服公之赤心名

山大川依然無恙故家遺族圖書宛然是孰為之
人人頂禮使君恩竟不能名使君所以恩易曰不
言所利大矣哉公明德遠矣且公粹衷潔守學苞
元始而故秉撝挹韜而勿有公貞臣哉豈惟吉不
淂借公即虔亦豈能長有公耶願公善自崇護世
道有倚毗爲憶昔公遊青原白鷺元其未淂奉侍
攀躋公品題輙以詩簡眖我今欝孤月巖供公唫
眺庚公興暇能一憶鄒生偃仰山椒乎予夙與友
人李甘二中丞期脩伯安先生遺跡韋公為東道

主公懸榻竢我將與公有輿質焉

觀察齋雲鄔公入　賀序

上久道化成端拱　穆濤者四十餘年今歲仲秋
寔惟
萬祀之應諸方偕遣師捧璧以進而我觀
察鄔公例當行蓋公守下者守程公書抵鄒子曰
守滋茲土惟我公為政茲公屆行其將疇依子為
我一言以申衷素元其聞公行與吉人士計曰公
在事各都仰如天之澤而吾吉州猶甚諸所創革
也不為一世一方計各郡邑皆可垂永久世世勿

絕大者斧斷小者立削民有約結不淂白者至公
所若氷于夏日蓋公愽大精詳明炳事先燾同空
谷有一言告于公而當者公翕受徧布宜其所至
士民傾心嚮進如子于慈母戀戀不忍舍去之為
樂也方圖尼公馬首以大禮所係而亡能為後審
思公之入　朝以稱賀往我　聖上仁孝嬈美虞
周進　慈聖在闈　聖上當是期率　聖子
神孫入而稱萬年觴融融洩洩協氣薰蒸海宇侈
為盛事今遠遠　慈容馮几而聽百官祝必無以

易其永慕亦情理所必致者且昔善祝者無如華
封人以我　聖上百福輻輳即華封何以致辭而
者　覃恩一詔海宇更甦是　上不自富以天下
富為富天下老者幼者父子相保各安田里無愁
嘆之聲九有欣合萬方和邕以蒼生為大年以乾
坤為大宗是　皇上以　聖母之壽壽天下天下
含生之倫咸稽首虎拜稱萬歲者不可量數聮華
封所祝殆又過之公可以此祝　皇上萬一乎在
廷諸臣聞公言布之樂章哆為歌誦鋪張盛美未

可知元甚雖草澤㢟臣亦頗有聞焉公為守為名
二千石為觀察為名觀察休休斷斷渠躬粹白社
稷器也中外習公久倘借公卿寺予等與程守急
公者何已時哉謹載詞而納公行李并歌蒸民之
六章公亦能忘情我封疆人士乎

觀察益齋伍公陞貴州叅政序

益齋伍公非今所稱貞固不二心之臣而蹈道履
度之醇儒哉公初仕日楚執珪者半天下公稍染
指津涂立至而公憤然若谷介然如石寧甘處寂

莫之濵楚相敗始得徙為郎柄學政歷藩臬迴翔
三十餘年晉一級如馳馬登九折之坂挽舟遡萬
迴之灘人方為公扼腕而公顧自如曰吾道當然
未嘗少變其塞精白一心惟公有之衡陽自元公
啓關開鑰諸儒聚嶽麓譚者媛媛姝姝嵩嵩守一
家言求出不悖綴所聞者實難公持己潔若處子
處事洞若遊刃所至以節約惠愛稱公雖不喜哆
譚說所稱默而成之不言而信公有焉當丁丑歲
予得交公燕邸是時公官中翰人方謂公旦夕躋

華赤墀而公以介持不容遲回廿載始觀察處州
公在處家久銓曹有重缺數推公咸不報衆皆怏
怏公惟毖飭吏治綱紀庶務會鑛稅役興取辦處
者半之公殫力調劑民不至焦沸已亥秋公以入
賀行抵家堅乞去當事強起公公再至處今春始
得拜公青雀公觴予嘆曰吾歸乎吾歸乎公等皎
皎白駒予甚羨之而空以皮骨奔走道路何為米
陵猿鶴似我久矣予晉公曰元甚不才溷跡草莽
固宜如公世方倚為舟楫鹽海夫士通塞隱見各

從所遇而何必眈眈丘壑為暢快乎公一笑別未幾聞公拜貴州藩參之命客過予曰伍公名賢颺歷且久用人者猶尼常格而又必黔何說予曰子知賈人市劍乎市贗劍者韜以重笥飾以文犀客酬之千金不即飛景鏵鋒氷刃霜潔不能冀一盼何以故真者匪事飾也伍公之崎嶇仕版真匪飾耳雖然售不售何害楚人獻玉三獻三刖刖雖三不害為璞公璞固在也客曰公之黔乎予曰今之黔非昔之黔公柰何不往客曰何若予曰昔黔戎

馬在郊所至莽蒼今黔尊俎在望洪圖聿新且人士素沐公薪槱之化夫造士者猶種樹然始而種之既而培養之終而視其拏天湛露不勝色喜公造士于黔黔人士瞿然象指者衆聞公至多師多士肅肅道左公有不色喜乎且公幽探新建秘旨如處如貴皆文成遺咳在焉公與吾友郭中丞楊鈴其閒續千載之正脉是天以兩地而俾公造之成也言未幾公屬刺史贛州柯公南安曾君及司理袁州何君吉郡毛君以書授鄒子曰其等不佞受使君約束無論公法紀肅叙得藉無亂度即公德性藹藹薰而善良者數年一日茲公行何能釋然子大夫于公為石交願一言贈之行李予謹述前語為公勸駕并為我致聲公曰公業在復之上九矣三十年前與公立交戟下所稱熛赫明得意者今安在獨公為碩果羣陰消歇一陽来復天豈無意乎國家而欲求真儒純臣襄中興之業舍公誰屬哉夫子曰君子得輿民所載也公以之公往矣并州人士問鄒生者出予言視之謂何如也

送觀察徽如吳公歸省序

方陽羨吳公奉　詔再起家也人曰公以名卿寺久抑宜入而贊　廟謨以韋世道乃公尊人安節先生曰兒戇　聖天子不棄愚臣得再彈冠即為厚韋夫官豈必一一崇膴為暢愉令之領一道察吏安民酬世受國恩一念老臣心始安老臣亦欲東歸矣何能鬱鬱久疲輦轂下乎力以公外補請當事者得遂人皆義先生毅其子遠大而睞世以內外輕重勞逸置念者蓋霄壤懸殊矣　命下曰

人又曰公以直臣抑且久未必能降心揖志民事迺公至嚼然如氷以風示有位于民情吏獘練若夙習察吏也如懸秦鏡照物物莫能遁而亦不盡其情綏民也若慈母嘔哺其子數年大浸公所以約己損貲出之水火登之衽席者難更僕數民不辜無年而辜有公在凡有關于道術維風飭俗諸務孳孳恐後又寂精法比平不以入人堅不以狗人上下胥大悅衆始相告曰海宇知公者悉皮相也龍之所以神者能剛能柔能屈能伸山之所以

崇者以能興雲致雨物無不被其澤也倘公以所長者自挟人不得盡其情物不被其澤是龍不必神山不必雲行雨施非所以覩公之全矣公一旦忽念先生年高獨處心怦怦欲歸闔郡自縉紳及班白之老日擁轂而攀號者數千人而臺挽留益急而公志不可奪廬陵明君侯及吉水温君侯等咸過鄒子曰某等習公教儼若師保不能旦夕釋公去子大夫於公世講道義深知胡不俯順輿情力挽。公之行鄒子曰諸君侯以予非人情乎獨念

予輩生平所學惟進退臣子大節所繫當可行也矯焉以示亢當可退也故翛焉以身狥皆非也公以名卿俛仰外吏不二年而政化翔洽譽滿湖西既示吾道以可行之端大公在堂翻然高尚亦人子至情雲之出岫鳥之知還其去其留何成心之與有人皆知用之用不知舍之用皆知行之行不知藏之行故或出勝於處公蓋直欲探吾道正宗恥與世之以談說義理畢此生者其所志者遠昔也公尊人欲公之外補今也不逆公之東歸皆以

遠且大者期公而非屑屑世間塵情較量內外崇卑間計也昔韓忠憲問其子政事子不能對忠憲怫然推席不悅者數日古人實政如是公底家先生問豫章舊遊學術何似舊所遺壇坫脩復何似諸黎庶安否何似公一一以質對先生必欣然喜曰兒何必都三事子之能仕父教之忠老成得兒與我舊父老子弟遊而振我流風遺韻是豫章於予家有夙緣也者老臣報國一念亦可少釋當為公加七箸公起舞而佐先生觴此人間真樂事予

方為公羨之君侯起而言曰先生泳游山澤久覩
歸山人便舒銜擊節如是予告之曰君侯謂我山
中人據梧而瞑一無事事乎松陰桑柘間有多少
會心處在人自處何如耳君侯喜而曰有是哉請
書以聞于公先生必聞而言曰爾贍習予父子間
久言猶存古之道也

祝惺存觀察奏績序

上御極久德昌海隅念湖西頻年荒旱水患瀰天
斗米千錢滄莽之奸時時竊發　詔銓臣簡純東

宏猷臣以往時海寧惺存祝公方赴　闕衆謂公
在告久宜借京卿以光朝宁銓臣謂茲地重暫借
公遄行有特命公至則以柱後惠文彈治之羣吏
凜凜嚮風賑荒彌盜不遺餘力民大悅越數月公
以舊憲粵東俸當三年奏聞郡守祁公某臨守程
公某袁守朱公某司理沈公某等咸屬元某致詞
賀惟奏績人臣常事績懋兩省三年中二十年家
食通理非常事也故事上功狀曰錢穀甲兵獄訟
治盜察吏即書最亦人臣時有以公孝行純備始

移忠為孝既移孝為忠天經地義昭揭亡極人臣
不常有也人臣蒙上考者不過循資列級以公之
特行獨操碩儒聞之有立政欲借公風百有位也
我朝　列祖凡臣子乞歸侍養有疏必從或有請
恩典必從厚者蓋以旌孝亦以激忠也莆田陳侍
御茂烈　詔給月米辭不准陳公載名臣近且以
易名請石城顧公璘由僉憲超至左右轄陞正卿
晉少保　上蓋曰古人求忠臣孝子之門禮宜從
優夫曰孝子特以其備于家者然矧如公典方州

方州稱治典午曹午曹稱賢巡粵東湖西粵東湖
西又稱家合忠孝為一致即超公朝右為臣子鵠
非過亦理所必然者予又聞之人子始于事親中
于事君終於立身夫事親忠君臣子無復餘憾又
曰終於立身則人于身必有非忠孝所能了者而
予窺公渾乎其未凋也淵乎其無涯也二十年戢
綠之暇究心名理與先聖揖讓一堂之上公必有
獨得其深未易語人者在融忠孝而化之區區名
位世法不足為公論矣祝為海寧名族國朝以科

第致通顯者班班可紀公尊大人以昭代名碩未竟而公今以醇德特起百順攸聚望之不似埃壒中人豐本遠條原自濬蕟而公又濬其流行將紀之國乘天之祚祝氏者苑矣

司理具茨毛公榮拜儀曹序

今上端拱深宮故　令甲　徵諸卓異備文石選者寢不報諸當事大臣愍然思曰若然則臺省竟虛　令甲自我廢不可必行是與　上抗抗則郡邑有治聲者繳纏簿書而奉計吏良苦莫如先署

以職事易臺省直轉瞚耳　上欣然報可一朝彈冠者百數十人吾郡司理具茨毛公淂儀曹以行九邑長廬陵陳君泰和金君永豐朱君則與公同簡者曰不佞等在公陶冶中久今幸同擢也而各異事求如昔屬公約束者無幾其何能忘公而吉水陳君等曰不佞初捧檄為令如即鹿無虞匪公引我誰適為政今何能釋于公之去予其為其等一言以贐公行余自弱冠及有聞知觀李吾吉者大都衡才者有所重非其人不畀然各以性之所近廉者矯俗刻覈者寡恩明者務察而威者至使人無所遁逃公博太端疑清慈簡練常曰意不可使人有窺之者吾意在嚴是為羣小幟也以是公六七年間轍跡遍豫章豫章無賢愚不肖咸歸心于公此非褆身精白宅心公一迺爾乎公行當事必重借公以眉世道夫今轉移世道在銓曹與臺省昔之銓曹以不奉公難今之銓曹以奉公難啓事登進百不淂一昔之臺省以敢言難今之臺省以不敢言難白簡副封塵封埃積則所以居今之

時必有道矣遇主于巷聖人為睽之九二謀也而坎之六四則惓惓以納約自牖為戒勉蓋水下火上曰睽睽乖也不巷則不遇中滿曰坎坎陷也不牖則不通聖人豈樂為徼辭哉誠知天下情偽相感安可以徑吾情故曰易也者通天下之志成天下之亹亹今之時睽乎坎乎迺世徒知急于臣君而不遜于遇君夫不遇君有能臣君者乎徒知爭于堂而不窺于牖夫不窺牖有能爭于堂者乎人臣置身　朝廷之上如置罌然置之安則安置之

危則危語云安吾身所以安天下厚我者所以厚蒼生也公行其地始則為睽之二進則為坎之四皆公事其與諸君子孰研易緼以李吾吉者治天下培育列郡人才者覆海宇才賢俾它日史臣書公由郎署踐華省能為國黙扶社稷諸當事大臣苦心轉移世道一大機軸亦共有榮施矣請書之畢諸君俟命書成客有哂者曰子言易而不善用易恐人不信鄒子拜而告曰君謂我兀兀山中餓食一無所事析肱者不得稱良醫乎元其椎不善用易而後能知易故敢以獻于公

司理噩吾郭公膺　召序

頃計事戔冢卿告老　上手詔尉留冢卿曰老臣八十出山豈芬澤是為圖登進海内俊彥襄清朝是急今郡邑諸治行髙等多者倖六年于旌耒下僕僕筌㙦非所以風百有位　上報可覲者留諸在郡邑者以次徵吾郡噩吾郭公首與焉閩郡人士為公喜螺川文江兩孫侯徵文鄒子為贈鄒子自耕廣漢之埜與人間世疏遯久即承公顏

色者無幾然窺公清貞絕俗質直無私則常心韙以為林閒人無從致公霄漢公今霄漢矣不給事則御史夫兩者昔人所稱與　天子宰相爭是非可不者然此自宋時事宋時言官簪筆隨宰相便殿故得面折庭爭今斯宋大相徑庭宰相伏在林莽得以副封進不外聞者幾許得露章者幾許露章報聞者幾許且　上深居久心膂臣不得一瞻睟穆而矧小臣謂權旁落則有時獨持謂宮獨持則有時旁落謂獨持與旁落互出則時付庭裁總緣龍卧深淵欲探項下之珠鱗隱而未見又安得珠言因蠱壞之極因不可言革三訖誰孚革不可欲拔茅勢如拔山欲搜社薫之僉固法言則上不報而人疑以為沽直巽語則以為此乾坤何等時而奥懦公得無與諸言臣獨當其難哉居常思使董賈龔汲諸君子生今日策當何似或曰信而後諫公居官數載淵靜純懿一心一德信矣易曰孚乃利用禴禴而本孚孚乃有喜公其以之或又曰幾諫幾微也易曰遇主于巷不于堂于巷有

禨可通即自牖亦當今　上徵召備文石選者幾
百有餘人其欲明四目達四聰也者有其幾矣鄒
子曰公信人也其知幾乎雌冢卿賛　聖天子本
明之治惟諸君子是賴公勉矣夫

送朱廣原司理應　召序

先是諸治行高等者　召集闕下業署臺省有差
而未奉　綸音冢臣謂後来者俸多至五六年積
薪之嘆亦人常情乃列名請　召　上欣然報可
我南昌李朱公首與焉閩公命自兩臺藩臬及諸

士民咸加額喜以公胎和孕粹方正臣也入端笏
殿陛必能使國家享和平之福去偏黨之私為社
稷慶幸公棘闈所取諸門弟子上官龍李長春等
謂公在豫章宮墻在望型范時時有所禀承而公
今去我摳趨何日咸怏怏以思過鄒子問言以納
公征軺鄒子曰師者思也爾師之身敎官箴流布
閭巷口碑者具在其一念不恐慈衷禔躬渾飾神
鬼可質爾思而則傚之即有餘師奚必戀戀以跡
之離合為欣戚耶雖然爾師此行必為給事御史

兩者人臣以為華途不佞謹之則有戒心焉記四
十年前健臣柄政威命震爽在手言臣咳唾即相
臣胸臆其所報可者不問而知其為相臣順指是
時主于比脫有不然者相臣中以危法此皆可覆
而數也健臣往後来者主于調言者半自由半陰
為輸灌究其極自由者不勝又一時也一變而之
今日言臣人人蕟紓其所欲言大言小言重言危
言　上一切置之不問即有侃侃者闇闇者與寒
蟬亡異天下英雄磊砢之氣既以似命于米珠薪

桂之時沮又以踟躕叩閽排闥之時又沮為今日
言臣不戛戛乎其難哉夫提刀而立四顧躊躇者
衆庖也屠牛坦一朝解十二牛刀刃不缺者衆理
解也曰解想其袖刀而藏回翔審視不知其所凝
神者久而專故遊刃有餘公司理西江六年結轍
窮山深谷所以起瘠煦枯者蓋無量數此行解矣
茲行為臺省重無疑矣上官生曰聞借公銓曹恐
旦夕　命且下予曰今日銓曹睎臺省亦然鑑至
明醜者忘怒衡至平邪者取法以公至明與虛而

平又何有于銓曹吾為公似之矣公為東山公冢
孫東山公方骨泠泠鬚髯飄蕭望之如神仙中人
為　上所隆眷季父登上第官少宰抑抑温惠恭
人也士林思之　上覩公名必曰此世臣也公無
言不從流光家牒增耀廟社豈淺淺哉不佞無能
揚公盛美姑述其膚見如此

沈五知司理奏家貤封序

上久道化成淬礪羣工凡治行异等數緐薦剡者
按令甲輙與　誥勑褒顯而尊人此定制也顧通

来巡方之使斧鉞大吏報代推陞俱不得　旨即
郡邑有善政為地方倚毗士民頌説無由上聞以
是英豪半沉淪期會簿領間而無能自致即奏家
亦相向三嘆而已司理五知沈公以三年報政而
臺使會奏公卓政氷行意蓋曰公不得剡者蓋頻
年艱于報　命此而不首舉風厲有位百職事何
觀焉銓曹疏剡而褒及其親者定例也未直報命
按其治行得追崇所親者非常例也常以持絲非
常以行權蓋變則通通則郡邑鼓舞不倦此陶冶

人羣之要道也于是我沈公及大公其翁大夫人
咸被　褒崇而世欲顯親以公一人為之倡公錫
[illegible]遠矣元亦昔在司封凡奏書及額而薦剡未及
有不得與[illegible]臣有官台鼎未適逢其會不得與有
官台鼎即當與全累疏而始得請者寄物于人有
得有否公之不似薦剡如取如携此非精白乃心
恪恭乃職以當　上心遍朝宁此不可得之數也
郡丞李公等過而言曰不佞等於司理或在寅末
或屬宇下辱栟幪久大翁吾翁也大翁徽

特恩此非特司李之喜亦二三兄弟屬吏之同情
也予不可無一言以申同慶之意予曰此可為清
朝賀而未足為大公重也王省元偉奏公取士也
自吳中歸過予曰人知吾師持躬如處子臨事如
老吏為世珪璋燦頌謂大公于堂知我師之成德
淵源有自焉大夫人謝世久大公獨居者數十年
不庚娶我師雖貴老屋磽田頹垣舊壁蔽風雨者
依然未貴時氣象胸中譚吐悉成弘以上謨訓睟
彼以子貴横行鄉里魚肉細民貴人過而不敢問

者天淵矣祈吾師一言為績爍致大公予彝曰子文正宜傳以風世而需予額筆耶雖彝王君見司李公大公面目心神未常不在几席襟帶間令大公雖儼然稱貴人乎然世有特立獨行之士其光範照耀来茲使懦夫亦自興起獨行如公以子貴寧以子賢乎不爵而尊不禄而富大公之所自服者早從此公躋台鼎崇階累級此為之倪矣嗟乎世之人有浔一命以褒親者自以為孝不知使禔身服官稍稍氏退而稱説則雖褒親以上公亦未足為榮禔身服官如司李公特立獨行如大行蓋交相為重芝函浔公而重世有嗜脩元夫請觀公父子閒可矣

啓新錢侯內召序

啓新錢侯令廬陵六年風清獘絶其於治也卓矣侯猶浸浸嚮道術篤信二三耆碩開館羅諸俊英紹明聖真有闇脩而伏處嵁岩者侯必就正之事有關名教者振作之恐後其於道也皙矣今年夏以　內召行邑計偕龍君其郭君其等素服習侯

歎令咸造不佞廬微言為侯賀余曰賀不在侯曰何居余曰西江數年水災瀰瀰令民無有秋之望野有閒癢之哭啼泣四聞九重萬里侯令可直達宸聽矣敢為吾里蒼生賀　皇上改紘以来言路弘暢邇稍厭諸言事者蓋言者不浔其竅百言而百不當侯練達國體洞悉時宜其所獻納蒙上賞無疑敢為言臣浔人賀士以學自命入朝輙以身為世的甚至反唇曰圜冠大裾峩如襜如聽之靡靡用之無當豈盡人之辜亦學術不足以資世故也侯諸所劈畫霆擊办遊神閑氣定使人知道之不盭于用非侯之望歟敢以是為吾道賀往余兀坐山樊辱侯一再訪余促膝者良久知侯臨事真見其是也毅然有不可奪之氣與人外示以和也凜然有不可犯之守其立朝風采蓋可豫卜已余聞君子之所謂風采者惟潛心於淵而已潛心于淵雖訥訥不出諸口而侃侃便便莫是過之侯其有意乎又余觀今之志道者十而體道者百而一體道者十而不變塞者百而一蓋體道者譬

涉溟渤期於必濟而不變塞者雖勞筋苦骨風濤
毒霧志不少悔余家泒自毘陵余宗志完先生與
田生為莫逆先生官內侍田生寄詩云知君既上
雲梯去應悔當年泣染絲此亦變塞之說也後先
生卒為宋名臣榮華至今侯為先生鄉人余里辱
侯田生之知者不知凡幾侯慎往哉岐路風濤其
何已時也

石樓徐侯考績序

國家令甲凡內外三載滿者得書其功狀獻于

天子歲丁亥月惟上巳實我徐侯奏最之期侯先
任浮梁碁餘茲邑計之蓋三載云余屏跡東山下
長老扶攜過而言曰侯自下車來温煦如春藻潔
如氷興學造士懲悍維風興廢舉墜種種具在口
碑曩者邑苦兩漕僉米頭一人至勞費無算侯慨
然曰是條編外增厲階也亟報罷之又里中輸納
聽自上無纖毫奇羨益於額外黠者歛手而孱弱
者安於覆盂不自知此甚盛德遺吾民利不貲子
大夫常備銓垣以察吏治為責又常與計議者也

若我侯政當何似余曰往余釋戈備在諫垣懼無
以報　主上渥恩迺上言國家元氣在二三小民
小民休戚係百二有司今有司往往勤催科而迂
撫字右術楊而杪德禮　陛下欲小民得所曷令
有司一意德禮如扶溝考亭故事上不以愚不肖
報曰可議行之又逐隊計事適主上有旌卓異之
典余從旁賛決曰國家牧民猶醫者用藥也醫有
蹻屩自造其廬而投劑輙效者有盛車馬廣僕從
而闒奏功者主人當問其疾起不亡問其醫名不

名也今郡邑長吏多務哆張揮霍廣交陰結以博
名高夫尚卓異則虛飾者容矣晋循良則悶悶者
見矣雖一時未能從而識者以為知言若侯庶幾
吾所謂德禮而循良者也惜余伏岩隩而亡能為
侯張之也或曰侯曩令浮梁欲登薦剡而期不相
值今及期而侯不與薦悶悶之政乃若爾柰若皮
相者何曰子不覩即墨大夫乎土地闢田野治而
毀言日至齊王終不以毀而封之　主上握乾普
離慶越百王稍罣吏議逮繫之恐後而實政為民

者即屢年不興薦竟召入周衛冠惠文冠侯屢屢三年未嘗無知侯者在且不事左右求容益以見侯之高也庸何病長老遍告諸縉紳而縉紳欲持是為侯賀余曰侯乎曰子木彊人也不侯于朝柰何侯于家子書之余欣而載諸簡余聞照者明也非照之所自也獻者額也非額之所生也侯為政蓋有本焉侯大父為白谷先生起賢科屢舉不第贈員外郎篤信新建之學父益菴先生癸丑進士官水部郎砥躬礪行出榷清源歸檢篋中無一錢

亭父魯源先生屢叅大藩以學行著聞余往過蘭邑山巃嵸蜿蜒雙流夾抱絕類吾邑以故毓奇蘊珍兩邑名卿碩夫士衿操行潔衷亦相稱余得交宮詹瀫陽趙公太史葵日陸君侍御石梁趙君皆以正道自持庭訓師友侯得于耳濡目染者多矣侯令無愧吾邑父老子弟亦無愧父兄師友兩邑山川亦藉侯炳靈哉余頌侯益緝熙家學以匡斯世元其備在他山之誼遲十年廿年將與侯私有所考鏡焉

分宜皖宏馬侯奏績序

語云居官取譽為難譽固人所不廢耶倜儻之吏以之徼才悃愊之吏以之徼誠慈惠之吏以之徼愛但出於賢士大夫口則公出于細民則私出於蒙恩被知則私出于一無所為者則公在譽者與聽者兩相得也鄒子挈舊易隱深谷與世相忘久矣吉士自分宜歸而道馬侯之政曰宜之人德侯千萬人一口而侯惕于厥躬者三年一心且所著天人箴又臚列所不可為者懸於戶牖與古名臣

焚香告天意相後先予聞而懼然侯且以三年奏最邑博士率年家子其屬言為侯賀術侯德政甚具大都造士安民訓風易俗搜奸釐弊所為美政者恥為近世吏浮沉而以古循良意潤色之兩臺方疏侯績于朝適大司農以侯賦不及額格侯請旨督侯甚急司農豈不習侯政為西江百城表率借一人以為西江倡其望侯意良厚諸博士及諸青衿逡巡不敢晉賀鄒子曰君等視侯何淺也藉令侯入計即得請此不過令甲常事奚足為重漢

良吏班班可紀史臣於陽城獨津津不容口蓋其意可覩已夫以催科齟齬是天以彰侯慈也且頻年軍需百出內帑空虛司農意在憂國而邑鑛稅繁興閭邑莽蒼侯意在憂民 上雖俯從司農請然民國之元氣以令與大司農較其力不敵以民與國較其數常勝侯為國固元氣社稷之衛邦家之楨也司農久必習侯行且請顯侯以風百有位政自今日始矣而君等又奚疑昔山谷謂濂溪先生厚于得民而短于取名予今于侯亦云予嘗一再接侯如孤鶴摶松露絕人間烟火氣與凡骨自別侯慎旃哉庶幾夙夜以永終譽不佞以侯之登進卜世道矣

問源吳侯內召序

曰者言臣稟稟救過不暇至掖垣如晨星然甚至不備法從銓臣以為請 詔曰可乃擇治行高等者若而人我恩江吳侯與焉侯令凡五年其為政大指不事丰稜刻覈詞察壹意先德化重風教凡先哲名碩節烈闡揚殆盡意恢恢大也報至諸民歌曰侯在我田我耕我室我家今去我耶諸縉紳猶繾綣不能釋侯乃聞言鄒子鄒子方上書乞骸骨以不嫻文辭諸縉紳固屬余余不能辭憶余初接侯望侯威儀甚都及與之習老成洞達其議依名理而不為茍同常期侯為國羽儀今侯去必為天子耳目臣無疑雖然亦知今日言臣之難乎哉蓋往者 上未明而衣當旰而食今連年即心膂之臣無由一望見顏色即有造膝嘉猷其誰陳之矧曰戕牘之末議乎 青宮韶齡出閣開講寔維

其時言之則以此開疑端不言則國本終無自而定所謂難以口舌爭者將安在也倭奴震隣 上親授大將軍印救災恤鄰其意甚正言臣欲持尺一與幄臣角一不售而敗國家事不小矣徐淮豐沛費水衡數百萬錢年年脩築頃震陵飄蕩城廓為墟無論委膏脂泥沙明年四百萬漕將何策也往大小臣工前者樂挽後者樂推故而相得益章今家持堅白人尚雌黃大臣曰小臣亢小臣曰大臣擅右大臣則曰逢右小臣則曰黨嗟乎言於

無事之時則隨吾之所欲為而言于左顧右盼之時一不當而其孰與我余故曰侯之居其難也侯為令以風教為事今茲膺風憲之職余嘗有味于風之義矣夫風之入萬竅飄萬有然蓬蓬然或起而之西海或起而之東海然不知所自來也夫不知所自来必有不知其然而然者此天籟也故曰君子之德風德者得也不言而有諸己也有得於己則顯之為崇論讜議而非沽名也欽之為奉身循職而非避事也侯其圖之或曰古有逆鱗折檻

子不侯是勉謂何余曰學而意之乎折檻逆鱗與富貴利達之心一而已矣今海內之以言而托之乎逆鱗者豈少哉侯不自審如國體何余倘得屏跡一壑日聆令譽以自淵侯從容垂紳其無忝兩江雙洞之間有垂綸也夫

荊璧陳侯入覲序

太史公傳循吏代不數人人不一事或弭盜或種樹或興水利至蜀津津艷文翁興學造士不置豈非以學校政之原本而為令者首務哉武城絃歌盈耳言偃自述其本于學道予嘗思文翁當蜀荒椎無文而武城夫子之教尚未沾被故得以新其耳目倘當今日之蜀與武城蓋聖化涵濡已深且廣即有文翁假之以出入閭閻之寵隆師賚遺刀布之費而言偃家喻戶曉彼直以為固然亡足異也予吉在海內稱閩邑不似蜀之陋武城之小士漸漬于文教者亦習自非秉心純至納其身于軌物為諸士鵠惡能得其心而慴伏乎故先是莅茲土者知士不易擾馴多所寬假而其流視前哲不

無稍遜閩陳侯下車習其故曰吾叨牧名邦士吾子弟也子弟明敏而不時相諄切以挽先輩風猷師帥謂何所陶鑄諸士者惟禮教兢兢是務侯精制義每片撰出諸士寶若奇毛異彩抄錄幾于脫脫而侯得一士賞愛不啻口出士爭自濯磨求象侯指神馳藝圃者日益起閩一二不尊約束者侯亦諄諄告誡期于有成方其校藝也人人以侯親己不令之踈其以事至者侯未嘗不體其情事而非己與也侯知有勅法不令之親居然有古先進

遺風焉于是諸父兄耆碩咸服侯曰我有子弟仁侯教之而諸士忠瞿然向化聞侯以入　覲行邸列侯德政不容一日離侯請于上官上官以迫于期不得請侯行有日諸士子過鄒子謀以别侯者鄒子曰諸生如服習侯教數月睽違如一日也侯行且至矣鄒子因嘆曰夫人患心行不真耳心純行飾有其入之即金石可通矧多士乎詩曰秉心塞淵騋牝三千侯之謂哉即起文翁言偃與侯當今日吉陽其施為吾不知視侯孰優劣太史為傳

以風百有位又當何如也侯禔躬清約有懸魚風美政甚夥因諸士請姑言造士者如此

六吉孫侯入　覲序

方輿名勝屈指峩眉為神臯奧區故鍾為人文多瓌傑磊犖之士予嘗欲躡屩步層巔盡攬其名勝而遺時黷闋不敢越寸武然常思諸蜀士大夫往者如蹇忠定楊文忠席文襄吾家合州逴乎不可尚已近接陳文憲黄宫詹其人博大春融文詞浩瀚立朝不苟為雷同庶幾繼諸先達而起者竊以為儐鳳頏萬千一乃今而得我君侯六吉孫公焉公邛州人也初第時念大夫人在堂暫歸省謁選會吉水缺令諸宦遊者中浮辭謂難治又車轂不停瘠而且疲侯欣然曰瘠吾甘之疲則撫而摩之是在我且是邦多縫衣博帶士余得雍容其間甚幸侯捧牒至人士聚而觀若姑射仙人吸風飲露乘雲而至相顧色喜曰侯似非從人間来者真我父也初下車稍稍辨白禾莠以威稜佐道化久之訟簡賦平鳴琴而治矣然㝡不朽者瘠會城梁棣

山谿虛耗起涸極槁者千萬姓澤垂世世勿絕世之所巧避跡蹶四顧而避者侯毅然當之曰我知利吾民彼瑣瑣者何足恤故卒能有成功若以是為侯誦予竊窺侯明如懸秦鏡以照形纖毫莫遁敏如矢發于弩機不能制斷如新硎出匣不容廹視而心之慈以恕寬而有容持身之潔而不淄嚴而有度蓋恢恢乎大受之器也彼知比一官澤周一邑者豈足以概侯哉歲在壬子侯方以入　覲行會前所遴選臺省者方得　旨衆為侯喜曰

行且及矣或者又曰諸君索長安米者三年今儻得之予曰　上神聖不測天下神器也豈人得測其倪久速仕止侯無成心惟是數年尋侯朝夕相視者皆不從津逵起念而又知侯之雅志必欲以古聖賢自期待其浸而之于道也行將以一息為百年㝡哉侯它日闡西蜀有偉人襄名世之業如諸先生者人以文江比美桐鄉豈惟峨眉增重吾邑不籍侯並增而高深哉邑少尹林君大佐林君良栿謀所以贈侯者敢為之祝頼如此而世有訛言邑難治者則有侯之覆跡在

孫明府奏績序

夫今世一當艱劇輒稱之才才豈真之哉才之才辨一事稱一職已爾惟用才之才如置碁然各效其能而神不瘁此捖揜人羣之要道也予嘗竊窺大匠指揮羣工而搆巨室也有斲者有削者大匠袖手旁觀卒尸其功又嘗觀良醫治藥有寒以熱用有熱以寒劑通國以神醫名因語曰夫用才亦猶是人雖上知不無才短人雖下愚豈無偏長惟在御其長短而器使之斯無棄人嘗以語于縉紳中有信有否獨孫侯莫予逆也曰子言辨乃侯不獨是余言也令邑三年諸丞簿尉幸儕者蓋十餘人其才其知其力不足以靈承百一侯盡翕受而曲成之其或以職事見侯一一手授耳提肯綮以故萑苻無儆運輸早竣上官與小民交頌說之諸君人人咸曰策蹇磨鉛公功德我輩甚鉅然侯持身冷冷諸君毫無得中之易事難悅侯其人矣昔文貞以四朝名相恨不得為令說者謂令之道與

相均誠晰其所以用一邑才者而天下可知矣元某嘗稽崖牒如黃霸之不譴聾吏敬伯之應嗣陳藩子恪之委任王祥皆先哲盛軌卒能以功名流耀来許其與侯皆所謂用才之才侯今以冣聞丞林君等求所以賀侯者為衛侯之大者如此蓋為天下才慶侯不但以邑事見侯長朗侯者遠且宏也

施惟貞進士令臨海序

吉文昌蓋歎鄉矣成弘前諸名卿可覆而數自嘉

隆閭稍息而始蘖于惟貞賢才之生豈易易哉予聞惟貞戍進士私憶惟貞金粹玉溫可當金馬之儲即都人士亦深韙之而顧以　上不開中秘選惟貞遂得臨海令衆又謂惟貞溫溫如處子或不習世間行乃予與之譚民間事惟貞嚮若谷荅又若盧扁隔垣洞五臟予振衣喜曰惟貞社稷器何有一令哉予初筮仕時思文貞為名相恨不得為守令意其不得如令使民被其恩澤也者予近始知相一念能使萬戶皆春何必一令顧為令則心

常有以自下而學始入徽文貞意或為此惟貞自束髮至今里推醇品其心之入徽吾知日求所未至矣昔子游令武城夫子問之得人子游以滅明對夫武城一彈丸地而滅明所可見者僅硜硜自守之節臨海為浙閫邑豈武城可比世穆兩朝予所覩記者如金如玉如應諸君子學慕濂洛又出皆負命世才所至皆有樹使當時歸依聖門與子游相切劘為聖門嘉尚不知何似今豈無其人乎君往而求之其必有當矣赤城故稱神皐奧區與

文昌相埒雁宕金紫掩映几席君攬搴暇真如古人所謂仙令道流吾為君羨之矣然聞兹地多至人蔵蹤其中君倘物色有聞焉始知吾與君所至語者有在世儒妄以膚肉當斵道神髓則吾不敢以為然它日見君君必有以慰我

濮明府奏績序

先是大冢卿奬吏安成友人朱司功佐冢卿遴諸清貞者數十人以獻疏云士無品則無骨無骨是草菅可干霄膏肉可行持也業以數十人奏聞

上嘉悅報可時浙長興令濮公以孫操聞適宵小有不便者司功曰是與吾里人氣類合會西昌缺即以侯徙西昌命下衆相顧錯愕予曰以疆隅錢穀較俱稱壯縣以名碩較環顧與西昌衡者幾當宁意或在此已侯至仍孤立一意並不以一己之意為意必于其俗所宜情所習者而後施行美政難更僕數邑屢相向籲天曰邦有君矣諸士縉始而蒿侯之品旣而服侯之虛兹以三年家聞計在浙者十之三在西昌者十之七諸縉紳大夫廖公

某蕭公某楊孝廉邦隆過而求所以賀侯者侯不
溷世氛安敢以言賀憶二十年前馮軾而之中都
覩其山川盤紆風氣閎闊竊嘆曰茲豈無鍾靈孕
淑崢嶸一代者生其間今得侯起慰我心期名賢
之生豈偶然哉是時有先生長者觴元某曰君不
覩黃河乎由江而河由河而海不知幾千百折始
入于海竊謂仕道猶是今子操巨艦轉而之陸大
翼之負無方欲軒翥九天之衢難矣不佞敬奉觴
次于長者曰先生生長黃淮閭目不覩太山乎小

者峻嶒大者巖嵬千仞百尋撐雲蔽霄予竊謂士
君子褆身亦猶是夫盤辟走疾如丸轉如鳥攫如
醍醐無所不入吾性不能則又從旁有客唉而不
言衆問何故曰兩君言皆滯于所封也人有樹也
必有所封子一以己徇時而不能宰世一以己為
天下闔而不能通天下其誰與我古者學而入政
曰學即茹蘖為操枏軀為直何代蔑有猶未離乎
人也知學者如巨嶽重溟吞吐九有包涵萬象而
不顯其跡惟不顯其跡此所以為大人學是時余

未知其言之有當也閒居林皐髮白種種思無能
酬　主知副僉望萬一故每有傑然以命世自負
者輒不憚以折肱言進侯骨氣凜凜古人也西昌
得侯也天實錫之侯之至西昌也天實成之夫非
氣類之相成耶侯必不以一邑政績自多歆以所
聞者交勗侯以奏牘上冢卿且告老有知侯如朱
司功其人者乎且以侯卜今之世矣

廬陵明侯奏績序

明侯以前令玉峽并鱳川令共三年上冢司功氏

郡邑人士慶侯政成咸有頌言孝廉黃君某劉君
瞿父蕭君某等過而徵一言賀不佞晉諸君言曰
予于侯可以徵學焉夫人情遠有所慕則近有所
遺邈大則不樂于就小大抵然也玉峽一彈丸地
侯初蒞硎茲土亡異以函牛之鼎烹雞或者鄙夷
心生而侯則如負重如履危閔閔然不以小大异
視也卵翼如慈母然邑藉以大振夫睎小如大學
入于微矣金川缺令以侯署邑事印纍纍夾轂而
行人情鮮不遽廬睎之秕政當釐曰前之人在其

何敢翹前人之過利政當興曰有後之人在吾何
敢尸後人之美且夕惟淂釋負為暢快侯署邑瑣
細必躬必親如營家舍如衞頭目邑又大歉睞暫
若久學貞于恒矣而臺察能徙侯治盧陵盧陵螺
川上遊九邑事咸就取裏焉人謂侯難侯如遊刃
如弄丸初下車摘諸奸弊數事人業神明之而侯
不謂能也嘔煦諸窮細露灑膏浸禮薦紳課子弟
旅耆老均賦亭疑會歲大歉所為蠲俸設誠賑貸
者心力為竭士民又大悅睞難如易累試而歷有

效學徵于一矣乎一也左執籥右秉笛各成其聲
不紊左畫方右畫員令各中其則不遺蓋超乎枝
矣侯所謂循吏神君非耶然侯猶悼大體練黃両
先生以靖難聲沉寒烟野草者若而年侯所為封
植遺績手為記者甚周而青原白鷺諸縉紳講會
資豐約不均侯調劑之務令之平又割俸置常稔
田青原者幾百金嗟乎此豈期會簿書所能為哉
計海以内墨綬之長千餘人一邑而理者百而淂
一令數邑而理者千不淂一侯牘遑計柄事者必

有以報侯在昔賜金露冕行春為卓吏幟而太史
氏又悉其行事繼漢循吏後以為傳此可券而致
予獨念今天下何等時臺省諸君互相水火相靡
相射無已時倘淂早借侯膺耳目之選所以出三
邑緒餘必能使濟濟雍雍成太和之盛美豈獨諸
郡邑蒙侯之休澤也余拭目望之三君為我致聲
侯以不佞為有溢辭乎則有吾里之輿論在

永豐秦侯入計序

方亭山秦公蒞恩江也時當大歉斗米百錢民至

有飡竹茹采大酪為飡者又有望屋而食者公於
一切無良者必痛懲之而于無告者悉為之所民
賴以再甦察民又苦溺梁諸中道顏曰平政民不
病涉已而察士可與興教化也朝夕督之曰爾里
自文忠起代有名人我朝如文發襄敏忠愍貞襄
諸公班班相望即靖慶中兩大常一大理崢嶸仕
籍今乃落落豈氣運靈鍾有限耶亦諸生自待者
淺有司督教者無策耶夫士不鼓不奮師師之責
在我鼓而奮之在二三子諸生是用尊德迪訓睞

疇曩一大變方怙恃侯在化日中乃侯以家有至
情念大夫人高年在堂欲棄官歸諸士民皇皇走
相訴者連月上官尼侯始不得行至季秋早戒行
李學博吳用章暨同寅某某偕諸生某某過而言
曰某等繆稱人師殊愧踞諸士上所恃陶埴者有
我公在今公行某等與諸生無以致詞願先生一
言張之也予晉諸君曰君等知侯之淵源有自乎
侯本端敏司徒次山太守公聞孫而又為中翰餘
山公冢嗣奕葉簪纓人孰能不波予觀侯於微氣

常下意嘗歛服食惟澹惟素凡世間紛華靡麗事
絕不以入胸次二年間茹荼飲蘖與寒素同趣操
此皆從學道中來也蓋自東林楊芬士禔身服官
知有斯道一脉侯飲其精者遂為民父嗟乎人皆
學如公世方且嘉賴之而又奚間之與有侯今行
矣侯之邑先輩有蓮渠胡公獨飲恩江一杯水去
時一老儒百字歌贈之載之史書可泣鬼神兩年
間民覩公如胡公照臨今公行民冀公式臨也如
望歲入 覲計事竣奉大夫人扳輿至雖稱瘠土

乎江魚竹筍不乏入而戲綵出而鳴琴此忠孝完
行韋無戀戀以大夫人獨處為念侯之倚大夫人
為天者一人諸士民倚侯為天者且百萬姓與其
以一母樂大夫人何如以衆母母事大夫人為驩
百順也侯行哉無論諸士民老農亦勉勤叢薄間
矣

顧若涵明府考績序

先是侍御桐柏顧公以繡衣使者按豫章提綱飭
紀澤及世世時中丞為達州衛公亦蜀人于禺相

和清風濯濯宮亭間至今談及若捧太陽之餘光
瞻卿雲之潤氣也衛公為南冢卿去而顧公戀戀
庭闈聞公猶子以名進士來宰寧都私嘆曰騏驥
跼蹐峻岅行道所憐螺川借侯式臨幸甚而臺使
及銓曹察侯治寧狀疏徙廬陵廬陵在首邑如衣
服之有冠冕九邑於此觀砌焉邌邌有以是為懼
府者聞命日士人相顧喜已而曰試舟曲澗乎江
蔑有不濟駕艨艟長江巨浸即長年鮮不回撓廬
陵亦巨浸也其錢穀山川人民禮樂獄訟物情十

倍于寧邇侯自下車来治難猶其治易也神情不
露物無不理連年馮夷為虐若無年而有侯在民
淂無憂初至旭旭然如日之初出也旣至暵暵然
如日之正中也今且并寧都以三年績奏矣而地
懸殊民心歸向則一夫淂寧民心易淂螺川民心
難淂螺川民心易淂賢士大夫心難賢士大夫盡
而不住與而無畛併而能鑒非忠信廉潔惡能入
其心耶西蜀羣峰揷霄于天文屬坤維坤為輿為
文為衆為柄輿者民所載也文者民之章也衆者

民之母也衡者世所平也侯民載矣用章矣衆母
矣由此而衡九有可也予與蜀先輩心知玉壘相
國外則有大司馬銅梁張公大司空内江何公陰
公大金吾青神余公近冢卿與君家侍御皆偉人
也說者謂大峩之靈芭蓄無盡故鍾為瑰琦彬彬
王國為　明天子使侯特簡近矣幸致意侍御公
龍之所以為靈者以霖雨八埏竹林並奉朝請亦
人國盛事豫章與山農所翹企者政無涯在因孝
廉劉君某過予山中請言為侯賀予謹述侯淂民
心者以遂瀼瀼湛露卉所溉也藹藹吉人民所戴
也夫余所以期侯者遠一邑政績寧為侯張哉

温青霞明府奏績序

方青霞温公以文魁天下也羣公卿咸屬目曰此
木天中人當事業已屬公而忽中吏公叙當領邑
事衆咸怏怏公欣然曰以不佞弱冠計偕跋涉風
塵廿餘年今舍鉛槧領民事何不足之與有敬謝
諸君已拜文江令衆又為計曰文江在西江號難
治所謂難治者非如它邑伺上官短長為計也又

非如它邑雄猛陰鷙不可方物之謂也惟多世家
名族人情有所泌調物論不能協一主者稍低昂
則其情有所不淂公閱曰予數過其邦習其俗與
所聞迥异機心一動鷗鳥不隨虛衷以遂可矣公
至則在甲寅之二月時穀價驟湧民至望屋而食
公一切以寬仁從事賑濟有畧民淂不饑越二年
旱與飢亦如之公復大賑中閭鬱攸為災灰燼數
百家公泣而拜拜而風反火徐滅又明年大水衙
宇播颺巨浪中與波上下公挈其室宿于危樓上

風飈飈旦夕莫必至并日而食貸米于隣水退公
呼衆而葺其衙宇官舍黌宮驛舘城樓雉堞者不
知其幾民籍公以出之魚鱉登之衽席者不知其
幾元其目覩公三年之手足胼胝顏色憔悴酌水
而食戴星而出常與諸士民言曰夫士君子釋褐
而綰銅墨孰不以為臣子榮事若如公者三年目
覩蕭條之色耳聞悽慘之聲求賑之疏手不停披
救民水火之中困心衡慮千條萬緒妻子友朋所
不能語者而獨以身當之所謂榮華者安在亦在

人遇不遇耳世之遇者擁大纛飛蓋揚揚肥童僕
樂妻子問以閭閻情狀漠不知也賑公何如哉倘
公而即膺華選能使一民被其澤否公必不以彼
易此昔范文正云士當先天下之憂而憂然後能
後天下之樂而樂公它日坐奏昇平之業標題麟
閣文江為之階矣憶昔言臣有疏吏治者曰邑一
也當論其大小大一也當論其繁簡繁一也當論
其肥瘠與衝疲其盡職與勞瘁者不得以歲月計
吉在大江之濱車轂結轍而過公食不下咽髮不

侍沐前使去而後報者至矣民惟食生之毛三尋
中即上產半消落荒烟埜草間以繁以瘠孰踰文
江哉公且以三年績奏矣此三年政績字字皆公
血誠也世不知有知公之苦者舉勵以為百有位
倡否予久伏林皋滿目新貴即欲一言陳公苦狀
蓋無門可因因少尹徐君三尹張君四尹蔣君屬
予一言為公賀故備述公三年苦狀以遺徐君等
見之必曰鄒先生衷言也匪我長公之苦則擴之
等溺職甚矣雖然長公若從今已矣明當

召入備耳目之選翔于寥廓有日矣嘗不知公亦
俯念丞簿尉等啾啾戢翼枋榆間否

恩江肖梅朱侯奏績序

恩江去文江不百里而遥其姻婭稠疊土田相錯
如繡呼吸歡戚朝夕相通而出入相友善如一邑
然故事其邑父母亦如之往恩江若一二為政者
輙相向蹙額不具論論予所覯記為民利愛者予
童子時覩毘陵胡公衡陽陳公胡以苦節稱陳以
長厚著聞最後予叨入仕路則有今侍御馮公篤

部吳公諫議金公三公趣操雖不同然或煦煦愛民惟恐傷之或孳孳剔姤抓姤均之良父母在則民德去則尸祝向之所蹙額而告者二十年絕響矣迺今而又有金華朱公公為政端而厚潔而慧民有約結赴公公一一務得其情不枉輸賦緩急得中而所校士辱公賞拔多為名士大都公清淨寧一不務為操切刻覈惟期事治民安刑清訟簡田里無愁嘆之聲而已豈民又大悅譬之穉子方喜慈母而復有慈母哺之相安相樂忘其非前之

慈母也蓋嘗論諸公為政或當憔悴之後或當民未深恩之時飢而食渴而飲易為德也若公當三君子後澤雖下及是未飢未渴而食飲之也能使民為德爾爾不猶難哉今公且以三年奏績吾宗兄孝廉子壽偕孝廉某國學某諸生某過予曰子其一言為公賀術侯德政甚具欲一申報德之私止曰君亦聞秦楚人其子相爭者乎楚人與秦界隣秦人曰吾邦君都楚人曰吾邦君豈在爾邦君下爭不已幾大鬨楚父老出而解之曰吾兒繆矣爾國賦盜不起桴鼓不聞時和物阜吾楚疆實拜爾邦君賜藉令爾邦政不清禍起而予實受其殃即予邦君政都其又焉能享之爭始息聞者謂父老知言不佞之移家蓋與恩江近情實同楚父老政欲報公德無從也嘗往繆有請于公曰夫士[illegible]予領百里之寄吾實心盡吾職若毀譽浮囂往來太虛它所藉一二私知為去後地者盡贋也朗識者無所用此公起而躍然曰況碑事最小吾最[illegible]之夫公已熟識破世間名相事予等又安能以浮

名動公恐公陽驕我矣諸公起而言曰夫公雖不喜近名然使良牧德政閟而不彰予大夫又在楚父老下予敢述而聞于公并執手諸君曰君等讀公家先世北海　詔予曰廉潔之行繇竿牘以通津要　特召為大司農予觀公神識內瑩政尊家范必能為國家肩鉅履鴻是惟無　詔有　詔召必屬公公行與馮金二公翱翔門下殿中可計日似矣

王心岫明府奏績序

不佞自幼稟賦孱弱先大夫常客一醫于家以涼
劑投之者十餘年體日削長之都門都門又以予
弱投以峻劑亦十餘年亡有當也最後始得一名
醫教予曰人稟陰陽之氣陽則躁陰則萎惟時陰
時陽不過于偏而神始全予幸得有今日拜而問
之曰家以是為業者數世矣非屢試則不能立有
效者因嘆曰世醫之門無病人因是而知夫子不
許予羔為宰蓋謂以美錦學製傷人實多而非世
諳理人之術卒未有宜民者泰和心岫王公固世

以令起家者方甫翁鏡如公為天台令敎民紡織
救荒興學造士平賦息訟維風天台人尸祝之殆
再為守興民日親民至牽衣以迎公自幼耳目庭
闈者至熟故諸美政一一如公指而潤色之然公
初下車時忽遭大歉穀價騰涌小民嗷嗷公蕺稟
勸借賚糜捐俸若慈母哺嬰兒百方曲為之所既
荒與大祲又三年公一切從寬大嘔哺煦育卵翼
如初民始得有寧宇咸曰公寬慱長者仁人也迺
公自入計歸毖餙益嚴公庭嚴肅非奉約攝者不

敢窺左足神叢鬼穴剪削殆盡人又曰得無异昔
指乎知者曰一張一弛文武之道公雖前後異指
然始寬也不失之縱今嚴也不失之苛先儒曰嚴
者所以成寬公蓋神于理者矣非世諳理人之術
不能也按公所為葺學宮公廨壇宇者不一處置
田供貧士及試費者不下數百鍾施藥掩骼起槁
甦枯者不可殫數而又培黃家壩種種皆悉捐自
囊為之公不有其家而後能以萬姓之家為家萬
姓莫必其命而依公命為命令以三年奏績報

天子所可得書者公之績不可得盡述者無窮之
心不知它日史臣書公以為循吏范否昔武帝稱
君家德量才堪大受謂其父太守廣曰卿子國器
卿可謂老蚌公金質玉映望之如神僊中人不落
塵宇計即　召入践華省以其素所施于西昌者
達之天下豈德量可比萬一而今　上綜覈吏治照
臨如日月罔有遺賢亦非武帝可擬所以褒揚太
守公高風勁操映照竝函者良吏必大書特書王
氏青箱未艾矣元某山樵未蹤罔二守蕭公觀我

駕部楊君邦隆進士蕭君伯玉屬不佞致賀詞愧不能廣述萬一姑述其膚見如此

送吳澹緣學博入試南宮序

夫靈鳥集榆枋也世皆以凡翼視之及至翔于寥廓始知其靈也士以宏抱雄奇屈首俛志困于泥滓者亦奚異是用章吳君滇南奇士也年家茂沉涵六籍下筆清聳映人胸涵八極似不可以一世士目之乃仰禄為恩江學博恩江不去六詔萬里哉回首金馬碧雞不啻隔世倘公動莊生喈興復

何似公澹如也公暇惟焚香垂簾讀古人書即諸生攻苦茹澹者不是過而勑斷戶外事絕不一習世間行此豈世之局趣風塵者倫哉君今挾策計偕取一第猶掇之爾以君才志何之不就古人以三立為不朽此自君能事然古人皆非有意為之率為德行出為德言後人遂從而功之倘有意不朽計其所立者必不真隱約之間有真精神爲懸淂掩諸君勉哉予嘗思恭肅為世名臣當其分符百里猶冠即不携室官下夫不有其室者乃所以有天下也先輩風猷思之令人髮豎君為恭肅里人吾儕望君者政遠而不在一第它日有過君傳經所曰是吳先生過化所淂無以兹地為靈區也夫

送黃寓庸公祖入賀　聖壽序

公以身系斯文之統者數十年東南士不被其陶填者鮮矣公先是令壇石以治行高等徵入擬授給事中偶與時齟齬遷回秣陵者若而年秣陵士望影而附者屨滿戶外會豫章學憲缺推擇公為

督學使士聞公至若大旱之望時雨公所以鼓鑄者若條風之噓枯枝士淂公一顧盻如馬之困鹽車九方皐置之康莊也人臣以淂士為功咸曰公其入侍禁籞為　天子近臣不煩以吏事廼晉公少叅為湖西備兵使者吉州父兄子弟方命灑掃鶩渚以皐皮迎公若針之依于石冀終公大澤而公以入　賀行吉州人若赤子失慈母不恐須揺釋也爭向兩臺乞留公公曰臣子嵩祝禮也而敢它屬遂届行李冐暑以行吉臨袁三郡侯林君某

君某君卷卷不能舍公屬鄒予言以納行李予惟
公之入賀禮也然禮因乎時與時損益者也昔在
盛時上下恬熙野無烽燧田有桑麻士有絃歌
天子闢明堂舉萬年觴自臣子至情令奴酋為梗
都門戒嚴朝不謀夕海宇無色　聖君宵旰拊髀
而思　當宁而借者非尋常時可比我　高皇帝
之六年至十二年賜免　賀自是逢　聖節齋居
蔬食不致賀者以為常　文皇帝　敬皇帝九年
肅皇帝十四年皆　詔免賀諸　聖祖知

祖宗付託之重卧榻之外豈容敵國窺伺憑陵即
欲逸樂不可得公至知諸臣籌兵食議戰守亦既
詳盡然公通達國體胸羅古今人皆以為今之敬
輿賈誼有非[illegible]臣所可望者知公必有以嘉謀嘉
猷告于　上前而非徒追逐班行申虎拜稽首之
誠已也九齡千秋金鑑語語猶借之古今烽火行
將熄于甘泉鑑在鬚眉公謂然否公行矣宣德年
有楚少參入　賀　宣宗儀之即　特簡為國子
祭酒朱爾亦圖橋盛事湖西不得再借公而我父
兄子弟與諸郡侯守相遅公前旌何已時也

侍御見坪張公奏疏序

上疑神穆清羣臣希覯　天顏所恃者章疏一路
然多不報以故加謀石畫有窮山僻屋不及覯者
予寄跡籬落下朝報鮮及客有傳侍御張公疏遼
事者會世爭言深入其地公籌飢飽動靜安逸計
甚辨予稽首曰老成謀國長慮却顧如是已遼事
大壞征兵四出公復言曰動遼易動天下難不可
以一遼失海宇心且南北兵情形如水火不相習

也荷戈抛妻子赴萬里征骨肉先疲海內亦且虛
耗示人以弱不可予讀之不忍釋手夫世奉
簡書巡方者以不得越俎為言公兩疏何為哉無
亦閔國步多艱不難矢口言之一時必有聞之動
心者私計曰豫章當水潦後賴公拯援宗藩多故
賴公平定湖稅為梗賴公分稅手提百萬生靈清
波中功在世世豫章一日不可無公然從長計豫
章為輕社稷為重安得借公入而秉軸必有成議
亡何闕　廷推公監軍奉　旨不待報行屬公守

下有刻公疏稿屬予叙者予始讀公疏壯公言闕
公行展轉反側昔疏時一遼也今開原已潰又一
遼也問兵問餉相對愁蹙公能無米炊乎昔人有
㐫病者有告之曰不治將深其人不省已病日迫
即盧扁至然形神俱憊藥餌針灸所不及者惟優
游似元氣之復而已公今日赴遼何以異此子云
遠人不服先脩文德今遼事岌岌矣語脩文德鮮
不噴飯以公入臺首疏証之疏決壅滯也曰疏之
入也第知其入耳　天閽九重入而不入者誰敢

問之疏之出也奉　旨者第知其出耳出而不出
者誰能知之此未經人道語疏通言路也曰當以
用言之法省言不當以諱言之術防言疏息紛爭
也曰宜就事論事就人論人己獨為君子人豈樂
為小人自以為正為是指人為邪為非人未盡真
邪真非必不受也此其心寂一而平疏責實政也
曰吏之能在勁骨貞心上之責吏在柔顏軟骨曰
一守貪一郡空一令貪一邑空疏邊情也曰將吏
圖陛賞欺撫臣撫臣圖　恩蔭欺　陛下語語刺

骨言言破的如盧扁飲上池水隔垣而洞五臟讀
之可泣可涕蓋公腹笥今古識邁倫品即起晁董
陸賈諸君子亦必心下公疏之大概也而保持善
類諸宏猷載疏中不具論語曰人臣自請自獻于
君則言為先資此公入臺初疏也脩文德孰有越
此天下有內治既脩外侮不敉者子言欺予哉倘
昔不以公言為瑱則邊臣未必蒙蔽遼事未必決
裂至是公且行矣所恃者我　祖宗及　今上德
澤在人心固結而不可解而冊東[illegible]如公天不虛

生同思　今上登極來風清塞上則蒲坂王楊二
公為政力贊元化則張王二公為政又並出三晉
今豈異人任是在公矣敢以是弁公疏弁曰吏臣
橐筆載公嘉猷則茲疏其蒿矢矣

瞿稼軒明府入　覲序

稼軒瞿侯下車時予得望其顏色清勁壁立絕不
從埃壒中來因嘆曰公卿之門必復其始復始者
蓋謂從中落而起者言侯家自文懿公羽儀昭代
稱殿學名臣如同卿如督學皆濟濟武文懿起矣

之祚明德者遠矣侯涖任未幾其閭衕行者皎
然揭白曰而行民大悅闤闠閭絃聲四沸會當入
覲諸士民皇皇一日不能離也走而哭訴兩臺監
司郡守諸留侯兩臺及監司以東于例無所借辭
侯懸槖而入都有期闔邑士民走求鄒子言為侯
贈予告之曰君等知蘭乎蘭挺幽芳于巖谷者其
天性也一切泥滓污濁之氣有所不受不佞退耕
寬閒之野與世相忘以言晉侯侯淂無曰水田君
脫屣人間事亦以言溷我必有所不入且諸君徒
知爾邑失恃亦未知予之窮也闔侯將行予亦欲
圖侯旦夕慰父老子弟僉望顧言而莫予從也倡
而莫予和也上有干政之疑下絶攀轅之想予窮
而無遺可知矣侯行矣故事卓异廉明者特列為
百有司勸以侯初政如是未知有不計資俸超出
常情者否此亦世間語侯不以是為加損夫孩提
之慕慈母慈母偶旦夕離無論孩提呱呱而泣即
慈母亦腸回心折者何似河陽花蘂江水盈盈遲
君前旌惠我好音

金文靖公三從北征録序

北征録盖文靖金公從
文皇帝三度深入虜穴每次必年餘始反時所記
也時日晦明道路嶮巇山川巖嶌花鳥夷俗耳目
所覩者必書匆匆戎馬中淂一魚一果必介嘗近
臣曉度宵籌時時儆戒無虞必書記所摩崖書績
虜遠徙者不知幾千里睎昔周宣王伐獫狁至太
原更千古為烈矣公一一備録者何盖曰我
成祖定鼎燕都威覃重譯猶身披甲冑冐霜露斬
荊棘不備載它日　聖子神孫誰知此
祖宗今日之艱難如是又為人臣幸依日月末光
珥筆彤廷稱帷幄臣而扈從之勞時而伏地草詔
時而横戈傳檄無論馬瘏僕痡草宿露處即腹飢
餓身寒栗以為常後来者亦知開國人臣備嘗荼
毒必思輔翊　人主以無忘此日此公録意也永
樂至今二百餘年楚無烽燧田有桑麻日享太平
之賜不知我　文祖一怒而安所致顧和議既興
原為休養生息計迺年年捐金錢中虜虜日驕中

國未見休養生息之利而坐受浚削懦弱之弊遂
以邊事不可為邊事果不可為則我
文祖時威何燀赫也往從交戰中覩諸言邊事者
纚纚甚具予禁不敢發一辭蓋謂以趙充國老將
猶云至金城才上方畧隔垣而見五臟惟扁鵲能
之未履其地徒以術人險夫流言真如　皇言日月為
昭流言一行解邊臣之體壞疆埸之事都置不問
此我　文皇帝所以惓惓謂不履其地不知其故

觀者當有味其言矣錄中稱先大者吾里胡公廣
數十里二閣臣為國捐軀靖虜亦一時盛事嗟乎
安得晉　上備一夜之覽當日君臣艱虞拊髀寧
有已時孝廉鏜公裔孫重刻是錄不特家獻亦國
憲矣

李中丞榮召左司徒序

聖天子默執化樞壹稟獨裁揆席半虛而言臣及
輔臣時時補牘疏曰大臣者心膂攸託此而不備
羣臣何觀于是　上翻然詔曰其以虞中丞晉左
司徒士紳相向加額夫公無論功實崇茂即歷中
丞少司馬者十三年推正卿者至再而諸動色相
賀者蓋大臣衆臣之表公又衆正之表且
上于諸撫臣十餘年無一　內召召自公始故足
賀也觀察黃蘇二使君被公德教久不以元某論
落無文必欲一言贈公元某自返柴桑手黃犢以
畢殘生公大臣也小巫譚大巫事似屬越俎固辭
不獲乃颺于衆曰夫公端軌帥屬羣吏𤅷風水操
節約黎民家休諸美政未更僕數此自有紀述者

無庸贅元某從巖穴中讀易久亡所浮然知公深
于易矣易首乾坤大德以生為主宰故曰生生之
謂易公所轄江楚閩粵四㕍諸伏戎何地蔑有諸
中丞何人不兵自公下車來豈無伏莽者干罔而
公談笑廓清化鋒鏑為耰耝易營壘為場圃士嬉
于庠婦安于織紝四境蒙卿翼資生者不知何限
倘公一有羨心乎進之而加秩而世胄操若左券
公寧不以彼易此此其仁心為質何如也雷風相
薄為恆象曰立不易方迅雷烈風世未有不怵心

駭目者當新法之興所至騷皇公徐以應之坐屈其策雖中有齟齬者然能以簪組覊公而公正氣勁操譬泰山之松干霄拂雲飽雨露擎日月亭亭皎皎不撓不捏世路無方公應之有方即耆儒宿學以繕性為事者不能比公之定然非深于易宜不及此先是公六年奏績諸豫章藩臬使命元其言元其曾以鈞州比公鈞州為中丞如鄖陽如滇南如留都如遼陽匆匆干戈中不無血指以今觀公文德鈞州似有所不及公行矣勉事

聖主夫吾　君負蓋世之資今古罕儷以十餘年特賜首召未嘗不知公公昔在省闈及為清卿精忠粹白天下信公計日躋公孤揔海宇幾務昔以公而運諸轂轂無不運今以公而持一軸諸轂之響應公者將無不象公指獨計今天下固多事議始于大激而習流于大玩夫激則人有所懲不敢以身當天下事玩以天下事不敢為夫今上月餘閣自召公後臺省立除耳目一新亡何首補大司寇沈公起故中丞蘄陽陳公聊城王公

皆一時盛事公進而以福庇四岳者格一人格九有敷政優游百禄是遒業在泰之初文矣不知鈞州又視公何如史臣行槖筆紀公泰交之盛

送黄與叅上河南方伯序

遂與叅黄公来鎮湖西也潔操端履肅憲貞度士懷民安者三年會以入　賀行諸人士依依不忍舍曰公别我耶猶庶幾再徼衮衣慰此西人無何聞公進粵西廉訪使士人羣而倣借冠故事公至又且三年六年中綱舉目張難更僕數大都公禔

身澹泊宅心慈愷吏公宇下者賢者故得自表見即不能盡如意者公以意財成之俾之維新其不悛者去亦無後言閭閻諸巨務如錢穀兵甲獄訟手自裁決纖細畢盡各屬奉為絜令公最憐才士有一藝足觀者愛若才子弟從公陶冶者彬彬而起念予輩講業山中裹粮而聚非計捐俸置膏田百畒又捐俸幾千金治橋一葺道二百餘里人至以路系公姓不忘蓋公服官如家視民如子故所至以父視公若耳目形骸精神淪浹融為一人無

復有閒隔也者公之澤宏矣今且以進河南右轄行諸人士又欲循昔年故事有長者曰此如天之福不可再徼公守一道則專奪公全城使公澤不得減今中州所稱海内雄區年来水旱馮仍宗室繁釁礦徒盜賊竊蔟黄河遷徙無常所需貞純𧙓之臣至汲汲矣　上習公為郎時事至熟或即以斧鉞勞公未可知奈何一隅長得私公不可鄒子聞而言曰夫君等之言是而俱未有當也君等不覩萬斛之舟乎夫尋常艄艋所之亦乎瀾浅瀨而止若萬斛之舟駕長風馥巨濤瞬息萬里故世有知服一官行比一方者此衆臣事予觀公厚而誠貞而静虚而有容毅而有執若濟巨川用爾作舟楫公其以之使進而乘紳都三事其大庇人寰有無量者在獨吉州不能久假公哉郡太守楊公偕袁州守汪公臨江守黄公偕各屬邑書告不佞曰朋等叨牧兹土所以不溺于職事者有我公朝夕繩範在兹公行其何能為情惟子一言以贈公行不佞不能文謹述所以對父老私語者聞于公

即郡邑守相與以承式公者其情一也昔公初從水部拜　命日有以吉州難公者今六年間吉州人心風俗公所稔知于今蓋自元夫以至田畯閭公之行脉脉咨咨至有泣下考公行矣吾又不知它日有能如公者不無謂吉州難幸有公之履跡如新也

毛具茨司理奏績榮封兩尊人序

姑蘇具茨毛公司理吾吉以清敏端練著聞觀風使者疏其賢于朝奏績得封　尊甫敬安公文林郎母袁為大孺人夫人臣為親而仕親偕盛年又偕膺　襃崇亦海宇奇特事君子曰敬安公以一經訓子忠子盡忠報親忠孝雙顯此可風矣屬公宇下及蒙公覆露者歌頌遍江介公庚子所取士某某過鄒子曰某甕牖豎儒無所取財徒以寸晷尺幅辱吾師收之門屏訓植若才子弟常愳無以報稱是懼兹覩奏　襃尊兩尊人兩尊人適届六十初度吾師捧芝函具綵服南望吳閶閭其邑欲飛某等欲得先生言以介酌者且敬安公為三吳

名儒甫齠即為魯望先生賞識而以子妻之魯望先生才高一代少許可獨器大公才大公幾第而阨于數覩吾師第始謝青衿匿跡課農訓子吳人罕窺其面登其堂倏如也袁孺人為名儒女以義經訓吾師吳人號曰母師大公與大母即不以子貴亦必傳無疑言娓娓甚具予晉諸君曰君休矣君等所稱公入室弟子而其知公辱公知則視君等更遠矣丁丑歲予與袁子壽同舉南宮同座主後十年又同官職方又十年子壽觀察湖西譚及

魯望先生即知有敬安公父子辛卯歲公舉應天試又辱過予署李吉州故人誼甚篤而予先大安人亦蒙公光耀焉懼無以報公何异諸君得附一言酌者後誠無所辭但敬安公去中丞幾何時大母為兩督學貴胄一旦章袞在庭　皇綸在笥若以為固有吾誠無能為公兩尊人歡予闡揚嗣復知貢舉其父於陵自洛入朝嗣復率諸門生迎道左置酒堂中坐諸生兩序於陵大悅當時侈為美譚令公羈于官無能坐諸生于堂以為敬安公懽

然敬安公覩諸君名實彬彬必欣然曰先中丞樂造士吾聞豫章多美材能為國家肩巨支危吾兒所舉得人報國先中丞業重光矣吾又聞姚氏愛其甥奕與异為之置產又曰爾我何間恐殊宗代踈命與其子同名公與叅知冢嗣孝廉同名其與姚命名之意何殊袁孺人聞公得士亦必喜曰吾家易學半東南吾祖吾父箕裘得吾兒有傳外家益有光矣請以公得士為大公與大母祝何如諸君避席曰某等何所肖似吾師行當陶冶海宇為

天下師鄒子曰爾師為天下師則所以繼王言繩繩未艾為大公大母百年祝者有名世在無容腐儒緩頰矣請備書以獻于公子壽君見必喜曰爾贈言不佞可徵吾甥理矣

林靜宇公祖入覲序

靜宇林公任未幾而自縉紳及閭井細民至屬公宇下者罔不心折于公夫士縉習于政者也其知公也以公純誠廉靜也細民怙于恩者也其戴公者以公寬大而慈仁也屬吏耳目寂真其終日應

擾商確不知其幾而從退而心非者往往而是甚至終身如秦越者世亦不少令九邑之長譚及公有不心儀公乎予于是知天下人心至渙惟誠則一人心至剛惟誠則服人心難革惟誠則通公之使九邑一心而通非誠故耶令民之父母也父母于子寒燠燥濕息息相應往嘗見令而入告鄰必猜曰此未必然以己意入焉而民始嗇嗇多事閭里之不寧者誰則告之公自下車来田里無追呼之擾閭巷無愁嘆之聲城社肅清堂簾如水民

有疾苦焉縣聞之公公斟酌元氣而布之焉民相安樂于誦讀耕稼者皆公之世澤也茲公行九邑長頋侯溫侯等過而欲屬言以贈公予思公澹于世味即諸懿行美政不落世相亦不落名念蓋根性天流盎而出即言公亦不樂聞予思

主上臨御来懸旌廉功令以易海宇者如丙戌如壬辰如乙未如癸丑凡四諸應旌者唯唯否否司功氏久而知之悔亦無及矣公登第幾二十年三為令久為郎家無宿舂至久負而不能償世有其人守此非刻厲官下能然乎公急于得感取于近名予恨公三為令皆非其地至使公之泠泠高品真心無有揚之明廷者此則公之遇也元某一腔熟心覩清真如公直欲手奉之

至尊為清朝慶年来有山林干政之疑卷舌吞聲以公似之公論可矣昔有持古鼎者過者不睨久而懸之通都有過者熟視曰真鼎也不惜重價得之夫世豈真汶汶者哉吉州人以為畏涂聞命者如飲氷然倘聞公守狀則必曰此售古鼎地也而贗鼎却步矣士

緖習公囊橐蕭然欲各為公行李而不敢言元某斯言或可比會稽一錢乎

袁州司理巽樓王公考績序

予筮仕時聞諸長者言從令起家則操縱闔闢惟己獨裁朝布一令民夕曰我侯之澤理則轂不停擊即有澤及于民民逡逡懵不知所出予從旁對曰若真有澤及民不知何傷蓋惟盡乃公心耳長者愕然曰君言似不從俗世法中不世法者幾何人以予觀司理王公則予言未必不有當萬一云

公初下車時芳譽駿發既守缺署守而民大悦已移署螺川螺川人又恨不久借公公在两郡美政未更僕數家膾炙人者衮餘澤宫焕然一新吉州祀劉大常一事皆關係風化此難與僕僕薄書者論也亡何監兑郎缺两臺以公代計一縣省數百金一省可數萬金闔省人驩呼不置若如公者可謂澤加於民民不知耶公且以三年家奏為公首拔士者梁生維貴過鄒子曰維貴才樸遨辱我師收之藥籠幸魁省闈常念無以報我師萬一惟徼先生一言元其晉梁生曰師弟子彼此相期鄒長而以奏績為師喜者非我所知近時積資四年即得奏聞　天子内召雖　旨不下而機若轉圜夫今天下所蒿目而憂者昔在朝廷中官鑛税今漸移而之士紳繁言溢發朝秦暮越尋之無端樸之無倪此士大夫所深憂非爾師將来之責乎而何以一奏家為爾師賀也梁生蹶然曰先生望我師者深且遠頤操牘以進

鄒子存真集目録

卷之五

記

鄒子存真集卷之五

吉水鄒元標爾瞻父著　門人徐弘祖
紹興年弟周汝登　曾子愉重梓
同郡年弟曾鳳儀仝編

記

宋信國文公祠田記

讀史至節烈事髮豎神王迺即有其人非忌則嫉此尊古之過也我信國文公豈節烈可擬萬一哉而遠者所至尸祝至公枌巻迺多缺典所謂遺近

貴遠者非耶富田先生鍾靈所也聚族于斯神往來于斯長老謂茲地故無祠文毅羅公履其墟感慨咨嗟不忍去乃倡祠議嘉靖初年觀察張公始得構數椽安公神爲是祠自文毅羅公始而祠多因陋就簡民居鱗次豐鄗塡臆入堂者曲徑低徊湫隘偪仄不稱其謀之太守汪公汪公舉王趾式臨之始得徹蔽宏規廓然改觀而每年祀事二簋成享詘難舉矗邑閩中陳侯捐俸置常稔田若干畝供祀事公之意蓋曰吾幸令公邑歲時得執豐

竽奠椒漿于公前至幸回首公故址無由陟降悽然視消然得以不腆俸饟薦公即圭時時蒙公格思焉夫張與汪皆因人告語有聞斯行公不由人告語力襄盛舉此其神殆曠數百世相感者也明德者黍稷之未將者也公令邑數年闡幽彰往難更僕數明德爲公歆享無疑詩曰無田甫田惟莠驕驕無思遠人勞心忉忉蓋言田之不治思遠者無益也今有侯田在某頭里父老子弟年年耕牧其上鋤耰莠而茂嘉谷穮蓘逢年祀罷歌甘棠報

侯德侯于我公忉忉之思有所寄無庸勤思于遠矣嗚呼乾坤不毀信國不毀汪陳兩使君及文毅先生澤有涯哉用勒碑陰以垂無極

永和益國周公祠記

永和鎮益國周公故宅在焉予壬寅秋維舟其地路人指田而居者曰此故丞相後裔丞相像刻于宋者今數百載猶新予舍舟從路由一徑入叢竹蕭蕭數椽僅蔽風雨諸子孫商者農者皆恂恂樸茂不忝明德後裔夫公在宋時爲名臣餘澤不能

庇後之人有一畝之宮天道謂何迺告于廬陵闔
中陳侯曰吉州在宋有兩丞相謚有兩文忠文之
大忠歐之名相富田沙溪皆有持祠獨永和缺然
不稱祀典昭報謂何考宋史述公立朝任事任怨
整飭軍獻引拔名儒其事業可述數即制詞之妙
及寧甘削職貸吏死甚盛厚德史臣亦未及則其
盛美蓋史不殫書矣夫祀典以德以功兩者公俱
無愧百世興起端藉下執事陳公慨然曰此司牧
者之責敢辭遂告之府司理毛公毛公與侯共聞

之御史毘陵吳公公報曰可捐金若干是時帑藏
以鑛稅故搜括殆盡陳公并助俸數十金迺始從
公前地告成事後為堂祀公禮成土人来告曰茲
地後址數年雲氣滃鬱居成而雲氣息蓋不但人
事相副即公精爽感格兩儀所停蓄而黙召者非
偶然矣陳侯委鄒子執筆為記夫公德猷鴻鉅載
在史書諸史君德意在耳目無庸再術獨思公在
宋時韓侂胄以偽學禁公至使公無容竊嘗思宋
之諸儒名桐未忘張頹樹標冏非世的公之學與

諸儒不同日語埋光剷彩慱厚深沉不得而窺其
涯涘豈公之所以引名儒者中侂胄所忌并忌公
耶侂胄之忌公蓋將以是黜公不知斯道斯學天
地之元氣在焉天地有朽而此道此學則不與天
地俱朽彼侂胄者特據一時之浮榮與烟雲俱散
入其里至欲掩耳闔其名而公正氣且與三才並
麗今數百載語及公根不為執鞭是孰使之然哉
蘇子記昌黎祠曰有不依形而立不恃力而行不
待生而存死而亡者予今于公亦云登公堂者可

以思矣

右為樂章三闋歌以祀公

蒼根兮飍飍矯翰兮夷猶淩三露兮矚九州拾瑤
草兮拊鳴球盡旋旆兮故山丘故山之墟兮青螺
白鷺憶昔遊兮朝暮巫咸兮迎漢翥晒響象兮隆
格視朧朧兮永慕

右迎神

風駟兮雲裳烟容兮翱翔焱焱忽兮頻絡繹靈韓
韓兮欻光酌玉卺兮闕宮薦繡簋兮堂之中揚激

徵兮清角陳迴鸞兮游龍忽君来兮若往我心結
兮忡忡

石降神

班麟翠兮鳳軑埃壒兮霄虹攬鱎衣兮控龍旌入
無俔兮騎螮蝀招僬忽兮南極挾罔強兮北方歛
沆瀣兮浥天漿送將歸兮調陰陽樂我蒸民兮𦆯
文昌

明大學士春雨解公祠堂記

子輿氏曰五百年有名世者是時戰國以押闔之

術簧鼓人心子輿氏以王道自任故惓惓王者之
興然當戰國猶知有尊周遺意在未有如胡元濁
亂中華視戰國時猶甚則所需王者之興名世之
輔豈孟子時可擬萬一哉仰惟我　高祖開天立
極用夏變夷　成祖入正大統天日重朗當時所
稱名世元輔自青田金華諸君子外舍吾邑解公
無出其右矣　太祖當時豈不知公　詔公父携
歸曰吾與爾誼則君臣恩同父子十年之約蓋欲
相公也　成祖立極即問解先生何在竟首相公

蓋仰體　高祖德意而公竭知盡忠凡一切大典
禮大制作大經畫悉出公摹畫匡襄左右黼黻
皇猷者悉出公手植錢穀邊塞刑獄工作之類悉
出公拮据有入而告　主出而不能語人者秘不
傳天下不可一日無我　二祖而　二祖一日能
少公哉迺公以争煦不執事浔謗而謫而死至今
補天浴日之手沉埋鬱塞嗟乎此藎臣獮士至今
為公仰屋長噓也歟世或以公憂世似沅湘奏事
類宣公浔君後相似張齊賢詩歌類青蓮草聖類

鍾王不知誼之憤激太白附離王璘齊賢不聞相
業何似而公佐　二祖成變夷之功即忠宣徒在
猜疑之朝其言不能竟十之一視公不可同日語
而以藝視公者猶之窺天以管也必不得之數矣
吾吉州相業宋稱歐陽子今稱楊西昌然西昌由
公進者而歐陽子在宋朝文彩標致與公相當然
自夷陵貶後翺翔皇路被口語不少公直以身殉
國未五十卒天假以年浔展其未路三楊拜公下
風何疑予獨怪　仁昭二廟業悉公寃　詔公家

兩遣戍諸子孫纍纍歸寧後不聞有一人爲公請
謚請復原官即公子奏續仍原官豈當時諸老忌
公才不無宿憾于中亦或多墨墨自守庶幾明哲
保身之義歟今趙家詞林以故知而得美謚者衆
元某請公謚于 朝故今相國東阿于公大宗伯
棠有成言忽以讒忌出元某南竟寢嗟乎諸公邑
公生前并忌公身後何說然公名世之功與相
二祖天壤俱斃者必不能泯公故有祠在邑城東
門祠而未祀元某請于當道始得祀祠故無記元

某不揣鄙陋因公嗣人請輒述其崖畧以誌碑陰
敬爲祀神曲三章佐以祀

迎神歌八解

天弓張 岳靈判 雲漢迴 列星降 圖爲龍
書爲璧 成霖雨 作舟楫 秩日崇 穀日富
功其全 造物妬 徃肇申 今司神 寶璐煜
蘭芬紛 佩陸離 冠岌岌 辭帝閽 虞淵出
乘東維 騎箕尾 曰何之 祠予敢 烟縹緲
雲靄霴 望明河 金翠蓋 靈之來 半在天
曖髣髴 忽在前

降神歌八解

廟肅肅 禮雍雍 登載豆 犧錯綜 神昂矣
燿圭瓚 縮包茆 芬膋芗 吉蠲饎 牖之下
神耿耿 何爲者 裵留叀 吹参差 何以侑
鷺于飛 儀抑抑 壬有林 笛戩穀 且樂湛
文水清 螺月明 意侘傺 氣縱横 太平頌
故山麓 旋繽紛 香馥郁 若在上 若諏咨

錫純嘏 無不宜

送神歌八解

櫝其燎 胙其受 禮云周 樂云篤 神之駕
不少憩 轉龍旂 驂鶴轡 度咸池 縹閬風
絶莽蒼 入雲中 潢水停 春宫閟 祠栢存
空蔽芾 来如疑 返如慕 享唯馨 神豈吐
貽嘉猷 丕丕顯 澤彌深 化彌遠 劍履珍
尚方賜 千秋思 有嘉謚 戒爾後 蓁蓁葉
式明德 永不忒

明國子祭酒贈禮部侍郎謚忠文古廉李先

生祠堂記

令譚忠義事即蕘夫牧豎誰不惘心駴耳頰有餘芬而神王千古哉顧其道鏗鍧百代而其基則係於養非可以聲音笑貌為者養盛則建天地質鬼神榮利當前而不瞬卒然臨之而不驚不得其養始慷慨一事卒不能不隨其生平或矜持大閑不能不潤畧細行故能讓千乘見色豆羹能卻萬鍾垂涎一介此庸人之所忽而知者之所察嗚呼微矣余嘗校閱國初名臣至李忠文公諸君子所以闡揚公殆盡予嘗有槩於不拾金錢一事嘗設處公之地未嘗不懾於天威寵臨不能不俯首以拜君賜也公斯舉也有至意焉人君使臣以禮置金於地令諸臣拾之如嬰兒之取摶黍非所以敎臣禮人臣必有不辱之節而後人君有不容不加之禮公以禮期其君則必以忠致其身所謂榮利當前而不瞬卒然臨之而不驚者非公耶元首可喪溝壑可老纓緌可脫公之謂矣昔武帝於黯不冠不見然內嚴憚之公雖袖手上取懷中金與之亦冠而見黯意公卒不得大用有由然矣長老傳公歸田角巾敝履委蛇田間樵豎不知公故祭酒家無儋石又時時寫墨竹數本易粟嗚呼今有之乎公故有祠祠久而圮環溪吳侯乃請于撫臺陳公直指朱公各捐金助工祠成公孫得求懇余記其事予特揭公之忠本於養令讀者興焉陳公名有年餘姚人為吏部郎以執法撓柄臣罷起中丞又以竭力救荒罷朱公名鴻謨青州人為柱史以骨鯁削籍起巡吾省多懋績皆名臣吳公應明徽州人為邑令仁慈恪慎可肩宏鉅三公咸守慎于微志不負公者

四鐵御史祠記

肅皇帝初大禮議起諸臣有不次至公孫者而諸人亦乘機附麗取大位橫莫能禦時松江馮公簪筆南床以白簡從事直疏其奸其佞其忠實可託其才可使交戰中不與公為敵者無幾

上震怒逮論死　廷鞫諸所論奏者方在事公面責甚具天下聞而壯之既母夫人上書請代不得

子行可年方幼刺血書上　肅皇帝憐而譴戍雷陽雷陽者若而年　上在宥得歸九峰三泖間與漁樵為侶無意人間事　肅皇晏駕　詔諸故言事者生者　賜環死者　褒恤公在　賜環列年方七十僅晋公大理丞致仕天下聞而悲之曰嗚公即在八衮猶輿載在後車者同科廼公神尚王也錮公何説公稽首曰汝臣得歸老牖下牧豕海上課子躬耕皆　主恩也彼忌者實知我成我敢它望天下復以公為長者公沒若而年舊雷陽諸

士人業祀公十賢祠而端州舊從公敎指者思公不見議祔祠祀公諸當道聞而各捐金相其成顏曰忠孝堂盖聞公子刺血為公請代也　綸音
肅皇帝嘉嘆曰是父是子忠孝一門盖取
所褒崇者命名嗟乎忠孝之義凋三光悉萬億臣子無負斯義者茫茫宇宙幾人過公祠者無論奸佞之夫銷魂即懷忠義者能不泚然有餘思哉祠在寶月臺東七星巖前祀公父子其中方落成諸人士某過予請記元某雖懷孤憤敢式望公萬一哉敬為迎送神二章歌以祀公

迎神歌

秉孤忠兮搴忠芳騎箕尾兮側文昌今来兮荔子黄山幷州兮故鄉蹝進兮椒觴公樂兮徜徉

送神歌

神奕奕兮上下忽逍遥兮蒼野奠公兮杯斝奠兹兮民社公神通兮晝夜夫男子而洪涊兮胡為者

望湖亭記

遡南昌二百里為吳城鎮鎮有高阜踞江而抱諸

嶼上有廟祀龍王往来禱雩者無虛日廟後有望湖亭鄱湖在前一覽無際登臨賦詩代有宗工而荒頹且久市民某等謀新之時予以司封郎赴召阻江上兀坐經堂寺某等造予請曰昔文忠蘇公自儋耳歸艤舟江滸得石砮留記兹土記至今存子里觧羅二先生題詠壁間其人其文柳何都郁敢以記累執事無使三先生獨有聲稱焉予謝不敏明年奉　旨調南奉吾母太安人再過江上某等爭持茗果奉吾母太安人申前請且曰子浮

沉之踪與蘇何異吾鄉人惟子言是式不減二太史何讓為予不得辭乃周廻亭下復振衣其顛曰吾今而後知西江人文之盛也夫亭下惟一市市不過二三百烟其人魚蝦為生俊者卒能誦詩書取青紫即婦女以節老者數人何都也振衣其顛迤廬北峙磯峰東矗西山復横亘而諸水汪洋渟瀟泊天浴日風氣閎奧人文滂渤有由然矣乃從諸長老問興廢狀中有龎眉熟掌故者曰昔孝皇端宸以聽維時元老如謝如李如劉皆一時鴻鉅

以故宇内寧謐萑苻不警正德間宸濠搆兵市鎮摧殘賴新建力起而清之然當時烈燄蔽空血醒江渚湖水幾赤矣　肅皇中興底定垂四十年庚辛之季峒猺稱兵與縣官角䶕及一藩臣洋洋餉所欲去市民多亡匿此湖幾為盜藪天挺我皇仁孝肅成庶幾復見弘嘉之盛乃連年大祲赤地數千餘里村市疫死無筭湖有扁舟載子女望門投鬻者矣言畢相繼以泣予目諸長老且語之云孟氏曰天下之生久矣一治一亂治而不能不亂者循環之數挽亂而歸之治者存乎人計所譯曾不百餘年而一亂于逆再殘于賊三困于饑瘽茲亭巍巍再歸長江依然賈舶官艦絡繹不絕孰非人為之哉予夜宿沙瀨聞榜人歌五方之音不同要以熙皞恬愉仰戴聖化者則一予故樂為之記俾觀風茲土者察其安危理亂之機未雨而徹桑無使奸宄潛萌撓我父老子弟以翊贊　聖化于無疆此亭巍然與靈光並我江右尚亦有厚幸哉

賫成堂記

中丞長信江公撫黔時日總總冗務中折簡予曰東之身在黔南望家山輙為隕涕蓋予江為三衢人宋汝剛公宦歙遂為歙人苗裔散處頗庶各為小宗祠祀公祠去寒舍不數武湫隘甚不稱典制東之得罪柄臣謫晉寧歸家父老日過而議祠事因思進之不能為國家暴白悃誠退而使吾始祖烝嘗不稱不得比為人於是捐俸饟及諸親友饋遺首倡而各家財者知者遂畢力襄祠之役祠之

中爲賁成堂前爲誥勑樓制極宏敞東之雖無一
畝之室一夕之田吾甘心焉而祠故有備荒助祭
田名雖設猶然待諸好事者家仲弟以予生平所
奉封母大恭人諸金置常稔田若干畝予不忍弟
之沒也即以其田入祠以世世吾弟高誼不絕諸
祀田業有記堂未有記予無讓元其念公年力方
壯爲國家倚辦甚鉅老與公言祠事未晚不謂公
未幾爲古人元其聞之輒傷心淚落不忍執筆蓋
公之亡實憂播事云播去蜀半月而膦黔則朝蕤

夕至日持干戈以戕我土地屠劉我人民爲撫臣
者不得不應應而不勝則以力詘故議論之臣輒
持文墨議其短長公一腔血誠無所控訴惟有嘔
血死耳嗟哉所覆兵不多人而所安全者全黔之
赤子土地城池一無所損播酋不敢加一矢外疆
者則以公爲之甬不然炎炎乎即無恙吳楚亦騷
動矣此元其爲公傷心淚落也向使公安受諸酋
重賄則諸酋安諸酋雖安百萬生靈無所控訴播
猶爾虎眎中原能動我　聖天子提兵遣帥予今

播酋授首　聖天子一怒安天下之民則公之力
也公有功社稷矣元其感天日重輝特揭公心事
而爲公記嘗不知公所以命名賁成意欲彰君賜
耶亦有取于詩賁我思成不忘其先耶天下大義
二人臣進則無之非君退則無之非親不忘君者
即不忘親不忘親者而後能忠于君其義固各相
蕤登斯堂者繹公命名之義可惕然思矣公爲御
史爲名御史不減古埋輪風爲中丞爲名中丞惠
澤幾予產遺愛予期公爲世津梁乃公已下世矣

予執筆記之公九原有靈能鑒予言乎敬系之銘
志予思銘曰

新安之江　夙稱名宗　濬蕤長信　皎皎孫忠
孫忠惟何　名著西臺　排雲折檻　張范風裁
所遇益奇　祀先特祠　蘩藁授之　吾君所遺
堂曰賁成　顧義思名　凡百子孫　無忝所生
惟木有根　惟水有源　勿剪勿竭　其誼彌敦
琢詞詔後　億千萬春　公神洋洋　鑒此不泯

光岳樓記

侍御松巖彭公巡鹺維揚紀綱既飭政通人和乃念揚先進如董如王如林如儲皆士林標表業復舊舘祀諸賢樹之的矣又復念揚為江河二水之交風氣鬱鬱亭亭必有攸萃乃從舘前闢層樓以據一方靈氣蜀嶺三山若拱若揖而諸水若帶若盂稱一方奇觀樓顏曰光岳其為意諸士者意良殷厚諸士某念侍御公薪爇德意走使求鄒子為記鄒子於侍御同里嫻娅知公心不獨為諸士計因一方而有槩於天下者至若矣上古之時渾渾

淪淪出作入息不知誰之力光岳之氣如嬰兒之未孩中古之時文質彬彬出王遊衍旗同道是毘光岳之氣如醇醴之吐英然其氣猶未漓也時變民窮民始刺促不知所底于是各顧其室家手足不暇相向不敢言其氣奔潰決裂叹恰而不可得今海以内氣完耶聚耶散耶此侍御所為愁然有槩于中也昔人以洛陽為天下中卜一國之盛衰今之維揚昔之洛陽登[illegible]四方情狀可槩覩矣自晨至暮樓船簫鼓胠篋[illegible]非利來耶縣槖過

者非利逞耶馮軾結靷傳呼道上洋洋得意者心果囿不在王室耶遊絲覆縞拍肩執袂非持鹽鐵之論則挾桑孔之計者耶烟宵花月歌樓舞舘孰非恫心駭志柔骨摧肝之物者耶夫陟歲嵬之峯則目霍然俯清冷之淵則心恬然掉臂萬家之市則其心蕩然以子夏聖門高弟猶不免出見紛華而悦夫處波蕩靡麗之軀而不染願于濃豔者此其人非以骨力勝則以學識勝諸士習正誼明道之訓有其人乎有則侍御公所以式是郡人士者

不徒矣王泰州一布衣也特立千古百世為師予常念及每為心折予非以其名如耳食者比蓋其學盡暁支離行復慥慥一時諸儒似當稍遜夫此非揚之產哉數百年光岳之氣豈于泰州獨有所鍾耶覆其地思其人繹其學氣以散而聚聚而還淳不獨揚之光所謂江河炳靈亦庶幾有當矣是役也侍御公捐俸為倡而予友吳比部亦相其成比部以孫介傴蹇半生才出山不淄世氛與侍御公皆所謂無欲而以身為鵠者諸士其無忘明德

矣彭公名端吾辛丑進士河南籍吉水人吳公名
撝謙撫州人辛未進士

風木樓記

乙亥秋予晤貞叔青原時貞叔偕予年俱少今兩人冉冉老矣而予生平習貞叔至性有過人者世家子姓不知典籍何物者衆貞叔自幼取先閣學秘書笆蓄無遺喜唫咏下上作者稍稍席世資玆身青雲亦人常情貞叔獨以一緼祀隱田間此其過人遠矣貞叔常北走燕南走吳浙楚粤探奇覽

勝外一生傍母母夫人得貞叔旦夕為歡忘義叔君之宦遊也當大僕有監軍之役躊躇不忍離膝下大君勅之急而義叔不自堅決貞叔從旁壯曰予家自文貞公數世以忠勤報國今
朝廷特舉男兒誼當果革戀戀家園無丈夫氣予所不取且以母在堂[redacted]非人子而令兄歷念乎義叔始泣而別四顧無內憂者以貞叔也義叔凱旋拜母夫人堂上不能不德貞叔之代養令無二念已義叔病劇貞叔選藥迎醫恨不以身代至愛義叔幼子之托幼子學遂有成异日可見義叔地下無愧顏丙辰洪水馮陵義叔棺忽漂去貞叔亦身從波濤中與之上下抱得無恙夫世所稱兄弟當艱辛則代養以為子託孤則勤劬當父至拯棺于呼吸存亡之頃不有其身命兄之遺體得不為波臣者誰之力哉此千古令人心折非歷歷取一事以見奇也大夫人謝世貞叔思之不置搆一樓瑩左上題曰風木樓余門人劉生允升過而請記問曰昔人風木之悲蓋謂不得養則然大夫人享上

公之養既無遺憾而楊先生孺慕若此得無過乎予曰子之言者情也夫孝根于情則有以外物為生滅若根于性則一息尚存性不與親俱逝貞叔之孝根于性者也惟根于性則當慧日和暢皓月凌空秋風悽烈冬雪嚴凝時時如或見之寧獨以風木寄哉嗟乎人子于親亡則哀久則已烏如貞叔者髮髮老泣慕如嬰兒千載下過斯地覩莚樓而不折節動心徘徊瞻顧必非人子吾知貞叔之錫類遠矣誰哉野史當并紀孝友隱逸為一傳

吾知其不勝書矣鄒子於貞叔世誼不淺故樂為之記

善餘堂記

鏡如王公守天台數年民和政舉佇膺紀綱之司一旦致其事歸合郡攀號如失慈父兩臺數下檄留公志已堅決遂挂冠歸人不能測其意或曰台神仙窟宅公為其長者十餘年仙家迷迷遺其身世皭然塵寰之表公其善于遺世者耶或曰公諸子翺翥皇路昔人云一郎必做公實似之闓者回

然會公冢子令西昌以慈愷端廉聞欲歸為公壽而部士民食令公澤者欲壽公無由以善餘顏其堂祝公問記鄒子鄒子曰不佞壯年歸山巖居無事時玩羲經得羲之蘊槩易道不外剛柔而已剛為發舒為強毅柔為翕聚為收歛天地之道不專一則不直遂不翕聚不能發散而矧曰人剛之過必流于暴柔之過必至于委靡故羲文設教欲人歸之于中大衍之數五十有五五十者成數也惟用四十有九而兩儀而四象而八卦三百六十四

爻皆從此出故曰知變化之道者其知神之所為乎此易之道也吾夫子韋編三絕可無大過之語實本諸此其曰有餘不敢盡者蓋實見吾生有涯而世法無涯以有涯隨無涯殆已五音不勝聽也餘音嫋嫋始有餘韻五味不勝嘗也大羹不鑿始有餘味而促節而一啜無餘口耳亦難繼矣且造化至巧不使人盡人力有限亦不能盡惟不欲使人盡而人亦不能盡則不敢盡者正不敢與造化爭衡以權歸之天而善於事天者也公戮力四方

為慈父于閩于浙于金陵亦既見之行矣稍紓其餘以濟世艱政公能事乃卷而之烟雲水石間棠棣蘭孫滿膝庭闈為樂即欲界仙都遺世與裕後之道不兩得之乎且公家先世以三槐名堂此猶有所待而責報于天公一無所待它日槐庭鬱鬱此又可券而必者請記以壽公公必曰倦鳥投林吾實無所餘惟從峰泖間耕食鑿飲率後人誦讀焚香報[redacted]君父老臣無餘事矣而何知其它

留餘堂記

年友惟直大夫守滇屏州廉慈勤敏所薪櫄士有屢冠南省者御史中丞疏惟直廉平為滇第一奏最陞潯州二守御史中丞方加大夫學興政嘖嘖不平曰豈其以漢庭良吏屢屢循選人常格非所以勉百有位大夫和顏辭曰廷對少故貧先大夫儒而蹇時館穀數百里所以訓勑廷對者我母是賴仕廷對以國學還獨山及辱諸當事再移石屏而偃蹇趦趄豈其以夜郎 六詔故有二心政為白髮在堂欲以菽水當九鼎茲且潯乘閭上一觴

膝下免望雲之思幸甚御史中丞勉聽君請君歸相見大夫人大夫人明璫珠翠珊珊手惟直告祖先曰吾兒萬里遊不虞母子相見如初而又不虞吾兒以政使老人得沭 天子褒崇此皆吾祖宗蔭芘波及者而摶額者再惟直亦欣然曰往在南天夢母尒色飛今幸同兄弟子侄跽一觴膝下疇非吾 明天子之賜也遂焚牒不往諸相知及守土臣習惟直才百未竟一又貧無以為家諷者至再至三惟直不聽出舊所餘俸鐍可百餘金構堂一區予顏曰留餘堂客有在坐者曰予知先生意矣蓋惟直自幼擅詞藻諸生中不敢雁行進乃屢上春官不報捧檄一毡鐸振橋門浸顯矣又為忌者所擠出而夜郎滇南而粵西稍稍委蛇二千石轉瞬間而大夫戀戀庭闈是皆天賦大夫以有餘而大夫顧不盡其餘以似後之人茲先生名堂意也予曰然吾夫子以子臣弟友未能而歸于有餘不敢盡近儒以有餘屬言為不敢盡予謂有餘即行有餘力之意吾輩在天壤間子臣弟友時時不

足安能有餘不敢盡者正不敢不勉之意此予與大夫暮年切磋真功也月不足則日有餘見無窮則不敢不勉惟直舊與予同事衡廬先生自束髮以至宦成浸浸于學直以一息為萬古若云留有餘以似後之人則惟直子若孫得之天者未始不足而矧惟直之留者有餘也予與惟直同歌鹿鳴年相若是時兩人英氣勃勃予才望惟直何啻霄淵顧予籍惟直鞭予餘日者其何已時

瑞虹橋記

予自歸田屛跡山坳禾川余侯以講會請予者再予起之日同盟者數千人越五日乃罷夫此俗吏所禁侯毅然行之其政大都可覘已瀕行侯祖予江上得縱觀侯所易東門者山水環抱居民蒙祉遊萬柳州瑞虹橋印玉池種種剏建皆為禾川不拔之基予往讀王臨川東門記云愚者之廢賢者之興侯所謂賢者歟是日天氣和霽桃李芳菲臨流坐石聽鶯聲鳥韻如遊閬苑玄圃與侯啜茗談心者竟日侯申曰瑞虹橋磐石以竢久矣幸為

我記之予惟橋一也凡更數令初基石一變而舟舟雖善而里甲煩擾市里侵金為里甲害侯一以公租贖鍰委幕官出入舟材且堅絕不以煩民此德意甚善不可不為之記也今萬目憂民者曰力役之征是條編外厲階侯得無有見是歟雖然市胥去而幕官用幕官惟是廩廩象侯栺萬一無侯為表率在槳且市民等溺民一也端表則為自度度民計敢勒片石用告來牧敬系之以歌歌曰禾之水去悠悠民無胥溺兮余侯之休東門之坂其下有舟卬涉卬濟曰侯之謀長虹卧波宛若游龍我民罔知思侯之功條之直矣依依萬柳誰栽誰植我侯之手登印玉兮高臺控中流兮崔嵬挹衡湘兮徘徊孰使侯來兮我民康哉侯無去我無俾橋壞

恩江平政橋記

昔伊尹任先覺以一夫納溝為恥予謂覺非空言也儒者釋云覺所當然之理夫理非空而無用之理即堯舜之澤是也堯舜之時民在春臺化育中

熙熙皡皡聯天地萬物為一體覺者覺此伊尹所欲惜然者以此說者又曰博施濟衆堯舜猶病不知澤雖有限堯舜之心無限堯舜於博濟之恩有歉堯舜之心無歉今筮仕有一念一事及民者此即一念一事堯舜之心而世之人以所可為者讓古人以所當為者自限何怯也今天下所可朝發念夕及民者惟相與守令搏捥陰陽調攝綱紀宰相事也百里之內呼吸痛癢瞬息相關者令也世所稱令者飾一知矜一能以籠絡人羣人從而神

明之曰良吏詰其實使萬民被其澤于永永者則蓋難其人予覩秦侯是已恩江故有鉅橋嘉靖初洪水泛濫長江外復濫一江年久逾深先是問源吳侯為梁便民久亦圮二三年間沉溺者衆民方為苦侯下車問其故曰此吾長民者責也首捐俸為倡士紳聞侯德意爭捐金出力為助侯亦時至止相其成未幾工告竣昔人所云虹蓮絶岸黿續斷航邑舟鷁鵝邑泛桃花者庶幾近之矣義民某等過蓬門告曰夫此鉅工非侯莫能舉吾民從今

得免覆溺者誰之賜也相率請言伐石紀其事予惟周禮當虹見水涸時道路橋梁必察視其謹入國者至以卜其國之盛衰此有司職也然多乎畧無事時則然侯自下車來四野嗷嗷斗米百錢民至望屋而食侯於無良者業以三尺從事而於諸無告者煦而食之民幸以不至流離散之四方即為卓政邇復手援民于波浪魚鱉之區此非己溺已饑之思耶夫荒政十二聚萬民曰殺禮曰弛役禮尚可殺而況工役侯之不弛役者正古人弛役之意與范文正以築河堤為救荒者政相類也所謂疾痛痾癢通民物為一體不忍民内之溝中者也嗟乎人患不覺耳真覺即古人所不為者我獨為之而不以為异古人所已為者我為之而不以為襲倘一無所覺即未嘗覺而藉口以為有覺竊言亡當彼焉用之侯覺矣民不作溝中瘠波流不已侯之澤與此江水共流無極也已

龍興橋記

昔者先王愛民甚篤慮民甚周也備其不虞有司

關者慮其道路有司阻者載在周禮繼息備具如造舟為梁溴洋徛彴之類見于經書者可考後復易為石杠取其堅固可垂永久民不病涉而又有形家因之以縮轂下流為人文地者此龍興議所由起也顧費鉅時詘遂成道旁之舍會閩棋梅吳侯來邑薦紳父老文學卒史復上其議侯聞欣然曰夫茲地蘊靈閟奇久亦下流空淺之故且褰裳減頂者歲有吾何敢後遂聞兩臺使及觀察守相咸報曰可侯首蠲俸倡諸士民走相向曰此重務

何敢獨勤我侯爭出貲應計費數千緡經始于萬曆某年至乙卯某月告成事倘數百武廣四軌崇數仞巍巍蓬蓬踵相接瞔相屬踴躍其上稱奇觀矣諸生某等過而偕予姻友王學愽鉉徵記予竊窺世為吏者神情必有所注注于下則慮周民隱注于上則窺瞯為工以窺瞯獲上者十之九鄙邑事廢弛不暇左右顧矣古人得百里之地君之者長也不但於斯民長之養之溺飢由己於子弟才者教之成之如嚴父訓其子又慮其無成也鰓

鰓然思所成就之而翼於成此其心何如也侯惟汲汲民隱是周又以澤民者造士所謂愷悌君子民之父母非耶先是海忠介建堤為邑金湯欲有事茲橋未果時有童謠歌欲此橋興待福安人民不知所謂今橋成始知侯為福南安人神告之矣凡欲成不世之役者在先得民心得民心而後能得其力今知者輸謀富者輸財能者竭力匪侯深仁湛恩淪浹膚革欲民樂子來成功之速如是得乎侯初令順德翔塔薇霄竟有魁天下者是橋舉

多士從此起矣昔崔雍州得美材數百章橋之人以名崔公橋侯退而不居其名題曰龍興行將與忠介堤媲休茲土雖欲不尸其名不可得矣學博常術邑江山之勝草木和柔月朗星麗偕諸生游泳其間不減沂雩風致予雖老尚有志四方行當襆杖尋學博盟登茲橋一聞樵者漁者歌侯之德澤乎侯名某字某號琪梅福建南安人世以名進士起家敬系之銘以永民思

銘曰漢庭治行數吳公後先政績古今同驅石何

年到海東跨虹矯矯若遊龍瑞氣鬱葱如貫虹碧水丹山映遠峰邑靈孕秀起豪雄千秋碣石紀侯功

徐公堤記

邑形勝自東山蘢嵸盤亘百里一自巽入艮穿田為學宮一自離入兌繞河為縣治學在內縣為包絡縣濱江水來有二一自粵虔而廬陵一自雲蓋恩江滙于墨潭折而繞邑左初建邑時城外閭井輻輳幾無隙地積久水齧閭殫為河邑居弗寧每

驚濤拍天孤城衙齋懔懔栗栗若墜若覆丙戌蘭
谿石樓徐侯至躬羅其患水退乃毅然曰是將無
城無城將無邑無邑又安能有民乃以築堤請而
當事者習侯為地方計久遠僉從其議侯乃竭日
夜力躬度土工復以丞沈君有孚董其事沈君仁
慈而家得民和奉侯指麾罔敢怠隄就計長一百
三十丈高二丈面濶三尺土實石堅費蓋二千六
百有奇聾老稚孺填溢閭巷顧而言曰西門遺利
史起興歎白圭隣壑子輿切責昔有障大澤而受

封國者侯功謂何而可無紀爰伐石碑于上曰徐
公堤蓋倣召棠遺意侯聞而瞿然曰不穀奉
天子命吏茲土不能使川瀆効靈迺河伯不仁職
為厲階吾安敢徼二三父老胼胝力而自尸名為
諸父老進曰侯功德吾邑者甚盛一隄不足辱侯
顧侯殫精竭目停驂卻蓋斯地者不知凡幾碑斯
顧斯功且將與江流俱永耳相率術而問記於余
余聞曰勞而不伐也見侯之慮爲有功不忘也見
民之厚焉是可風矣余雖不文敢不勒而存之以

憲來祀余聞大功之建非一人之力也侯是堤功
誠偉鉅如令外有重堤延袤相聯堤且鞏於金湯
侯顧余言而頷許而無何以　內召行矣渠一也
前以屬鄭後以屬白當時歌曰鄭國在前白公繼
後夫安知繼侯者不有白公其人乎邦人士屬記
於予厥憲遠矣侯朗鑑盧東嘉謀畢陳在邑弊滌
政舉如粉書院以倡正學清戎籍以杜宿蠹救荒
鋤頑皆其大者茲不具述

瑞金縣新建龍峰塔記

形家說世或詘不信間信者不能竟其旨然顯而
易見人多信之蓋其說半出周書周書以乾坤為
父母坎艮震巽兌離為六子崇卑隱見造物或有
所不逮逮以人力培之亦還至而立有效者難
盡棄其說也瑞金在虔稱淳邑君子勤于禮義小
人力稼穡以自足入其國敦龐雍穆之風猶然可
挹宋有諫議劉公鵬為世偉人而明令則有謝州
守元賀卓有政績楊太守以傑出四方功業未
艾是皆諫議之儔匹也顧自二君後俊才非乏繼

者寥寥議者曰章水環遶峰巒卓詭雖稱善顧兌巽二隅稍遜以故人文鬱而不暢陽羨堵侯業塔于兌之隅顏曰龍珠顧將有事于巽而以陞任行會閩中潘侯[redacted]至諸縉紳儒碩耆民復申前請而太守君從臾益力侯欣然曰是誠在我慨捐百金倡諸士民助金佐之剏于乙卯至丙辰告成事凡費七百金餘斤為浮屠顏曰龍峰塔義民曾堯泰捐田五十畝佐董脩資役不勞民咸歌子來落成會太守君方之黙持書命謝生長泰請記予惟

造化之氣至坎艮而凝至震而動至巽離而顯萬物之萌者茁者離闇習而耀于光明自茲邑之士有不應運而興者乎夫天地相交名曰泰矣宜無事然聖人猶憂之曰后以財成天地之化輔相天地之宜以左右民說者曰財成以制其過輔相以補其不及夫握造化之柄寔人為之基泰道彌昌吾于是邑望之矣諸君殫厥心力以開人文而令公惓惓捐俸以督其成行且以是為甘棠為遺愛覩茲塔之昂霄聳壑如公之式臨之也語曰義以仁倡上好仁則下必甚好義事必有終令侯以一念督率于上而力贊其成者太守君外則有參軍[redacted]則有耆民于喁相和夫非仁聲感之者深哉

陳柱史觀風白鷺洲記

昔者聖人繫易觀彖曰風行地上觀先王以省方觀民設教風之行地于于乎喁喁乎物被其拔拂融液薰蒸不知其所以然而然其所入者深也夫明王疆理天下知五方風氣異宜剛柔遲速異狀

故時有省方之行省者察也察其不齊而後知所以齊之之術或以政刑或以德禮斟酌劑量斯其用不窮若必執一律強民之從雖聖人復起亦所不能故曰聖人以神道設教而天下服三代之時天子親為巡狩陳詩以觀民風因風以知俗因俗以立教當時事治民安後世幅員漸廣人主深居簡默不能遍歷則遣使臣代之漢時所謂繡衣使者持斧行郡國是也其職雖七品而威稜所至河山搖撼下人之畏其威不敢犯上之人亦以惟吾

所欲為而莫敢違惟大人君子知澄清有本風化有原未可以刑法威令整齊之也其餘則慕攬轡埋輪之跡不知其流于俗雖暴戾之行設教意微而民其若焦矣柱史明麓陳公行部吉州覩人物淳龐獄訟簡息縉紳雍序嘆曰美哉風乎何偷而臻此詢之則以吉州人士素諳名理味道真故風俗之漸漬也而不自知事既竣乃遊所謂白鷺洲者洲故有宋理宗皇帝賜書院額二水夾流遠控衡廬瀟湘近接禾瀘章貢居然西江之形勝焉而

居久圮刺史汪公遊而樂之諸士縉及諸民各捐貲葺之刺史羣諸生肄業其中公乃進諸生與之譚竟日其大旨在率性在存誠諸士人人欣所聞而去公登樓四眺不忍去去而知工不易就也則有助懼歲久易頹也則置田守士縉中有力襄其成者則有旌孳孳乎若孝子慈孫營祖考家舍無少置念公何以哉其有味乎所謂澄清有本風化有原者耶公去之數月鄒子乃棹扁舟登其地刺史語予曰是役也予力疲于中道匯陳使君孰翼我成使君非翼我也翼風化也為道也予不可無記鄒子曰予嘗之白鹿洞其上蓋祀唐貞肅公云呼守者問曰此何以祀曰公昔巡按西江蓋有功白鹿洞云予憶貞肅巡吾省時宸濠兵後所至殘破公結轍深山加意先賢一丘一壑宜其享祀無窮以報明德復憶古之名臣其職雖寄法令典章之中而精神往往流注于法令之外蓋法令者跡也精神者教也民從教不從令所從来遠矣公與刺史其熟于斯義者予元其謹用記公德意碑陰

他日必有思公與刺史明德者公庚辰進士四川人巡吾省杜絕外交又捐贖數千佐燒造諸費不獨吉州蒙公休澤也使者人人皆如公何憂風教不行方內不寧壹者哉

觀察與叅黃公遺愛亭記

夫仁者以所愛及所不愛愛生於情情切于身身所有毛髮涕唾骨肉感屬皆愛也身以外等之無情矣仁者能以天地萬物為一體無論九族凡有血氣之屬無所不及彼真知具此血氣者皆吾性

之流貫故無所不及非二之也遺愛亭者何碑與叅黄公之大澤也吉自梅林至玉峽幾二百里風雨瀟瀟行道崎嶇公捐俸脩葺迄成周道株山春濤拍天無論渡者歲葬魚腹即貴人結轍而臨襜帷不前有司踟躕公又捐俸基工而公以陞中州行諸士民過元其言曰壺飧之惠古人惓惓不忘非不忘壺飧也其真心即天地生生之德足范今傳後者公捐俸幾千餘金為民永賴予不聞乎而可無一言誌棠思予惟周禮一書備載先聖太經

大法道路橋梁皆有職掌顧後人睬為不經即耳目所加亦付之無可柰何若公以拯溺濟艱為心者不數數見也考古之大過人者在善推所為予竊謂推者如車之推輪以彼達此之謂心至神也己欲安思人皆欲安己畏溺思人皆畏溺以此推彼無不得之心則必有所加加則民無不被之澤就日者瞻沾露者滋非托之空言也倘居嘗以身為蔽蒙一旦得志未有不睬斯世斯民如路人也者欲其推此達彼世彼一夕之濟難矣均一手也

擠人墜之深淵援人登之康衢均一心也能使口碑載道亦能使道路以目在善用之不耳若公其善于所用者哉元其擔簦貴竹入辰沅界行道坦乎問脩者主名曰宜興萬公因嘆曰之滇黔者冠蓋相望獨萬公加志于人此其功甚鉅萬公位宗伯留心正學謚文恭載在太常株山橋未剏前邑人爭言曰其必有居世而脩出世行者来為津梁始得若公蓋心文恭心而以宰官度世者無論西江人道境上戴德不忘即神明丑鑒[illegible]矣公名某

字某嘉興秀水人湖西六載湛恩滂沱茲特紀一班云亭在東山下江流瞑帶世公之澤億萬如新嗟乎茫茫宇宙豈無闡善推之論而有同心乎

常熟徐氏祠堂記

予弱冠為諸生覩徐中丞行部文江長而從典故中熟公一代勛勸臣也又越二十年公諸孫以名進士来長宜陽事清惠仁慈絃聲四沸里人歌徐氏德者數十世矣一日宜陽侯致聲不佞曰予徐家千吳蓋[illegible]也[illegible]江自漢徐孺子[illegible]七十公始

徙吳再徙為李坟徐子姓漸蘩先司空及先光禄
及不佞以科第叨　聖天子驅使皆籍先世餘庥
焉然常思先光禄以上士民各務本自殖褆身閒
家一惟禮義兢兢然是繩而不敢錯步武今聿數
世有餘禄望宗人宗人至蔑棄先世善物有不忍
言者不佞常思所以范之而范之在明宗法緫祖
祠使家之人奔走趨蹌有先公之思焉會家侄孝
廉君計偕都下議克合歸而告家大人光禄公光
禄公身任其事庀材鳩工凡二伯餘繙兹聿告成

事子聿記以詔我子姓不替元某讀易至萃以假
廟為萃祖考之精神至矜文曰乃亂乃萃其志亂
也亂而萃萃而志復亂見衆志之難一也九二曰
孚乃利用禴惟孚乃禴惟禴斯孚見神之享于誠
也雖然學至于誠難言矣有盥而不薦未有薦而
不盥者有孚而至于顒若蓋非聲音咲貌所可幾
焉倘幾微隱約之間有一息不相貫即祖考與己
不相屬故先賢曰誦詩三百不足以當一獻吉哉
言乎徐氏後裔宜何如思焉予嘗之豫章臺孺子

祠巍煥江閣若兩臺若藩臬使同心肅將欽孺子
奮百世之上而人猶有奮心焉矧兹祠祀至高曾
而下凡五世吾知其由五世而遡豫章先世清風
皎皎奮于百代之下者必有繼司空光禄令君孝
廉輩濟濟為兹祠光重矣謹記

萬安崇文塔碑記

五雲為吉上遊蓉峰矗矗一水縈回以故名卿哲
士彬彬傑出顱下流迅駛逴逴為測景者所財萬
曆乙酉神憑一武弁題詩有山留半塔瓚龍泉句

僉欲舉塔然議成築舍者屢矣會雲間張侯以名
進士来閩神語周覽方隅慨然曰地戶宜翕神語
有徵斡旋元化是誠在我相地得一山政與龍泉
江相峙遂慨然捐俸金下令陶埴鳩工議建塔諸
士民聚而謀曰君侯為一邑千百年計子来趨事
者何如人相率各捐金佐之工始于某年某月落
成于某年某月来游来泳者覩前峰隆隆炎炎下
流涴涴演演滙為文瀾屹成偉觀矣諸父老子弟
扶杖鼓掌謂侯大有造于邑為利賴無已時州太

夫羅公某孝廉劉君官生朱君謀伐石紀侯德相
率過鄒子曰侯治吾邑美政未更僕數其課士也
即察父不過茲塔則為澤甚遠且考乙酉歲即誕
侯之年是天貺吾邑甚厚事固有待而興者豈虛
語哉子大夫其一言以永侯德不忘鄒子曰予於
茲可以觀學焉乾六畫純陽曰六龍時乘御天必
歸於首出庶物夫士而汶汶未流無聳壑昂霄之
資世道奚賴焉士不可以無節茲塔可以興矣且
茲地故隤然荒區也倏而隆然有物以聳百代觀

瞻者孰為為之侯之力也止則未成一簣進則上
干九霄語云為仁由己豈欺我哉水如人之血脉
也石如人之骨骼也血脉非有骨為之經横遒奔
潰四出不可收拾士而無骨是強幹弱植鮮不仆
矣故曰可以觀學易之泰財成輔相以左右吾民
儒者以為此聖人叅天地賛化育能事不知隨地
隨人隨分各有事焉在人自盡其心量耳心在天
下者叅賛在天下心在郡邑者叅賛在郡邑若侯
所謂大天地之總執元化之柄者非耶它日叅賛

海宇此其一班矣夫侯之美政難盡紀惟是殫精
文教叅觀形勢閱之有年成之一旦地靈人事有
相叅而然者夫崇巒疊嶂不與虎豹期而虎豹集
茂林深樹不與靈鳥期而靈鳥棲五雲泰道自此
昌矣它日士有軒然百代與茲塔相應者侯之澤
且無量豈惟可以觀學亦可以觀政敬為銘歌以
志侯績

銘曰地軸岷分江漢授潯陽九泒衡廬収貢章大
會五雲頭芙蓉山色秀殊倖沖渫波揚紫氣浮雲

士材多竹箭儔無障當關飛去愁誰說操蛇神可
求訴于上帝夢吳鉤吳夢遂生忠孝侯鵲墮石為
印自留鳩入懷中銅作鉤今跨仙鳧過鷺洲邑安
百廢美全脩政平螮蝀橋梁猶鼎鼎還將寶塔抽
巍如砥柱鎮中流漢水方城固楚丘慱望乘槎遠
斗牛影射日輪垂玉旒萍鄉更鼓素稱優處處樂
成桑柘麻朝　天指日帝城陬青瑣踈稱白馬投
謏為圖成棠樹謀亭亭山峴應千秋還看雲集麟
鳳稠翽楚冠裳萬古遊

陽羨封侍御懷古陳公義田義學田記
儒者常言曰士當爲天地立心生民立命天地至
廣大矣於穆不可測而何以立其心蓋生民即天
地之心也立民命即所以立天地之心也民之命
亦無所寄語云穀者民之司命也民得穀則生不
得則死無恒産有恒心者豈可槩責之士哉古之
人計口而授之産民相安相養無凍餒仳離之患
而後井田廢兼併者衆民始有不得其所者古之
人不盡行之天下猶可念之一家顧有其位者未

必有其心有其心者未必有其位范氏義田一事
往往膾炙人口而士縉有踵行之者亦不少槪見
則信乎古道之難見也當封侍御懷古公爲諸生
時睠諸族人痌瘝在躬思有以育之敎之庭訓暇
語侍御君曰予雖不得用於時然於范氏義田之
舉竊有志焉有田則不但祭祀明禋之舉有倫即
族之貧乏者婚塟者誦讀無繇者皆有所資而不
至于無告侍御唯唯方欲行會持斧三晉而公謝
世奔訃歸思公言猶在耳捐俸置常稔田若干畝

以承公志會督學[redacted]君亦自粤歸念公生平深知
亦出俸置常稔若干總計得田三百餘畝嗣是凶
荒婚嫁喪塟無所厝者咸取給名曰義田而家塾
脡脯於是焉出又曰學田侍御公屬予記予惟昔
史臣頌帝堯克明俊德和萬邦必先親九族甬兮
葛藟刺幽平必曰周室道衰棄其九族族之親與
棄國家治亂所攸關也九族之中父族居其四故
曰豈無它人不如我同姓擬之於身如其骨肉擬
之於木如其根本中庸九經親親居二親親之道

大要在養與敎親之欲富愛之欲貴養之之謂也
父詔其子兄詔其弟敎之之謂也是之謂親親夫
子之衛睹旣庶即蘄富敎之畧解之者曰制田里
敎樹畜之謂富立學校明義理之謂敎親親仁民
其道一也無田不可以爲養無田不可以爲敎此
陳氏義田義學之所由以興也世故有童僕賓客
厭粱肉而同一本者不得少沾餘瀝莫敢出一辭
又有任其不中不才棄如路人不思以訓之亡素
引爲己責睠封公何如也語云一命之士存心愛

物人必有濟予謂愛物者慈心也一心愛物與天相通而天為之助其順者也公以夙學鴻儒未竟厥猷方有是心而侍御督學其應如響非得天之助不可雖然天助惟順子孫者祖之枝也公念祖而後能恤族恤族乃所以承天天之默佑與祖之潛孚皆一順之相感召所謂立命以立天地之心者非耶陳氏後裔又當思人之所助惟信信者信公之一念與天與祖宗相孚契而後能不泯公之賜又信侍御督學廛中人產惓惓割膏腴承封公

盛舉不敢以存亡異視者亦所以承父之志而章君之賜也親恩罔極祖德罔極　君恩罔極民為純民士為良士人羨陳氏子孫與吳門范氏頡頏媲美千秋其所以承先德者寧有涯涘又將有衍三公之澤于奕世也昔錢公輔記文正義田朱公記南康劉氏義學俱有訓詞予之惓惓於陳氏子孫者以此

吳氏義庄記

武進吳復菴先生以雄文勁節鳴海宇而為人所尼然天鑒孫忠諸嗣君挺起為世球琳者數人家君亮以名侍御觸世網歸歸而杜門不問戶外事惟于敦倫睦族是急即今所稱義庄者其一也君之言曰予吳自先祖府丞公起至我伯父太史父學士官皆不竟其用無聚祿望宗人腹然所以為宗人籌曉夕即翰墨之餘亦時為置田數十畝而愚兄弟復叨先人蔭又各置田有差總計得田若干凡族中之嫁娶誦讀塋祭發孤相助之恤各有紀而請于兩臺使別立戶使後之子孫有所據子

不可無紀予惟古之人心志便欲明明德于天下者非徒以虛談驚人耳目天下人有不得其所者曲為之制俾之老有終少有養如井田之類此明德之實也先儒云買田一方雖不得行之天下猶可驗之一鄉然實驗之一鄉者幾人哉亡論一鄉即服以內休戚相關者自文正義田外如宜興之徐丹陽之姜其最著已二公官崇膴祿賜不少府丞公歿于執戟太史侍御皆服官席未溫去而能捐己肥人此又二公所難者徐與姜皆奏聞奉

詔立戶垂之永永吳雖奉両臺別立戶未及奏聞
然吳之子孫今人望之以為桂林以為瓊府它日
淂君行政奉　詔如二氏者可券而致也愚嘗為
之說曰凡人薄視其宗裔而厚其身者非薄宗裔
也寔自薄也文正言曰吾宗人雖异然以祖宗視
之皆一體也又曰祖宗積德百餘年始蕟於吾夫
世之身致顯榮非祖宗以其羸餘施及於身即腹
笥六経其奚有濟以一人而獨蒙祖賜則以一人
而保億萬子孫者祖意也亦天心也文正之見遠

矣宜其榮華至今不衰也歟文正以純仁為之子
故能繼述文正於奕世而吳氏世不乏季子其為
純仁者濟濟符丞両太史侍御之流澤寧有涯哉
用記以似

胡氏義倉記

國家令甲所在郡邑各刱義倉備凶歲計盖倣周
官委積隋唐義廪餘意云顧行之有哲有否事既
總于上官盤詰使出贖鏝立閘窮民未受粒米而
司廪者脂已先竭時當凶年道途遠者挈囊入城

邑翹勤旦夕既苦資斧不淂又挈空囊歸即淂亦
不償失陳陳相因半朽腐不可食此為名耳昔我
文公所至刱社倉獨行之建陽者稱善以文公提
衡于上劉氏父子襄助於下故行之無獘乃各處
雖倣公遺意終非盡善有門人問公公對曰有治
人無治法雖儒生常談然至理不越此然予常思
文公雖往文公心至今在有文公真心則自不患
無劉氏父子出其間以佐于下而近淂之邑大洲
胡氏謹菴君云君為名司李聽松公後裔善計然

策家稍裕眎它邑亦在下駟而公所至為德施樸
瘗枯骨賻廉吏咸不使人知獨念農事方興鄉里
有持衣被捐釵釧為質而富民猶擁粒米如珠玉
屢髙價靳不以與人者不忍見乃推轂數百鍾以
貸閭左人不問息閭左人德之數十年又懼後人
罔晰前意乃刱倉歲貯而冀世世無隕隊焉斯其
行亦卓矣使文公而在欣賞何如者軻氏論王政
曰守望相助夫使閭左皆枵腹即欲守望淂乎雖
然君為此極難不責息猶可并毋錢而不償則其

澤有窮厥父堂厥子弗肯構則其澤亦有窮嗟乎君之澤有窮而一念不忍人飢溺之心與古先聖賢一轍則無窮予不可無記元某進未能使民飲一勺之澤退復辱里中父老歲時斗酒相勞亡能如君使人被其澤視君有赧顏然予獨怪業以縉紳名使里人望之如鸞凰自甘鼠雀人飲恨于室者於君賢不肖何如也

大常卿顏翁義田記

夫人情多詳于所勉而忽于所忽廣庭大衆萬手

萬目雖尪懦之夫鮮不竦而興焉至指視之所不及而神情有所不周則有輕千乘色簞豆者矣夫簞豆至微細而不免動色焉者輕千乘之國有名簞豆無名也彼有所寄者易勉此無所寄者易忽大抵然矣予嘗慨今之縉紳有竭力官下膏澤及民迺歸家忽視肉戚饑寒困苦漠然無所芥其衷亡論九族何者名在官則澤在民澤民乃所以官即黽勉一官者非真也吾宗顏泉翁由比部郎藩臬使歷官至大常卿生平慕范文正為人歸而捐俸買義田六百石以周族人而伯子僉憲汝海仲子宮洗汝光仰承公志各佐二百石共計得千石公又以征羅旁賜金構居新陂居族人顏曰公賜草廬公為德族人者深且遠哉蓋公自幼從文莊公及四方長者遊耳晰一體之學故內外咸沐其愷澤夫學未有不自家始子曰仁者人也親親為大倘不親親則雖澤覃萬有而宗之人有譁于室議于家者惡乎仁惡乎仁元某少讀齊家語竊有志焉迺家之人竟與我睽也比有悟于大學之旨

因嘆曰家之不齊乃所以齊也夫一室之中知者愚者貴者賤者富者貧者不齊者情也吾知矣不忍使之愚吾貴矣不忍使之賤吾富矣不忍使之貧彼其初原同出一人之身本無不齊思無不齊則必不忍獨居其知與富與貴恩以浹之義以富之論肌浹髓夫然後教必行令必從蓋以教整齊之約結繁瑣是求諸人言愈瀆而默思原無不齊德意訢合長求諸己斯不言而化此齊之實也公父子間其得此義耶文正一人倡之諸雲仍繼之

至今風範猶存公子僉憲宮洗不讓純仁計後人必有心公與二君心者尊其條式永永無斁無使蘇門獨擅其美獨文正有錢公記故歲之久遠余不能如錢之藻思傳公無窮附公舉用詔宗人以垂不朽它日有讀元其文而味齋家之旨必不忍急於所忽且有潤及吾家者何論安成也元其凡十徙而至大夫徒以抗浪孤踪無能聚祿貽我宗一勺之潤近欲以筆札之役少從事焉而未之暇記公事蓋戚戚心動矣

陳氏義田記

名實不相蒙久矣華名者半缺于行夫不覩宦聲赫奕四方而以簠簋損志者乎乃悖本務根之士不眩名不標譽惟默默循其職之當為與心所欲為者而已久之天人交孚福祉永綏世且賴之我于愚所陳公有徵焉公以名進士為皇華使者拜侍御按三秦六詔力以澄清為己任中忌者謫常州令起兵部積官至叅知時有河工之役孳孳竭力河渠閒復為世忌歸老汝水上日與里父老子弟由由焉以繕性勑俗為事里父老子弟薰而化之常私誨其子孫曰謂我拓落一官無以遺汝乎予生平亦常却十萬緡不欲以廉名者亦常竭節官下不欲以才名者予窘于仕不窘于心所遺汝等者具在予生平俸羨半以助爾等饘粥半以置義田為吾宗人死喪婚嫁誦讀之資爾等世守之無壞其有能廓而大之以光大前緒亦惟爾予老人所望于爾以及族人體我志而禔躬睦族使不愧先江州義門風致予志斯無憾乃折簡屬記於

予予與公徐河論心後一別幾三十年辱公折簡相契引為蘭交常念公老臣也其博學慈衷宏猷朗識乃卷而之烟霞水石間公雖不得盡其用諸子若孫蘭茁玉映為王國之禎因信公生平操行不落名相天之隲公惟以實應人奈何棄可循之實行而馳騖乎虛名哉即公斯舉門以內咸得以沐　君之賜公實行可知嗟乎世有躋膴仕大馬飫粱肉眎骨肉如路人者聞公風可以愧矣為陳氏子孫其思公之義舉本于脩身脩身本于仁仁

立而義生焉當思所以置身于義無過侯前人光
使汝水與江州並爽史臣續之為豫章勝事亦參
知之世澤也

吉水荆壁陳侯新刻清匠冊記

纍石樓徐公清軍冊成諸縉紳告予曰匠等苦予
思之造化忌完大美不再去其一可矣已觀民閒
年年追呼匠班互相吞蔽上官罔察心竊痛之然
如有物喉間欲吐者久非不欲言言而罔既與不
言同我惠安陳侯下車精心職事予乃析簡曰今

有一事遺數百年永利者清匠冊是已侯洞照民
閒如數鬚眉民不敢欺且不忍欺今日不言元其
自負侯不急行民苦誰因侯不逆予言乃按戶籍
差次其等則而富者輸次貧與極貧遞降而逃亡
者立除譬墜深淵者以萬仞之綆引之康衢侯澤
普矣計上戶若干中下戶若干豁除若干鍥之冊
冊既成會上官有謂諸絕匠宜於四差內代補民
涓滴不見益匠原額不見損諸譁而過元其曰予
里斌斌世閥不然故籍終無所憑而四差正額尚

多逋負是為逋負者籍口且此例一開如糧如軍
凡絕與逃及無名之征種種散民閒無已時陳侯
聞斯言乃捐俸為代予懼侯澤不能久徼人人未
必如侯心也言于侯曰共此邑屋共此人民今削
者斷者陶者甓者絣縺絖者豈必上古舊戶既除
新戶宜增增之上則為民擾宜令各都諸故匠覩
有業諸名色者報聞縣令之私助新者既樂于輸
而舊者亦不苦匱乏此均平之道侯是予言以
召行恐後之君子不曙斯義仍下之人為政又不

思侯為此竭蹷者久元其囁嚅二十年餘始得竟
美政難成如是愷悌君子宜憫吾輩苦衷矣敬碑
片石永侯大澤

萬曆壬子吉水六吉孫侯清補虛糧虛丁記

萬曆壬子余當審編邑不清丈者九十年有無立
錐糧十餘石者有父子二百丁者有都圖丁糧虛
十之九者有祖父為中丞為翰苑為觀察鵠形受
役者有鬻妻兒者有名家子頭為人奴者有擔簦
傳經空所有以給者有挈妻孥轉徙楚粵滇黔者

茅屋石田一望蕪蒼風烟悽愴雪涕寒心年年以
饋賦請而頻議頻罷蓋收糧多不以則小民惟有
死徙耳西蜀六吉孫侯蒞邑稔知其故私計曰是
難以口舌爭也自下車陰察民間闢墾者手存之
笥年餘民漸以實告侯亟收之令期當審編侯自
惟奉　聖天子命令茲土令此孑孑黎民長此安
窮不恐乃先以書播告諸士紳曰不佞代匱茲邦
目諸民年年以虛丁糧受楚不一為之所鴻雁嗷
嗷者謂何不佞有懼心焉惟諸君子哀憐計之闢

者唯唯否否有謂各有畛域奈何以此益彼有謂
彼雖各都乎然比落而居不分甯燭未光非仁有
謂父母于子即貧富賤貴各异皆若子也宜從各
上書報有差侯又慮聽覩之不廣也乃投匭神廟
言它事陰穽人者立火之其丁糧說而未報者盡
得其主名又各以先報者錯綜參伍審之日開墾
繁盛未報丁者量為加增此如九牛一毛不見其
損虛絕悉與豁除計去虛糧若干石虛丁若干丁
諸窮民真如風蒙坌霧中劃然青天開而杲日臨

也仁哉我侯召杜比烈矣鄒子退而思之共此鄰
邑吾邑奈何久罹此苦莫有援者何則爭議之說
中之也審役之年上官輒以問通邑通邑習訟踵
故僉曰聽里甲爭議弗拱受成旬日可竣蓋安靜
不與下爭說甚美不知爭議二字有力者為政小
民並里而居不敢申一喙矧曰公庭平議狀進一
吏唱名立而退小民即苦且甘之矣嗟乎上之人
豈盡知乎審者如鞫獄然彼此相質之謂一獄情
更數官數年不能決謂十年物情以一人片餉能

得之雖名不擾十年內赤子茹荼飡蘗于敗簷朽
社閒者不知其幾矣且平者如水之無波也風恬
浪靜魚龍晝伏始謂之平濁浪排空艨艟摧殘望
洋者褰裳而返亦謂之平乎聖賢論平天下在絜
矩夫爭何易言人非為身謀則為子孫計久遠必
欲得其爭人人輸誠是何聖賢之多耶稍有徵焰
便思薰灼此闤闠恫情非我侯公慈明斷竭盡血
誠誰能破此藩籬是天以侯錫我邦人士出之水
火登之衽席不然民幾無生矣元某山谷腐儒恐

後來諸君子復為平議二字所蠱當審編不細興衰衆寡強弱而裒益之其為閭里苦者復如曩日謹為記以俟續至者取衷焉要知十年閭滄桑靡定上以審為主以平議方佐之上為政小民之情得上聽平議為主審為故事下為政豪民之情得夫分符綰綬謂何而不為細民地乎豪民即稍稍服役昂霄有路細民稍不獲伸搶地無門元其非與時左心有所獨知也吾邑賢才無盡必有學明一體心元其之心者

恩江令崑原金公去思碑記

金公碑豐人思金公作也公奉 特召備耳目之選旅食都門者三年豐人懸公如一日曰公實生我曷去我為乃礱石欲刻公事而屬言鄒子鄒子晉諸君問曰予孰公試言[illegible]以系心公者何居曰豐僻在山谷中民愚而易使乃不幸以逋負難治民名惡敢負公大都衙胥上下其手而以里甲為名耳訟牒一入公庭徒為訟魁所構民之約結不得上達則獄訟不得衰息獄訟不得衰息而豐遂沓沓多事矣我金侯至曙其故曰非吾民之過奸在肘腋而欲閭里雞犬彌盗必不得之數也公設知網絡鑴心隄防有詭税者匿錢者舞文者法不赦民抱税輸公朝至夕歸而造質公庭咸得吐情實公立斥之去未嘗深入贖城旦以上蓋寥寥焉先是有贋印與民私出入公至其家立得印而弊藪頓洗公行閭閻歌曰衙宇內烈日嚴霜閭閻間和風甘雨夫使民不見吏犬不夜吠賦簡訟清者則侯之賜予奈何不思鄒子聞而嘆曰公蓋晰

于理矣昔人有問善牧馬者何若曰去其害馬者而已問老農稼術曰去其害嘉穀者而已夫稂莠不除嘉禾不茂惡馬不逐必至敗羣今之士縉方釋鉛槧而綰百里之寄大都為左右所愚弄有方正先生與之語其所語者百不得一二而一二語反以為填大都左右情好易投也便僻使令易暱也始而以小忠結繼而以羡投又繼而惟其言莫予違一入其中即欲驤首而莫之振公治行卓卓民恬恃如是非濼躬粹白一無所投而能然乎故

古之西門投河卒絕邪巫伯律樸吏三吳絕響故
曰治民莫如嚴嚴所以成寬嚴不自左右始是衣
衆倒領矣民欲禔福得乎宜公系豐民之永思也
方今守內法紀倒持蹈道履虛者砂國家有賴得
公提拔其間所以使守內蒙福者寧有涯哉予并
握管似之矣侯名士衡壬辰進士蘇州人

叅知興叅黃公新餉萬安營規去思碑記

叅知黃公既上河南方伯去者二年吉州人無弗
思思罔不墮峴山之淚也者一日五雲守戎領諸

戲下至而稽首曰公知黃使君餉我營政使衆軍
億萬不忘乎世譚營兵者輒嘆其羸徒擁虛名蓋
項充者例必重金故勇者不至而至者故貧弱先
是諸豪有力者貧者樂為之役餉大半入富豪橐
名曰稅充公察其故曰夫以富豪坐糜官餉使官
家不得受一矢一鏃之力不大為之創兵卒不振
吾聽其欲為法所不可惟吾意所欲為情有所不
盡乃設為遞減法富豪出價息至十年者給原金
十之四餘十年以下例有差其有不稅充願退得

餉十餘年者給原金十之六而諸富豪主名盡屏
棄不錄于是桓桓武夫望轅門投足矣公復慮此
屬今赤手盈它日老且病寧無有索後役如前例
予不一為處彼棄後可念議支工食金二而以充
公內佐金一法有必伸情有必體去者見德來者
思奮公又下令曰贅力能負百石孫萬石孫者吾
能力拔之而諸負贅力者至又下令曰軍餉不繼
是以枵腹禦敵也勾攝四出獄訟繁穎彼赴理不
暇而暇禦侮是在良有司詭寄空名責在典守令

甚具公又慮曰諸兵餉入幾何富豪眈眈以似不
為之計餉終為富豪有捐糜金四伯收薄息佐軍
費名曰充公諸軍稱貸者咸不外索焉公為此凡
不知幾日夜心血為枯頭鬚為白其等何能一日
忘頌一言勒之石世世如見公爲元其闢之神悚
者纍日夜易曰曲成萬物不遺常思曰廣生大生
造物至矣曲成者何也卒不得其解近稍有知始
知廣大者造化之仁而翕而專不即直與闢者造
化所以仁也利不百不變法變法何易言營兵之

翁始于稅充者以力為富人地富人金可革公法立稅充與富人情盡買充者息過十年原資可革公法立買充者情亦盡句充者退而與之金及捐金數百權子母佐在營者窘廹即家督持籌握算營家室者不是過矣蓋公情同止水心周萬物故義不至于過而仁不至于窮公蓋臣哉今外而九邊內而藩鎮烽燧稍聞輒皇皇仰屋曰柰何令我空手搏猛虎不知種種竄穴寧獨五雲倘有如公數人者坐鎮其間何軍政不肅國家不永有賴哉諸軍之摶心揖志尸祝于公不忘也允宜雖然賢者作法嗣者守焉有心公心者守而勿失可矣宗社有靈豫章徼公履有待即豫章不得徼公海宇所禔福公者予日望之矣公名承玄字履常號與叅嘉興人丙戌進士

前太平守荊山陳公祠記

陳公荊山守太平也廉慈多惠政其奏最時予業已為諸邑人誦之亡何公以治行高等陞粵督學使者行郡人不能攀公則相與泣而送別而感感

而思思不能置則各醵金為祠走而求文鄒子以鄒子不佞其言可傳予懼其有私德也辭未幾又龐眉耆耇諸老渡江來求甚懇且述其郡素無祠而何能以媚一人予不能強整諸之猶恐有間言也乃詢之輿論亦亡不人人曰陳使君賢鄒子曰余觀陳使君而知世鮮良吏也治至三代時極矣曰不識不知帝力何有於我降及春秋曰子產而往誰其祀之夫霸之德不如帝之忘此其所由來者遠矣披清風處邃室未知秋陽之烈也陟高山暴秋陽胸喘膚汗得一茗若再生何者窮而後知德也故曰極治之時上不知為惠下不知為德而有所德者非極治之象也且予不陟北固之麓乎遺像生祠連甍接棟衣冠儼然于庭中者蓋不可數計也問其政曰墨也庸也又推理胠篋者也問其官曰銓郎也曰省也曰臺也嗚呼銓耶省耶臺耶能以其聲勢傳一時之觀而終不能沒道路悠悠之口竟何益哉予行天下多矣見郡而祠者蓋千百而不得一焉以其無銓郎臺省之勢足以彌

逢其闕失而鼓動其衆心也若陳公者可以祠矣
亦可記矣予乃為之歌以志民思詞曰
於爍陳公美如冠玉一麾出守矯矯無欲楊侯馮
怒甫田且蕪撫綏多方民罔毒逋金湯思固浚壘
良苦天鑒忠勤穴金出土民告太守太守不有緘
縢扃鑰倫荒餝朽雲漢為災軫念匍匐有秋天錫
霖雨泙湃民用和輯百廢具新雉堞甫崇輿梁通
成士頌學脩詆苛政平均繇剔蠹表節賑貧冬日
之温夏日之蒸弘文百粵遮道闐庭扳附靡及廟

祀聿興昌民惠德維公惠心山高峴首樹覆堂陰
用昭今古爰鐫貞珉

永新令余公去思祠記

少原余侯名懋衡字國持婺源人也予初接侯覩
其勁挺溫直心常儀之侯令未幾而誦聲作邑訟
寂繁強者利閒弱者用誹誹不勝閒輙挖牘之他
矣侯令民各得攄情縕而以意取衷無情者悉服
舊賦往往為市儈猾胥蠹蝕致逋負者衆侯精心
計令民自輸納而里甲魁息士有趨操者校藝暇

引而劘切名理諸編誠弱户昔為巨室憑陵者侯
一切卯翼之志士宗以為師而細民驩若更生越
三年諸美政小大咸興往邑諸先輩論學迄無定
處侯曰是工可無肆耶剏明新書院月有會會有
田一倣白鹿諸名賢故事而瀏邑之故所稱學宮
形家筮罔吉侯從諸士請復故址民不煩而澤宮
告成事又剏公舘泊浮玉洲改東門為邑計久遠
凡此皆其巨者至鄉約社倉人不過餙文具爾侯
以為維風救荒急務讀法旌善戒惡期于必行社

倉粟峙都鄙者可支數年大都廢者興墜者舉圯
者飭若孝子慈孫營室家然俸不足則佐以贖鍰
諸羨毫不以私橐中庚數年而侯與民日親民與
侯益習相戒曰神明宰無溷乃公為侯亦不設城
府以疑民而邑大治己亥春有　詔召治行卓異
者備法從之選侯應　召行有日傾邑人士攀轅
卧轍泣而送于文江之滸依依不捨舍歸而聚族
謀曰庚桒三年穰畏壘且尸祝之侯為穰幾何而
忘德為相與醵金肖侯像祠于明德之左志仰止

也憲副吏公叅知劉公督學甘公司理劉公及别駕尹君叅軍龍君少尹張君諸生賀謹庸龍作霖等屬記于予余以憲副叅知督學司理偕諸君等凜凜德讓君子其言不佞不敢辭盖嘗稽兩漢循吏或興學或溉田或興水利或執法或彌盜人皆以一事著考其素又各得性之所近然或流于鷙擊不顧人所安睎夫子學道愛人語大有徑庭善乎太史公曰脩身者官未曾亂也夫學而後知脩身脩身而後知愛人侯朿身廉潔如處子孳孳慕

古正學以儒行緣飾吏治故慎脩思永而流愷悌之澤于無窮也即起漢循吏比績挈功何後先焉然遡學術淵源又當别有論著矣金生光蘅常告予曰侯祠成田閒父老二三扶携過祠下曰夫使我安全休養絕追呼雞犬弭寧者非侯耶侯舍我去耶思而泣各捐金助工有差予曰此口碑也禾川人雖峭激其性然赴義如渴可以誠孚德感此足覘矣侯係民思如是他日得無有墮羊公之淚者乎用記以竢其祠落成及助金人員另有記

綏寧令古濱張公名宦祠記

鄒子以上計考功氏過里乞歸而邑少尹卿子衣錦領其邑之父老子弟若而人言曰綏僻在楚徼令者往往鄙夷其地而我張侯之牧兹土也民至今有遐思云盖侯既以粹白褆躬而又以仁愛噢咻其民興利去害罔不旣心故民於侯之去也如免嬰兒于襁也則相率紀侯政績又有肖像祠侯者矣今去侯久民鞅鞅思侯彌切頤乞子一言以垂無朽子固讓予曰古有采風謠于里巷者昔真

也而焉用文之諸父老固請鄒子俯而聽仰而思曰予觀令之德政碑非昵於情則雄于貲者也盖有司在位雖暴如鷙鶚亦豈無腹心之交彼所謂腹心者方闘其去而已鐫金礱石以侯矣又其人或據雄津往有所懾前有所覬故相率為之予每過其處汗輙淫淫下公去任已更世而為古人已三十年矣情耶復再進父老而問曰公以何官去曰侯治甚有聲以孤援僅遷郡丞復以左上官去鄒子曰予於是時不無餘憾焉盖當其時主爵帷

受命于相而為桐者聽命於鐵神謗有科千道八
百之誣公能以其身媚民而不能以其身媚相不
能浔民之財而卒能浔民之心有由然也復問曰
侯何里人曰侯涇人也鄒子曰求木都市終年而
不獲一若之深山大箐即美材可盡取焉涇之士
如蒐材于蜀楩柟杞梓連雲蔽日非歲月可盡也
涇俗儉勤而守禮其邑多君子長者又皆津津明
先正絕學侯出其鄉其流愷悌之澤而垂無窮之
令問也厥有由哉吁嗟乎予不能不服侯善于自

貽也今之愚民者戚汲汲為去後計即有巍碑以
塗耳目然未轉盻而零落荒烟露渚牧童樵豎往
來其間侯不為一世耳目計所在民懷所去見思
思而愈久不替是孰為之哉昔有之襄陽者涕淚
峴首之碑安知他日之金溪風門讀公碑能無潸
然云敬系之詞歌以寄民思詞曰
惟令與民譬彼一身手足腹心疾痛情均彼狡為
者胡為不仁在則民畏去則越秦天佑綏民張侯
來治庭無懷金埜有馴雉練我土著剪彼菑夷民

寒與寒民飢與飢伏在楚徼士嬉于學聿脩黌宮
表示先覺囹圄空虛風俗淳樸賦平役鮮民用和
樂侯之去兮爭祖于郊攀轅卧轍婦女斯啜如魚
失水如雀覆巢伐石建祠象侯清標誰謂侯往倏
五十秋侯今何在民心悠悠馨香民德用嗽蔗羞
侯神燁燁庇此窮陬吁嗟侯兮古之循良惟前有
汪惟今有張千秋萬祀民戴無疆我銘斯石用勒
玄堂凡百有位其罔不臧

新喻令柱宸俞侯去思碑記

俞侯碑碑柱宸俞侯舊令時事也遺侯碩我山中
予覩其器温如金玉語侯曰昔在中朝文江莆陽
名碩甲天下貴里林貞肅易號曰見素者見吾邑
張兼素也彭惠安黃陳兩侍御清風灑灑而襄靖
郭公嘗所謂一代靈光今其責不在君侯等耶侯
唯唯旣以卓政徵入中朝予掇二詩別未幾張孝
廉某造予廬以去思文見屬予語曰不佞山澤臞
農寘心丘壑足落吾事且筆石蕭澁無敢辱侯乃
諸父老某至又未幾進士施君至言人人殊大槩

謂邑俗本淳不敢以世俗涸先生侯政實可傳予
言故足徵也曰邑在豫章寂瘠鄉以農為業自侯
至民皆得悉力南畝無復有病政亂吾民者又鑛
税既興虎而咆哮者及諸咆哮而私攘者襍廢百
出民不聊生侯察其隱痛調劑其間諸神叢裒息
又剏文昌閣控一方之勝而多士雲蒸又開河以
興水利河成民世世感其德無窮大都廉以禔躬
慈以運政民斯是家尸戶祝不忘予聞其言再拜
諸父老言曰　上賜諸君第以乂安元元蓋人人

欲其家睟斯世子睟斯民豈其遑感稜肥身家是
為侯志古人之道盡乃心恪乃職亦分內事何以
碑為且今之崇祠豐碑布滿通衢来口語不少衰
與侯相期咸在聲色之外夫道不緣聲色而顯以
聲色而顯者終有凋謝有孚顒若下觀而化其氣
象渾渾淪淪上不知為德下不知為感此順治之
象也予願以此期侯而君等亦當信予言諸父老
及進士君固屬曰不大聲以色先生旨甚淵然予
懷明德其義謂何夫政者因乎仁也仁者系乎思

也情生思思而必期永言此人之常也先生其無
辭予感侯學道愛人之化邑士民戴德罔諠之義
遂為志棠思以慰諸君侯它日踵林彭陳黄郭氏
諸君子起則史氏將為侯大書茲碑其蔦矢矣侯
名誨字某號某辛丑進士莆田人

甘竹龍氏祠堂記

君揚龍少恭以瑰材偉度宦跡聲流吳楚間會江
陵相用事有狂生詐　詔旨詆相者江陵怒書致
都御史甃狂生公適當其會得罪歸公歸而嘆曰

予弱冠入仕欲得一當報　天子為國家掃攙搶
今已矣乎一腔熱血欲灑無窮夫遂謂田野間無
政乎予始祖某自禾川来卜居甘竹今泒衍為五
子孫祭祀不輟顧祠湫隘至不能容執爵奔洗者
乃捐俸貲千金葺而新之計制視廣長視昔凡數
倍祠成與族長約曰族食指繁昔大賢有欲置堂
食費者吾宗衆不能請于元旦次日泒各輪一人
為政具牢醴聚長幼講親睦爲踈者親矣又曰里
有名賢頒講讀法家家誅而爭長老為之釋而絕

不煩有司何都也吾宗自今有不平者請乞鳴祠祠為衷之平不平鳴于公未晚而爭者息矣祠之前諸水橫出公以己田易而一水環繞祠左右又製常稔祀田若干而祠典大備矣公謝世已數年諸長老曰吾里簪笏不乏能淑宗祠于城于鄉凡費二千餘金四五祠者有幾能賑宗人饑寒如躬者有幾此吾祖在天之靈發祥于公而予等食其麻也請每年於祭羅而別祀公公如有靈其歆享無疑祠故未有記伯子嘉柱病廢床褥者數年一

日思曰吾父食祿幾何而半勑以為奉先費不有言則將來不委吾父德意於草莽乎走使數請為記予辭至再曰吾吉州仕國也如尊先公之敬先恤族不有其身與後人者誰此即神鬼且鑒之一片石何能為先公重嘉柱復告曰嘉柱雖不肖然每念先公苦行非得先生一言則不傳然以久病奄奄之人不得先生言則不瞑予乃憮然曰仁哉嘉柱宜君揚之有是子也易之萃曰假廟者萃祖考之精神也夫子即彖初爻曰乃亂乃萃其志亂

也說者曰亂定也又曰渙也予曰渙而不能不萃者上為政也萃而不能不亂者眾為政也上為政則禮樂出于一而家道昌眾為政則議論出于二而家日替不然古之家廟序昭穆矣而繼曰序爵以辨貴賤序事以辨賢蓋貴者賢者能使人有所統攝而不亂龍氏自我朝科第接踵其必有賢與貴嗣君揚之志于無替者而申萃之義也用記以似

泰和柳溪陳氏祠堂記

先師胡先生常曰邑家科世閥顧遠者不繁繁者不遠若柳溪陳庶幾碩大繁昌代有聞人者予予耳熟斯語已得接其家符丞兩湖公公號儒林武庫年耄抑抑如也予心敬之家後得同官懋中氏于比部癸未又得識陳惟直氏于京師二公操趣皆醇謹篤衷所至多宦績因嘆曰昔先師謂陳氏有聞人于今益信又數年懋中以讀禮歸惟直氏以善病請急歸折簡予曰予家自南塘評事公避亂來歷歷都斡公一人不墜者綫耳天不悉墜吾

鼻祖吾陳之蔓衍子邑蓋繁且盛而以科第薦
起家列在名卿及諸元魁藩臬郎署郡邑蓋幾伯
有餘人疇非祖德之賜哉嘉靖辛丑閒僉憲公德
鳴水部公德文謀曰卿大夫往有世廟家備在世
卿至吾鼻祖不得歲時聚族一奉烝嘗是無禮無
禮是無先于是捐百金為宗祠倡各族聚而復謀
曰諸大夫有祖繄我獨無於是計丁以歛蓋得數
百餘金而遴後街之椎樸者若而人首事諸人矢
心而誓曰茲事宏且鉅耳而目之者衆不殫厥心

力或以衆議撓成事或以不貲速厥謗祖靈如在
于是朔望必有會會必醵金其各房之金則繇而
藏之而以後街所自會出而慱子錢蓋數年而金
千餘矣屆期符丞公獨出金百明府公龍江少府
公養蘭進士公廷麓各捐金有差于是始貿地白
鶴山左聚材鳩工至丁巳而祠成堂一寢廟一寢
翰閣一有廊有墀巖巖翼翼壯偉宏麗則諸首事
之腐心殫力者深也久未有記敢以累子鄒子曰
祠中古未有也爰自朱子與門人祖程子私議至

我朝頒家禮天下而宗祠興然朱子亦云祀止四
世四世以上非不欲祀蓋有限制所不敢也而家
後人各思其祖之所自出始有祀其遠祖者矣夫
祀遠祖可也而慕遠遺近賤親貴踈祠之義晦矣
陳氏之代有聞人若挹水于河取之無盡吾師所
謂碩大繁昌而今祠足為名宗楷者也雖然予嘗
之名山之麓其干霄蔽日之材不可量計然其得
雨露之滋禁牛羊之牧然後得以完其美材而翔
曰名宗陳有僉憲水部符丞諸公倡之先又有比

部及進士公繼之後而又有諸首事殫心戮力以
圖厥成茲祠之輪奐也攸宜為陳氏後裔登斯堂
也遡諸大夫勳之宏遠則思守之不易念諸元卿
碩輔培之深厚則思孝之未能祠祀也又思也思
吾身一髮動而萬髮何以皆隨一指動而四體胡
以不寧一體故也夫吾宗之愚蒙貧賤疾痛痾癢
皆吾一體也世故有等骨肉于路人甚或以踈而
閒戚者此何心哉則未晰一體之義耳故曰惟孝
子為能享親惟仁人為能廣孝徹仁孝之旨而邀

明德愈馨詩曰永言孝思孝思維則書曰奉先思
孝敬為爾宗人誦之首事諸名另勒碑陰謹為之
銘銘曰
於鑠許事来自金陵源深流遠再世其興克昌厥
後蟄蟄繩繩日升川至霧擁雲蒸西昌名閥柳溪
之陳其德彌久其澤愈新峩峩冠弁奕奕簪紳如
彼名嶽鬱鬱嶙峋言念厥祖明德不忘伐木刱祠
白鶴之陽春雨秋霜爰奉蒸嘗衣冠楚楚鐘鼓煌
煌千葩萬葉咸麗于枝根深蔕固其枝垂垂忠孝

其本仁厚其基百爾子孫尚其永思

德壽堂記

郡各邑環郭外多巨宗者惟禾川為冣曰龍曰史
曰賀曰金居食鱗鱗衣冠食指相望蓋鬱乎稱繁
盛矣吾友叅軍祀溪龍公自永昌歸休祀陂之上
者二十年今八十年偕其弟帶湖君洎諸子姓雍
雍穆穆讀者耕者有古孝弟力田遺風予嘗過而
羡之覩其子弟之茂穎者予為叅軍賀曰此謝家
瓊樹君未竟之緒是在諸子君搖手而荅曰微天
之幸得長有今日章矣吾先父子享高壽吾兄弟
及吾兄弟之妻又各踰七望八而吾姊並健飯無
恙骨肉相聚白髮鬖鬖無夭札之患生昇平之世
得于天者多矣且吾家耕而食織而衣池可漁山
可樵自輸公賦外子弟世守一經為箕裘而先世
渾厚淳龐之澤猶有存焉世非無足躡青雲稱得
意者回視伏首蓬蒿時食不過糠覈之而以海錯
為飧饔衣不過短褐之而以紈綺為褻服赫衣怒
馬良田豐室廣童僕淩轢鄉里至怒而不敢言視

先世況積累蓄以一人蕩覆之無餘吾不願有子
才而顯者以易我今日予聞而惕然者久之君一
日復告予曰予子孫食指頗繁予欲構堂數楹而
各授其一為藏身地予宦未久崎嶇嵐烟毒霧中
不知其幾萬里櫛沐于虫蛇草露中不知其幾朝
夕纖毫皆 上賜也吾子弟居斯萃斯念懦懦一
老骨皮辛勤始有寧宇不忘堂構之思也惟吾後
人脱不念乃先人戾乃同氣弗肯堂也亦惟吾後
人世之縉紳輙聚族而譚性命吾不敢易視性命

君陳一篇領吾子孫熟惟其義是已予聞而拜公
曰韙哉公言即起諸聖賢復生寧能易孝弟爲性
命乎公落成日適屆八十鄒子謹題其堂曰德壽
俾述公言爲之記令億萬世無忘叅軍公世德

謁西陽宮記

西陽宮歐陽文忠故宅在焉甲辰冬以展先大安
人隴再謁故宮覩遺像剥落苔蘚盈階晋諸士人
曰先生百世之師不供不恪非吾黨之責與諸士
人曰夫先生雖師百世而中有難言者祭田年可
五六金彼後裔利其金棄不祀即祀弗腆矣稍稍
山林樵𥟝有事聞上官小民力弗敵究者踵相接
矣予蹙然曰有是哉此吾里故知柰何先生後人
有是耶吉州後先朝多顯達名人上之人恤其後
情也亦禮也其子孫多逞其氣𪌂咆哮蠶食一鄉
且上傴縉紳縉紳多豁度即念及先公不計然予
景仰先德之心非甚盛德亦不無少替夫子孫而
敗其先世土田居室此不過外物至令先世忠厚
世德一斬無餘縉紳含忿不無薄其先世此可令

先公見耶夫子恂恂鄉黨其敬恭桑梓之意概可
想見若以吾里諸少年意即顔曾後裔以孔氏孚
孫臨之無置足處而况其它故爲名賢後裔宜法
先世恂恂之意非賢與守禮者以先世故暴横乎
鄉者上之人當以禮法裁之乃可以起先賢九京
而玉之于成也

怙西樓記

聞海陽有西埜而西埜據海陽之勝西埜有怙西
樓而怙西樓又據西埜之勝怙西樓者程京兆利
往不忘其親志慕者也江南神臯有白嶽爲實莫
於是故其間丘壑泉石率多秀異乎京兆之父處
士西源君過而好之生則築精舍以休以游沒則
葬焉京兆入見精舍而悲出而墓田而悲一日又
以處精舍則不能兩望乃剏構一樓日睇盻其中
松楸之色不出戶而延於目風木之聲不傾聽而
充于耳隱几而讀陟岵之詩可謂哀以思矣夫盡
人之子孰不及情惟耳目日以遠則思念日以疏
故未有見手口之澤而不惨然涕泗者况其遺骸

乎京兆朝于斯朝見處士于斯夕于斯夕見處士于斯可謂不忘其親矣而非生乎淬心于道未有若是之純至也樓凡幾楹朝華夕秀襟蔚于下書案筆床交置于上左列茶庵右祀關祠義井鑿前梵閣負後遥青近翠環樓而峙者天臺北嶺諸山也清流碧潭縈映左右者蘭原玉井諸水也如斧如鬣而靈秀鬱盤于山水之間者西原處士丘也登茲樓者或盤礴於山水或嘯咏于雲霞莫不欣然樂而忘返若京兆則寓目同而興懷異矣為人子者登其樓感其思京兆有親緊我獨無為歡未竟而哀慕亦繼之矣人皆不忘其親者則又京兆之錫類乎京兆有西埜精舍焦太史弱侯嘗為之記而亦稱其能慕今復以茲樓請記于余豈無非欲不死其親耶哀其情故亦不辭而為之記

瞿圃記

古我名人所至韻守令人歌思不忘此不知其然而然也瞿圃者邑人士為　瞿侯題也侯以恩江令来署邑事濯濯風壓之表諸美政未更僕數而

最嘉意學政先是學前群居蔽秀徹鄰後說者謂風氣蕩而無制年年欲有事而竟成築舍諸生以聞侯侯毅然行之計居凡數層可為藏脩所費幾千金悉侯苦心弁捐俸鍰金佐之成左為射圃余顏曰瞿圃盖取吾夫子觀射矍相之圃而因圃志棠思云夫吉邑人士沐公薪醮沐公霞露無之非公一圃何足借公不知昔賢如李如杜李之敬亭杜之草堂如蘇如黃之渡各系之以姓停軺吊古者恨不起之千古它日之澤宮而閱圃名者知侯至止于斯布侯者繹公之德志正體直尚友者思公之人頑廉懦立謂茲圃如李如杜如蘇如黃諸君子並秀来禩人且以為瑤圃玄圃侯之責吾邑者與仁山文水並峙哉

兩河書院記

豫章故稱東南鄒魯它無論即饒陽餘干如胡張二先生在聖門亦在顏閔列以故流風餘韻代有名儒據予聞知則有星堂史公見知則有同年安吾嚴公史公刻厲一生為世師表而嚴則繩檢倫

恂澹約自守晩而又聞暘谷李君中道而脩孳孳興起一郡人從之夫學而徵之鄉如懸明鏡物無遁情學豈易言哉諸君子後吾得之陳督學長卿督學特立一意而今而卽而學政皆以孤身亭亭物表作人間楷模一旦以雙親年髙致其事歸侍兩尊人暇則以維風倡學爲事一日過予曰邑北鄉界去治二百餘里而風俗人文綽有古風先是有朱公某者朱晦翁畏友晦翁以克己名其堂公踐履篤實故風之所移一鄉人至今斷斷如也歲

必有會或于祠于古刹不無作輟僉議醵金構館于兩河間家大人某捐租以資會費蓋二水交流講來止者爲中道者主而議成道旁韋髙萬林公力成之直指毘陵陳公以求斯顏其堂喟然名其閣而太守吳公以退省名閣之堂歲時集縉紳孝廉父老子弟講

高皇六諭外參訂學脉維持風紀歌詠盈野洋洋盛矣督學委予記予惟直指以求斯名堂又以喟然名閣其啓斯道闡鑰者深且切矣夫斯寂難言

以漆雕開尚未能信然信非虛語也今古能信者幾人自唐虞精一之傳幾至絶響賴洙泗一脉直接唐虞至宋諸儒而續闡繹之我　朝諸儒又一大顚今登堂者問之人人必曰能信惟深知者退而自省語信一關未有不汗流浹背信者信何事求信者求何事外馳者非家寶內護者多意障而斯之旨荒矣忘己忘人忘物忘我天地萬物皆吾一體始足語信點對夫子之問童冠沂雩之樂春風習習蕩人胸次夫子喟然之嘆千古傳心只此

喟然故曰漆雕開已見大意雖然必有小心翼翼之功而後能入明儒曰若無戰兢惕厲功夫驟語曾點見地是寤言也敢以是請正諸君子發明堂與閣意水之流行于江河也猶必滙于斯開一文明區宇夫天下事未有不合而能成者日月合而成璧天地合而萬物通友朋交而其志同朝于斯夕于斯觀水則知學知學則知所以求友斯地代有賢哲爲世砥柱諸使君之志不孤矣無令人嘆曰魯無君子者斯焉取斯昔文中子設教河汾子

夏敎西河千載肾之為敎父長卿以西河為桀育地勉旃予將以一葦聴伐木章矣

隅陽胡公鳳崗書院記

夫士有耽情簪組臨老而不肯一望首丘者此以軒冕為粱肉也有怡神泉石於世若將浼焉此以莽蒼為家舍也然苟心有所係以隱為髙以仕為通二之皆非也惟心無所係當其仕也可仕則仕即棒檄非通也可止則止回車非果也予友隅陽胡公是已當予與公執業衡廬先師門是時公為諸生雍雍有士行己公起乙酉孝廉三仕為令有循吏聲僉以大用器公而會晉州大夫歸而過予决出處事予告曰公處則為道謀出則為蒼生計如人飲水各充其量公翻然曰不佞叨一官而楚而浙而畿輔日疲神簿書者目不交睫手不停披盖十餘年今髮毛種種矣昔者有親可事今親舍我長逝風木興悲三釜何為予其隱矣有田一鍾有書數卷率兒子耕讀其間以畢予事予聞而壯之未幾公復告予曰不佞家數椽僅蔽風雨而近

市塵去家數里許有鳳崗焉羣峰矗矗參天長河一水環抱予誅茅其上挈舊書偕兒子棲焉子為我記之予閱詩至考槃衡門章未嘗不羨古人髙致而公嘗從大夫之後進則使各邑蒙覆露之澤退而使子弟瞻仁厚之身敎非以仕為通以隱為髙者可比並雖然古人之處也出則豹變處則龍潛龍德而隱在確乎其不可拔此先師時以醒二三子也勉哉大夫其以鳳崗為卧龍矣予雖老尚欲扁舟訪大夫玄廬請事焉

大僕少卿見虞曾公壽藏記

夫人以品勝厥惟重哉品有才者能者各擅其一至真品則不以才能名渾渾噩噩如大羹玄醴淡而不厭如百鍊之金色澤攻之而愈鮮此盖不以世求者而吾友見虞先生是已先生規員矩方自諸生時已為都講包茹萬古中年始得一第而為郎為二千石皆以清真澡雪從事繕部人以為畏涂以為財府至譚及中涓事皆相顧吐舌謂不能與之難公在事即中涓亦為避匿曹事若洗大司

空偬仰受成而已例該内徙亦以前郡中公為邉郡守公為郡守時直稅使横行中丞繡衣使者嚴者刻[redacted]庸者倒置先生一以平和從事而郡大治方擬行春為列郡冠冕而遽拂衣歸先生歸詔起守者三而辭者三　上嘉其卓行恬僑晉太僕少卿復　詔起而先生復疏辭　上猶然虛位以待衆咸相向曰安得曾先生一出為世霖雨而先生眺首不顧今年乃營壽藏文昌鄉之社背是鄉稱三狀元里前是仁賢項背相望去鄒子藏骨

所及先大安人瑩稱里閈蓋聲光相望一日先生過睎予地予語曰兩人互為一記以貽雲礽蒙先生慨賜而予逡巡不敢前蓋欲言難為言先生學有諸身而不落言詮刑于家鄉而埋光剷采熙熙穆穆非一善一能所可名求之古質行類大丘彦方方嚴類正叔餘干諸君子數君子者言之令人髮豎神悚骨有朽而神理不朽神州皆其神遊地豈以藏衣冠所為重輕哉先生地當予大安人及予壽藏正中道林木雲霞冉冉藉先生流輝千載而下神往神來何先後焉

參軍祀溪龍公壽藏記

龍參軍者廓落倜儻士也予丁丑被　廷杖死者數矣挾而入獄時天寒雪深數尺獨予與平江艾純甫席地而卧風颼颼四起不死者寸心耳私念惟君可托生死備緩急乃君忽至慷慨泣數行下曰君以身殉國予奈何不以身殉君予曰君至遂有起色時醫刺兩足血淋漓不止則以身翼予者凡數日别予𥅾溝橋上明年拜雲南永昌衛經歷

過都匀徘徊數日别去數年間情誼孔殷遣子作霖從予遊君有異才凡滇中艱巨事得君一言而定雖以是騰譽亦以此叢忌君遂告老歸君歸之年予與安成傅大理方將尉薦公于　朝而君歸矣嗟乎世無感恩者公有恩于人誼不受報其柰之何蓋大理赴戍時亦荷君助之行李故也甲申予以吏垣言事再遷南比部君棹扁舟訪予白下感恩今昔令人魂銷君惓遊乎而邑中事咸荷公為政姚江陳侯為邑請改折事發源余侯起印玉

池障下流禮而屬公公不彝老而崎嶇南北舟車櫛沐嚴霜露雨中竟各成永利利在邑苦在君忘其老之將至者此何心也正德間吾媦家有北山龍君貌魁雄多奇計新建征斷藤峽首長欲得新建為質新建以北山貌類己遣北山往竟成功而北山中多陰謀不傳然名烨爗野史郡乘間不減諸公卿君磊塊非常之才豈下北山世無新建其人令公得吐其奇耳君身無餘財有以空乏仁義事告者君必倒囊應之予居官所至見遂無能助

君然每思君有偉抱不得盡試者寸心如擣矣今年君營壽藏予謹列君大概于右俾它日知賢士大夫如君不能盡試者懷仰止之思而予受君扶危之恩不能報萬一者并為予志媿也君名某別號祀溪與弟帶湖君老而一德孝友懿行其子孫森森君之祉未艾也

長干婦記

予有友官南都其妻得子病乳覓長干婦乳婦年大豐肥善機知慇勤事其妻醫眡曰婦肥多疾妻以其善弗忍謝去亡何婦感寒疾秘弗言兒容消損友見而請醫眡曰是宜易乳友遍覓宜乳者至則俱為婦陰間去友覺而謂其妻曰夫吾易乳婦至衆豈無足當意者蓋婦疑將不利己妻終不信曰是婦賢婦聞而泣曰我一片熱心奈何不亮于主公佯欲辭去妻亦泣遂聽婦乳數日童發痘無

救夫莫親夫妻與父愛子終不能易妻偏聽左右昵狎讒言易入故耳嗟夫人知今天下士斥逐纍纍不知踞要援奥如長干婦者何限

老優記

予自癸巳乞休時宿太雲招提午方假寐聞殿上人語聲嘈嘈唧唧出詰之曰繄何人斯曰予優人中一人年可七袠鬚髮為白問曰君亦優乎優而何居曰予扮老員外耳予呀然大咲其人不省即唱老員外辭數闋予復大咲蓋予自乙酉拜副郎

至戊戌十有四年而予諸門人在側有怒容予曉之曰君謂予負外真耶天地一大名場也古今一大戲局也彼我皆戲孰貴孰賤吾得如渠玩世者七十餘年更復何求遂相與一笑别援筆記之以醒塵眼真則俱真假則俱假真假無憑當作如是觀

伐樹記

先世庄有二大樹當門鬱鬱盤亘里許不知何年代一日同堪輿至曰大樹當門召疾詢之良曰然

乃命童子募工伐之伐之日妻及予夜夢不祥匕何妻江雙男胎墮予即悔無及矣嘗以告友友曰一縉紳伐後園樹一枝而其家光怪經數年不息又一訓導在吾吉伐衙齋後數樹訓導不數月終諸樹夜作鬼吼又吳門一士欲伐後園白菓樹直金八緡夢白衣婦人求解曰願君護我爾金具在其人悟而止掘土得金如數蓋樹經年久照以日月沐以雨露冒以霜雪諸仙神好脩者托足焉譜云蠢動含靈皆有佛性而當春方長不折兔延亂

戒況數百年長養名材乎故予每遇堪輿術士惓惓以此告戒不欲人復蹈予殃悔無及也

城記

南北部飯羅諸同寅休沐多聚語一寅長江陵人喟而嘆曰世間迎承揣摩我里相公殆盡相公第宅棹楔墳墓田園子弟無以復加一觀察至知無足入相公意乃思曰江陵為奸雄窺伺地況濱蜀江誨盜可虞乃疏相公願加江陵城數尺江陵大喜恐不能令一邑獨高遂下令天下各加城數尺

一寅拍手曰我為縣時奉行惟謹憣不知所出原如是如是一習春秋家言曰昔夫子重民力城必書使今日而遇此誅心何似聞者絶倒觀察卒取高位得美名去

祠記

黔中丞王某故與江陵奴結婣將入黔境有無賴商榷而為苗負弩望中丞前旌駭汗俯伏作向化狀其志惟欲利開水銀廠中丞即致書江陵曰相公德被蠻貊一入黔路諸苗搏顙向化者接踵江

陵政以不奔喪恐為上疑得報大喜促中丞奏聞中丞至省即促各道申聞各道曰必詳後敢聞越月各道至又不聞中丞怒曰相公在王大宰處謂予素辦事今乃縮朒乎其先聞無急各道遂從省申文陰出銀令一奸細買馬物入貢疏曰前苗來格至十餘年乃以兵壓其境事乃定貢既入中丞又致書江陵曰土司荷相公不殺恩願得肖相公貌祠而世世尸祝之乃一日繪江陵像至兩司具吉服賀入而觀像中丞曰此兩時相公在苫塊中

萬機憔悴若往時天日之表猶自驚人擇日祠成鼓吹盛儀從迎入祠中丞後從輒又致書曰相公為遐方萬代瞻仰而其叨相公鞭箠之末土司并欲肖犬馬像門左角以當閽人惟相公財擇江陵報可大悅其後江陵禍作土司夜毀祠徹像中丞不足惜獨怪江陵素自負為此輩鼈魅弄之股掌中何異兒戲

兩訓導記

兩訓導一樸一聽會僚長憂去樸署篆思無所長短除夕盡易諸盈銘殿堂門廡齋閣庖湢渙然一新見者絕倒偶以粘聯苔滑傷足痛臥床第聽思樸病必不起篆當屬我乘上元飲賓故事其長楊斛儀視二齋稍厚樸既病不能出仍虛以待樸聽屬彝曰老奴病楊斛當屬我樸在床聞聽言乃出一紙署其坐曰老奴有狗馬病不能為主席聽乃以足蹋席殽果狼藉通國大咲然士縉及諸生憐樸為人不欲其去聽每逢上官輒發樸病癈狀上官為其言所中樸聞而恚曰天乎吾柰何獨不見

容於儕友我去矣吞聲茹楚典衣挈妻子卧簑輿買舟去人人私心薄聽乃不二年聽亦病跌足竟卒樸在家跛而康強談子曰人謂天道遠以兩訓導觀天道不遠計署篆所得幾何喪心薄友自招孽報可忍哉

兩閽夜譚記

兩閽故馮保門下客以罪謫孝陵余嘗夜宿孝陵諸閹問當時高張事二閹具述逐高機括與病榻遺言無二彝二閹曰高長子只是強而聽滿朝嫌

偲歸心于張馮與張有夙好高不知高又欲逐馮柰何不坐危禍又曰滿朝只說張賄馮此大寛馮每年所得金銀豆時時遺張一年可數百金蓋馮欲張錮諸言官無發難于己己所欲得不在閣臣邊事夫當時機事二閣使終事馮且至死粉飾乃馮死客散二閣星斗錯落下不覺吐真情真語諸縉紳聞而吐舌曰鼓鐘于宮聲聞于外誠不可掩如是雖然機深禍深千載下一明者能辨之感應篇曰無傾人取位

巧婦記

里有故家居不飾衣無彩器不離鄒交遊寡少累世以素封著而生子獨慧出與貴介遊歸而恥其家不類乃請貲遊國學祖父曰吾素世從豆棚中度日學即爐頭可何必國學子益憤謂不然者將北走胡南走粤其內與其母懼其然陰以貲往至則又與三吳諸貴介富室子弟遊凡衣服茗醴嗜好種種又弗類常以示內內弗應怒歸其婦諸儈揣知其意以艷姬進艷姬多心計茗醴烹調服飾咸盡制心大喜歸而拜祖與父祖父一揖瞑目而入而諸戚里過存咸羨故家有令子喜接賓客諸賓客履聲滿戶外咄嗟立辦酬飲唱歌通宵且咸慶其得內助久而不足則貸責責至則鬻業業盡而祖父與內皆以疾終臨終皆椎胸而泣其人與巧婦俱餓死終身不能名一錢嗟乎武帝朝鞭箠撻四夷桑孔之徒盈庭接踵逢迎主欲令海內虛耗者何限則巧婦之以也

義犬記

余與先妻江安人在匀獨處山半無衛乃多畜犬時其飲食家奴有詈喝者輒鞭笞不少假而犬依戀左右最嚴客至能識人善惡惡者與吾邑輒嗅其頭吽號不休予往返他邑即數百里先輿而行宿處以尾踴躍者片時夜聞其聲起視之即有物諸宵人多畏之或間以針及毒藥中之猴咯咯病危數日又甦予是以孤處窮鄉得免于禍壬午冬予歸以其二轉贈劉司理衛齋而以其餘付諸門人司理泰和人後轉州守告予曰怪哉犬至赦衛

數日不食死而諸惠門人者皆云後不知所往初
至叫號數日不食或為人夜縊死予聞而傷心曰
萬里隻身誰其護我獨犬與予護持者數年予得
生還而不携以歸明棄之它人犬不負予而予負
犬記之以昭予薄後予官掖垣一同僚常州人生
平喜食犬一日床席椅棹燈臺衣被各作犬聲無
病卒

老馬記

予卧錢佛庵中去家里許頗骨軟難徒步而家童
多樵耕不便一日以五金買馬則有相馬者曰齒
且長易飾而售諸人予曰我嫌老而又以老誑人
是欺欺吾不習姑已之明年予有先太安人并予
妻之喪諸堪輿入窮鄉深山咸藉是馬馬未嘗瘏
痡顧是馬性異常馬行必先一童子前引始行不
則鞭策之不行放而之水草惟食水草未嘗一置
足它處一日予騎至深山有獨木橋下瞰深淵將
下馬徐步而過予未嘗驚客善相者曰此即驥也
予易其言客曰子謂世無驥耶驥者馬生于冀州

之謂不以力稱爾馬必人而行是不敢為物先而
不引所之不它往有自守之義涉獨木橋而不驚
不亂則庶幾乎性定矣予當驥而失之必按圖而
索乃稱驥乎

癡儒記

癡儒赤崊里人十歲憒憒父母惡而呼曰癡兒長
而能文充弟子員遂名曰癡儒癡儒事父母孝家
貧時館穀虞山中初来學者盡咲癡儒久而弟子
多頗化曰師誠篤就學者衆年可得廿餘金是年

歸宿五雲江口江口有貪吏舟賊大肆刧掠火焰
燭天癡儒卧漁舲中覩而心驚曰不好不好乃肅
衣冠焚香跪迎江干曰生員迎接大王賊遂登舟
曰寶来寶来癡儒曰大王全我歸見父母何患無
寶乃開鑰取俸金獻之賊閲其誠欲舍之一梟雄
曰腐儒何為盡取之而閲其誠者卒分其半去又
跪送曰生員送大王賊咲曰免禮癡儒退汗流浹
踵沾沾曰性命全俸錢半以頭搶地荅天者再其
長年怒而曰爾不迎賊賊豈至尚欲謝天乎癡儒

曰爾不讀書震不于躬于其鄰鄰禍予一人其焉能免我以衣冠化強暴猶得其半非然禍且歸予無論我矣歸而邑屋人盡咲癡儒所為而有數名士聚首貴人所乞去思文至亦嘲癡儒長者咲曰癡儒幾于達矣夫今所不為盜者幾何諸名士皆目秀雅盛服先生以文名負當時焚香而迎勒石而誌棠思人盡癡耳然癡儒卒能全其身得留其半以養親蓋幾于達夫今所迎而誌棠思者閭里得存其全與半否則吾不知

龍泉老居士記

老居士龍泉窮鄉人自幼狂蕩不羈長而歸依空門若脩頭佗間治橋路施茶捐貲賑貧窮無筭暇日過予乞告曰予泉有最惡俗蓋予鄉當萬山中山與衡岳相聯絡凡南方鳥雀諸獸自七月至十一月鳥畏寒南奔春初至二月又回必徑于邑予邑人多設網罟危機彌山嶺諸飛去萬無一脫去計日不知死幾萬命予欲舍身為諸衆生脫此苦海而賦蟻即萬身莫贖邑貴有力者不肯言父母臨蒞邑者不及知知而以一尺一下民閒犯者罪無赦則誰不凜若斧鉞言訖泣數行下予告之曰昔明道令上元覩童子以投竿粘雀者悉折其竿今上元無有持竿捕雀者予記爾語豈無明道其人者出以畢爾慈念

牛油記

五溪人為粤尉者有軼才得幸上官而多攫其子往者　臨行捆載不利已迺多買油數十簍容置銀紿子曰年來奔走萬山中足痠須此為比天

膏兒謹護似我子應曰諾至西江干忽問油價倘貴盡倒載以售大喜過望而其父不半年以敗歸入門未幾從子閱至油處子應曰業盡售矣問曰果然應曰然乃以手椎胸者四子笑曰兒得利頗厚大人欲油乎吾朝夕可辦何自苦為竟中氣不能語移臥床然地多信鬼事禱神昏憒中輒曰油曰油來視病不省其音者曰神欲牛其子曰椎牛禱神而力不能辦則鬻業市牛臨終始曰天乎油乎數年藏之無賴子一旦貨之不知富誰氏遂卒

人始知病中椎牛祀神語曰妄也譚子曰尉粤藏
本以自利利子孫卒隕身喪家孰謂癘吏不可為
也

裘記

予入燕都凡三丙子秋入丁丑冬讁癸未秋入甲
申春逐庚寅冬入冬盡逐燕地苦寒須重裘予凡
三假禦寒丙子假恩江陳大常癸未假甘督學庚
寅假李觀察悉歸家而璧予雖貧乎豈不能買一
裘念非久于北南則無所用之遂皆借于友且吾

友皆有共敝無憾之義予時思此一小事不能久
立于朝者其性初然也昔有慮薪貴而倍買薪者
人笑曰今日不知明日除目而先積薪乎予近思
之能積薪者必不積薪者也古人以小事尚貽譏
而近有居室連雲陰買膏腴畿輔左右時置驛騎
運宣窯海錯一宴水陸畢陳凡勢要津路朝夕造
請驩宴無已時人人稱盛德彼且自以為世莫能
窺其善宦端倪不知知者如見肺肝古人見之又
何如也嗟乎貞婺寂莫深閨蕭條可念然貞性不

淫而名妓招搖市門為雛易老作裘記

放豚記

里俗歲事告成多招巫操豚而拜神既予比毋羅
安人事神寂謹嚴歲循故事將獻豚而諸人攘臂
終朝不能獲豚豚竟闖予書室伏几下予閔而止
之先太安人曰業許神兒柰何姑息而取罪盭予
曰夫神道好生非世間鬻屠劊者比兒念在好生
神方鑒我有罪盭兒當先太安人默默去予思獨
處書室而豚知避害托生於予靈知與人何異語

云誠孚豚魚而機心一動鷗鳥且不隨古人豈欺
我哉

醫記上

余母羅十餘年病寒咳嗽輙吐痰數升醫往往投
参耆泰雞等物或愈或否癸未冬客都下猶甚諸
醫復如前治不食者數日禾川曠子南僑寓都下
召胗之胗訖曠子曰大君無恙惟邪氣流注腠理
和解即魅春不藥而愈先生無憂余母少患弱聞
用涼劑已不慊怒邪氣等語不恭凡稱曠方及曠

在坐侻視之不啜余解曰彼所謂邪者寒邪也母卒不解余心知曠是不敢理會母夜夢絳衣冠若偉男子出聯試母云頭搶地母應云日升天又夢方外士自稱浙人得其醫而瘳次早李侍御旭峰薦醫官楊某至詢為浙人母大喜余在外預祝楊曰君入內宜稱大君一生正氣法當補楊入具如余言母首肯凡所投劑外主者曠內曰楊某進母方食而大喜曰神庇我耶臘盡交春母漸瘳具如曠子言未一月余謫官留都母聞泣數行下余跽稟曰昔不肖戍嶺表大人不甚動念茲得無以一官動心耶母曰非也子方入都席未暇煖為余迎煎者數月今方愈復使子累粮而南以君親之身使子罔有寧晷茲余所以痛也余退而思曰夫余愈吾母幾乎通矣一則誠誠則通通則委曲懇惻無所不至使余固執曠是與吾母角不假楊子通之雖華扁奚濟今事吾君不如吾母無論戍絕漠倅下僚即潤鼎鑊以所甘心易曰納約自牖遇主于巷豈欺我哉退叱筆記之備臣子一助且為

諫法

醫記下

萬曆己丑大旱三月不雨母夜宿露地受其酷毒又嗜莧茄等物脾腹崩解四肢痛楚泄如注戒侍子勿聞余余午始知進而睎母曰兒投一劑即瘳母素不服藥連應曰瘳矣晚泄愈甚乃再請母曰爾何知命某醫來醫者至余商曰宜服芎蘇五苓散醫曰宜胃苓湯余曰湯中忌白朮醫曰無害余不能難母服而轉痢痢暴甚或紅或赤或紅赤間或如魚髓如屋漏月餘初慮其年高用大黃畧少又誤進白朮毒結腸胃莫能宣洩乃走郡請名醫醫用和氣順下劑痢愈甚母喊曰兒不孝我痢方愈以藥促我誓不服藥越數日不止余跽說曰藥味苦請以丸代藥母畧許乃進香連丸丸服裏急後重大作母復籲天曰兒不順痢始愈以丸斃我誓不服丸名醫謝去余復床頭哄胗脉脉洪數至書云得此者十不瘳一余揣曰此可用犀角地黃湯解也乃自書一方犀角為主會前服胃苓湯者

来省哂云痢門故無犀角余私計之此獨不可以痢餘症治乎跪而強母啜數口未幾熱退脉稍微旬餘不得睡至是睡達旦母誓去藥益堅余中夜苦思不得迺以陳壁土澹水煑粥一碗犀角白术參其中不令母知私忖壁土犀角解毒白术補脾或間以鯽魚牛肉如是者旬日復跪而說母曰斷藥已久往所服保和丸可少進否母許遂進保和丸實多香蓮積久糞稍稠又旬餘稍稀又月餘復鄉予退而思曰語云事親者不可不知醫嘗忽其

語余所請皆名醫醫率持成說與吾忌余非知醫亦以苦心通之耳語云思之不得鬼神通之余於斯亦益信字内蒼生為庸醫斷送者不知凡幾傷哉是時力持吾見獨予兄一人病數變方亦數變紆廻遷就不一而足後檢全方痢内有犀角湯前醫未目者嗚呼寡聞眇見不學而欲醫國亦若人之儔歟

夢記上

己酉孟冬望晨夢新會陳先生譴戍吉水一車官挨剌曰知生某拜心殊怒曰武夫強項如是竊窺先生意殊恬貌可七十許面紫桃色鬚白語曰今人作詩原以適情而好促節好急就此何等意不如不作夢中因悟曰世以奕而動客氣聞新聲而致爭訟如此世間不獨詩一事先生命我矣遂匆匆命童子肅儀贄先生執弟子禮而醒起而思曰此何祥蓋先月何宗伯古林子崇京寄先生言行録到予閲之不覺神王豈神相感耶記戊寅赴貴竹時在常德夢先生與王新建手撫豢牙十丈市

藥通衢容容與與滿座春風顧予大喜今夢坐再姑記以識神交

夢記下

庚戌中元次夜卧水田小樓方假寐夢大司馬東泉石公從粵東解戍過我贈鸞絨手卷上剌繡人物疑自外國来者兩人相抱大哭醒而思曰先生相别二十餘年為古人十餘年一旦見之寐中其神有不亡者存嘻噓良久方寐復夢同拜先生于北地旅館甚備隣居亦煥然金碧先生以冠帶迎

我贈禪衣二襲予請曰先生冠帶耶曰　上有詔
矣兩人喜見顏色余問曰淵朝言戰奈何獨言和
先生曰我何曾言和止是言乎旋寐又夢予從一
寺下坡先生至予啓曰路滑恐先生膂力不勝先
生曰我還健予即同先生登私口占曰每到登臨
身且健句上磴道未幾先生曰南昌萬騎馬各項
麻帳皆工部製備予夢中思當時有以先生私製
床遺貴人者　上覺而怒意即忌者誣傳前語欲
問而不敢遂覺一夜夢者三何以故蓋先生為偉

男子望其容如泰山喬嶽自行人至正卿清忠自
持孳孳忠君報國是念使先生為大冢宰為總憲
豈在馬鈞州王三原輩下一旦不習說道妄信間
使以用兵詘死妻子流嶺表宜其英爽鬱鬱冥冥
隨地流布予寂恨先生不死于籌邊之初又寂恨
關白不死于先生之手令先生鬱死先生大抵念
國家兵餉單匱遂抑而至此夫尺有所短寸有所
長先生為國竭盡膂力四十餘年寧獨尺寸之勳
恐後習先生者必不以寸瑕而掩瑜也先生沒諸

席兵還朝者豈戰力哉萬耳萬目自有信史先生
一簣之失業已身當之九仞之功豈宜不録姑記
以似留心世道者

鄒子存眞集目録

卷之六

傳

鄒子存真集卷之六

吉水鄒元標爾瞻父著　王　濟
紹興年弟周汝登　門人王　汲重梓
同郡年弟曾鳳儀仝編　王　皡

傳

光禄大夫太子太保吏部尚書謚恭介心谷陳公傳

恭介陳公餘姚人也名有年字登之號心谷先世弋陽人宋建炎初左僕射康伯以大學正護南渡

道餘姚閒元鄉樂而命次子祥家焉數傳至寶一始徙今壩頭寶一數傳而生孟善以孝聞孟善生右副都御史克宅號省齋是為公父都憲公四子公最少九歲即能屬文覩試録私為改竄省齋公內奇而呵止之曰孺子無妄言十歲省齋公下世公益自發憤十八以廩遊大學為同里文恪孫公器賞壬子舉順天鄉試高等壬戌成進士授刑部主事至辛未積陞驗封郎中十年間為母唐淑人請省侍至再公之為郎署也明法勑躬吏刑無間

而在驗封會成國朱希忠卒其弟希孝援例請贈
王事下部議公執不可時希孝貴用事江陵馮保
倚為腹心少宰攝部容承江陵 旨從之公疏曰
令甲非有奇功異能不得越請忠雖扈從不過人
臣僅僅職事何奇異可紀越請者非法遂請者不
職僭終不敢溺職狥非法少宰欲削牘公固爭始
以原牘請江陵不恱竟 旨從中出王忠矣公即
日杜門乞休不得請以病歸客有以硜硜難公者
公曰小臣與大臣異大臣恐小就大小臣不得其

職則去夫吾愛吾硜硜矣江陵聞而恚甚遂有吏
部不起部不得用之 旨終江陵身十年堅卧不
起諸言臣往往為公暴白其事江陵愈怒嘗公滌
白又在事外無能釋憾于公江陵敗始起家捖選
事先是同邑月峰孫公直更革後為國家懲汰搜
羅殆盡公繼孫公益同心以濟海忠介當路所忌
者公赵之至大用凡公所為孤介滌潔一切書問
餽遺剗除殆盡當路心不恱然以公資望不能憾
陽浮慕之而已例陞太常晋僉都御史巡撫西江

時江西巡按朱鑑塘公水心與公相比又相淂驩
甚為西江請蠲請賑請減徭額皆淂請竭力濟荒
西江藉公有濟言臣有疏無過邏者徽商藉是舟
絡繹不絶為媒利計西江民仰屋竊嘆有告公曰
令郡邑私計沮之或令市驗卬其直使徽人實受
其利地方穀無淂它徙幸甚公曰夫有則濟隣無
則自濟陰計以撓商負 旨者欺也吾不習為欺
乃條四事請 旨未曰議難言甚惻至方待議言
臣起而擊公矣疏至當路子揚言曰此故為郎不

曉事者今為中丞復爾爾擬 旨罷歸公歸之日
行李蕭然民輙道不淂發初當路意以選郎處公
則公故為銓郎有持正名以中丞落公職公不復
陽矣海宇益為公不平嶎薦特至庚寅起提督操
江晋副都協理院事積陞至吏部尚書公生平吏
部久于人才素所留心又熟諳各司體關報不能
辭則挈一老蒼頭行海宇似公彈冠者衆公至清
肅苦節眡為郎時益厲諸中貴私啓曰可以情白
否公答曰彼此心忠體國吾情也它則吾不知諸

中貴咋舌退諸貶斥言臣皆與當路有郄者當路假 上意禁錮之公無日不請不得請至再至三與古人補牘而陳者無間當路已不悅又自江陵敗後平湖及孫長公皆以疆執求復國初銓臣體陞除不關白當路益不堪又乘公推內閣而上冢宰及大中丞名并起王山陰擬 旨切責落選司職 詔以後宰相奉 特簡公援古今爭之力謂冢宰及總憲 廷推有故事而山陰為相有名若宰相不廷推則將來開私竇無已時竟乞歸聽公

歸始公之為冢宰蓋 上特簡既而縶公不得盡行其志非 上意也內閣謂吾執魁柄御宇何事不得聞若進退人才不得關其忠則相虛設矣公謂相臣參秘議不得與政吏部不公不正相臣得請 旨從事若一一奔走私門如江陵時議而後行此一簿書吏安用冢宰為柄鑿不相入宜也公歸而大臣為名節地者以銓門為怨府諸司壘壘強半斥逐又越數年特 旨罷先後銓司者二十餘人而諸所錮言臣名惟懼汚辱啓事司臣人人

得自擬襆進矣公位大僚家遺田祿居不蔽風雨常寄居寺之清隱堂清儉蕭然自其天性世清者多刻削公得一善如獲拱璧保護之不置人有微過輒為曲庇取人常先大節常曰夫玉無瑕者有幾彼瑕玉矣柰何以美玉混石居家孝友如古人卒謚曰恭介與孫長公並稱名冢宰云鄒元某曰初公為郎去國曰大臣當恐小就大乃為大臣又復不屑就大豈其硜硜者始終一致乎大臣以道事君不可則止公有爲說者曰硜硜石聲之堅確

者易曰介如石不終日貞吉又曰介如石以中正也公中正有諸躬見幾明決不俟終日所就者大在千古謚為介也宜哉世慕廣大而遂遁末路則吾不知矣

太子少保參贊機務南京兵部尚書謚襄靖

華溪郭公傳

公名應聘字君賓別號華溪晚號操菴莆田人也先為邑三孝里人曾祖宗訓祖伯玉號㐌翁父端號凝波以丁卯鄉進士起家授南畿諭判太平思

田二郡祖父俱以公貴贈南京兵部尚書凝波公敎諭南畿會闈中以試官請而公生遂以名公自幼舉止異凡兒當凝波公卒官邸才七齡哭泣擗踊如成人大父乞翁摩其頂奇之曰吾兒未竟者在此長而有知自惟㷀㷀偕母崎嶇嵐烟瘴霧中歸不早自奮砥紓母憂不孝屈首受書翁冠舉鄉試成進士授戶部主事時虜薄都城咸寧侯仇鸞戱下橫索諸草場甚諸司督者率辟不肯就職公獨當明知安仁二場與鸞為敵欲疏鸞以大司農

諷止仇亦稍戢出司通州倉李太宰介弟過諸縉紳腥聚公獨不往介弟過哂曰乃公少我耶公曰太宰貴弟又枌榆安敢少君恐貽不成禮乃爾少君耳坐中徽忠孝廉節四字遺之去未幾建安中大獄獄解過通授餐尊疆有加禮別駕公髙第有為太保中丞者聞而曰師有子嶽嶽乃爾共薦入銓以不得分宜止再司倉清源為民便利如通州時陞南寧守南寧邊郡衆為鄙夷公哂曰介先大夫桐鄉地何之不可至則以督兵受　上賞大啟

工興粵西當添百萬議者欲閉境內添公曰是藪之遁也乃條四議上御史聞于朝咨遣心計吏市東粵得八十萬省直過半而二十萬儲于各郡者議直猶未決靖藩弑兄奉　詔按覈日聚黨千餘人譁諸司破壁擁輿直衿屬公而制府獨尼之公晨造會城咨鞫置二人理餘盡釋之諸宗帖然而入　覲俱以治行高等膺賞陞四川憲副備兵威茂并署松潘所條畫多大計後至者奉為式北疊二路戍卒數為強番索賞卒不能賞各減咽下食

代瘦死者過半公立召諸番諭以利害更以官代戍賞戍軍甦息脩橋葺路幾數百里今呼為郭公路載蜀名宦志陞廣東叅政方入境平從化龍門諸寇已城郭外諸要害數處海寇曾一本至不敢窺全城緊公之功乙何平二源大寇李亞元等深入十八山大小二十餘戰俘獲者無算中丞吳公桂芳推公功第一當得節鉞有忌者不果仍轉粵西廉訪使晉右轄旋轉左轄右轄時討授兵憲譚君縛黃賢相左轄策佐殺公平茂平古田以功晉

中丞繼𤼵填粵西公𤼵然以澄清粵西為己任向
所密授譚君平黃賢相者至是始疏改中州終前
功　上賜名新寧又以計授兵憲霍君縛韋金彪
黃韋二酋皆巨盜不煩兵刃悉就顯戮其神如此
己平府江峒猺平懷遠諸猺勦永福諸寇水戰陸
戰動兵至七十餘萬下堅巢百十餘盡入版圖識
者以韓襄毅後于今為烈　上聞而晉少司馬賚
金帛貤恩蔭子晉少司徒以卓夫人憂歸五年以
千塞叛猺寇武宣　上復　詔起公諸猺聞公至

各鳥獸散議將吏官碁置甚悉時安成御史劉公
臺以江陵夙恨織而遣戍劉過竟不敢聞公出而
成禮慰勞之既聞劉客死護其喪歸及樹楔旌其
忠客有訐者謂江陵方眈眈公胡不自計公笑答
曰吾籌之熟矣公于江陵諸新法不甚省客復有
讒江陵者粵西中丞勞苦功高久不調不無怏怏
江陵死不能中癸未春始晉右都御史總兩粵軍
務行之日咸欲奏留格于例志崇思者遍江介方
屆行有持　制府檄安南侵下雷歸順界為大兵

計者公召諸同事語曰粵苦兵久兵貴有名夫以
祖宗威靈昔兵不競而吾黨今欲踵彼覆轍縱不
濟如國事何之任文告安南安南謝罪人以公一
檄賢百萬師久復思曰輕死好亂人情哉文武將
吏朘削不已則亂之階也須旌廉杜餽二功令小
大吏亡敢持寸絲望轅門走計月省供億千計省
無名供億萬計行之日籍餘餉五萬一千有奇上
之終公任所至向化無敢談兵事偶夷舟以通販
至粵帥復欲掩為功公盡釋之召掌南右都御史

晉兵部尚書禁中貴人不得以貢艘挾私貨條勾
軍四議　上加納施行又須崇質約言俗習一變
公以病請數四始奉　温旨馳驛歸去之日復條
安民四議抵家越月卒　上聞賜祭塋海內諸鉅
公習公請名勳猷數為請謚至後始奉　旨謚襄
靖按謚法辟地有德甲冑有勞曰襄恭己鮮言寬
樂令終曰靖識者謂名稱其實云所著兩廣奏議
留樞疏草邊防紀實西南紀事行世
論曰郭公一悃樸書生耳乃撑持東西半壁山川

侍哉聞公諸生時宿九鯉湖夢武侯綸巾羽
扇偕偉丈夫翼之渡豈韜鈐黙有授之耶亦師武
侯澹泊寧靜之旨有得耶不然何功之卓也大都
無欲靈臺清靈臺清將無事不辦公源本清矣世
以兩粵為珠府為金穴柰何不自敗嗟乎有欲無
欲利害介然如此欲之於人也甚矣哉

書襄靖郭公傳後

乙酉余以職方郎事公時同曹為今太保大司馬
楊公時寧廉訪袁公年薛公士彥朝夕親公公初

從兩粵來賑樞垣若無事予輩職事暇猶得郊外
論心是時海公初起家好持各部短長諸仇視海
若芒刺在背爭聚譚曰頃南都地震必以海故公
與海甚洽惟予所當釐正者署曰崇質約言海公
亦韙公言不動聲色羣囂屏息咸相顧曰大臣不
當如是耶而海公向予嘆公節惠甚悉予移官過
家劉侍御封君過予閩公起居稽首曰兒臺辱公
生死而肉骨之元其愕然謂公端人幸得事宇下
未細請公久而稽公素履知公于津撲也若水大

然以故為郎署有聲投之遠郡積有軍功再起
粵西公之絕跡撲路也可信視夫世子孫祖父受
知當路祖父終猶借當路殉墾以誇示来裔者蓋
不可同日語然世之人亦洞若觀火矣業已為公
傳察公甚真再補闕畧俾國史採焉若公仁慈孝
友內行詳備仍未竟云

傳

太子少保禮部尚書兼翰林學士洞山尹公

公名臺字崇基別號洞山永新人也其先有鄒侯

觀察使顯于唐後歷遷永新勝鄉世以長厚持閩
至公父邑博贈侍郎竹莊公始用明經顯母劉淑
人夢神錫明珠白粲者盈筥而公生公生美丰儀
隆準清音聞者如從空谷中奏金石聲耆老皆期
為非常人長雖攻制義而耽聲律即宿學靚公排
纘輒為避易去戊子舉鄉試乙未舉進士高等
廷試策閱鼎甲併鐭以傳世爭榮之讀書中秘偕
內江趙文肅齊名時費文憲在內閣欲致公公不
一見而郭武定方擁重權欲友文士為名高地膽

使人道悃欵公固辭郭不悅袖疏欲中公以輿論
沮拜編脩庚戌分試禮闈公私憂分宜權大盛發
策問權臣重臣録進　上大感動取臣璺録賢奸
傳覽竟夕客譏分宜所曰尹君獨不爲乃公地分
宜曰重惡敵當權惡乎敵然心疑公矣會公資深
應陞國子司業公以讓内江趙公衆詰故曰趙蹇
不任資斧世皆高之後趙以言事左遷公始陞中
允嘗司業事壬子副典留試復發策問　祖宗馭
將機畧時仇鸞擁重兵横甚無人臣禮公意有所

指以感動　上會録呈而鸞先以逆罪死
上覽竟悲公有心計可謀國分宜向而欲交驩公
始遣里人與公講婚媾公佯應曰齊大非吾偶卽
偶吾女業許字里中兒矣實未盟也妁慚而退陞
南京國子祭酒分宜醻而語公曰忝竊政本耄而
不勝公能無一言相助乎公釋杯起曰其固願有
謀于相公也楊繼盛狂瞽罪當死然今日死楊生
如九牛一毛耳它日豈無視一死如泰山者在惟
相公覺之分宜喜而曰匪公言不及此此吾家子

孫門祚計旋當圖之後入譖人語楊竟論死公在
兩雍以身教造士兩雍士多歸心晉詹事府少詹
事兼侍讀學士會　旨選忠謹二臣入直公與焉
上從簾中窺而望曰行行者尹學士耶大喜遣公
代祀文華殿特　旨曰其以侍郎尹某代分宜遣
其子持金帛爲賀曰　上甚急公亟卿吏禮二曹
未有屬惟公擇公奮然曰侍郎非小傳奉非　祖
宗制顧相公以其仍原職往便分宜仍公意具揭
允公請自是郄逾深矣是年會　穆廟生　今上

潛邸上以脈内生子問衆錯愕不知置對公以孝
慈録　聖祖不禁民間生子况天子也分宜傳公
說聞　上事遂寢會公丙辰録序及諸青詞中多
諷諫語　上浸不悅忽有　詔罷公直謂公投竿
牘御史曹光夫投剌常禮上得而詞知此其譏構
非朝夕故矣公怡然不辯退九月陞南京吏部右
侍郎中間入賀蒙　特賜人謂　上有意公公咲
曰非蘇君得志日也六年陞南禮部尚書歸再起
原官未幾歸公在南少宰兩計吏所護持皆爲國

建豎者多如譚襄敏王奉常其㝡著者公嘗言于
元某曰當譚之欲計也衆皆謂其挑戰置數百人
死地某獨曰君等不聞祖宗令甲乎曰臨陣退縮
者斬諸人即不死戰亦死法乎獨憤百餘倭賊長
驅石城烽燧獨天非譚郎赤身當隊衆將謂秦無
人今議一譚恐勞臣聞之解體而首鼠者全生矣
譚卒得無恙老臣常念無以報國萬分一得譚襄
敏為國家西北固疆圉幸甚喜現眉睫此元某赴
戍時道禾川公以小漁舲逆而譚于席間者如此

生平薦拔士如譚類者甚衆元某退而稽公素履
居家孝友學論及劉淑人喪哀毀骨立友愛諸昆
季事伯如父及祀諸祖先愛諸侄各授產有差又
割腴田數百畝為邑中來學計生平所㝡切劘者
西昌安成兩文莊吉水羅文恭毘陵唐太史湖州
唐比部諸公學不設岸异立門户惟默默自檢驗
而于諸先生耿論格讎又未嘗不捧著心胸間也
為文舂容典麗稱名家所著有洞麓堂數十卷行
世

論曰尹公以抗武定絶分宜婚及不拜傳陞諸事
即見知　肅皇而忽南還不可謂不偉矣予獨惟
當公再起時泰階朗耀公席未煖遽令公歸何時
江陵得路幡幡一老踞其上輿論攸歸江陵寧肯
滇幸下之乎茲公所以歸也夫不觀越內江與公
齋名者相不朞月而拂衣去時勢使然哉

前光禄大夫少保兼太子太保兵部尚書東

泉石公傳

夫蓋臣摶捖樞機上恬下熙固幸不幸身遭危劇

發言盈廷獨以身排羣議至謀有所不就徒以一
時意見之左而其心從國啓念没而未嘗不取信
于人人猶悲其死而嘆碩人不作者石司馬是已
公名星字拱辰號東泉直隸東明人也曾祖某祖
某父某俱以公貴贈光禄大夫柱國少保兼太子
太保兵部尚書先是母郭夫人夢星投懷而公生
長而儀狀魁岸望之若神人然性沉毅篤實弱冠
起家進士官行人　穆廟改元授吏科給事中疏
六事曰保聖躬講聖學勤視朝速俞允廣聽納察

讒譖時閹滕祥為蠱公疏其奸狀忤　旨廷杖六
十祥為監公復詈之祥怒杖益厲以故瀕死者數
友人穆銓部護持得不死是時里中紛傳公已斃
杖下元妃鄭聞之觸柱死當道欲以烈聞公曰不
可　主恩未死臣而吾妻死夫誤耳竟未以聞比
數年　今上登極　詔起原官晉尚寶少卿由廷
尉卿轉南大僕卿時江陵陰忌争臣在　廷公遂
歸江陵物公起冏卿陞僉都御史恊理院事晉副
都兵部侍郎工部戶部尚書飭綱提紀推賢解網

士民有陰被其澤而不知者適北虜多事改兵部
尚書虜犯延綏授計督撫斬首五百餘級廕一子
官生忽寧夏變起一時薊鎮晉豫告脫巾者踵至
公勑諸司曰哱賊殺一撫臣憲使其故不小此而
不聲闡以討是無國諸弄兵者姑次第乎于是竭
日夜力如總督如撫臣如監軍大將偏裨將以下
皆極一時選又疏遏虜道俾賊不得逞疏請决水
灌城疏加餉數十萬計無不周而日夜望滅賊報
不至心血為枯乃手疏踵門泣云賊不授首緣諸

將觀望諸將畏縮以總督權輕頗　陛下賜劍督
臣魏學曾十日不捷先斬臣首以明欺罔　上感
動竟賜劍十日捷報果至　上大嘉悅進太子太
保賜銀幣世襲錦衣正千戶諸弄兵者亦漸卒計
後先斬虜三千餘級加少保賜銀幣世襲錦衣衛
指揮僉事當寧夏未克時朝鮮復告日本擁倭衆
數萬薄城下陷七道虜其王子羣議朝鮮故屬國
無朝鮮將無薊遼無薊遼寇在肘腋益不可支公
念曰哱賊未擒東西顧兩難乃先遣人入平壤陳

利害禍福兼行間以緩其兵旋授計宋經畧應昌
李提督如松以兵三萬往兩人至平壤以捷聞而
若餉不繼疾疫繁興應昌及鎮臣首言許封貢便
公初意謂此小醜不一大創狡益不可制念非數
十萬金不可問計司農知所在若洗乃惱然曰吾
幾誤君父事夫委金錢數十萬投之東壑勝負不
可知而中國膏脂竭矣會小西飛亦上書
闕下請封語甚恭密與政府姑議許封啗之以沈
惟敬為媒惟敬嘉興人公方深念客有說者曰封

貢人所諱言寧主戰便勝則功不勝亦無後害縣
官金錢及勁兵可量數無聽細人言便公奈何知
不出此非所以為身名計也公曰老臣受國厚恩
頂踵不知所出吾非不欲膏唇吻諧觀場之口處
不敗之地顧東南民力竭矣身名非老臣所知也
客慚而退惟敬至倭倭亦遣小西飛報命而其語
日聞　上詔廷議有言封貢不便者有言許封不
許貢者有言惟敬市井無賴不宜誤聽者言人人
殊獨撫臣顧公養謙疏封貢便纚纚千餘言顧通

州人與達多知畧以邊才聞內閣復計司撫臣親
履行閭言甚辯宜聽公與倭遂定約曰許若貢其
無以一矢一卒遺釜山不聽約惟戰爾遂決策遣
使奉　璽書往而所使李宗誠望倭壘驚而走朝
鮮復生事端倭遂有異志人遂偏讁公矣　上亦
投杼置公于理妻子戍瘴鄉客復有說者曰主斯
議者諸疏可覆脫有功乃公獨當乎宜聲衆議可
無獨坐公曰以星謀國不効死即死吾終不以一
詞餙我罪聞者義而壯之越月上政府書云星至

愚陋仰承　皇上付託之重當此島夷倡狂屬國
顛危之日而又值遼虜窺伺糧運艱難之時則夫
假　天威震懾海邦借羈縻保全屬國令遼左晏
然神京永固即使意外有警以我休息士馬積餘
芻餉困之消外侮以奠中華此罪愚報　皇上職
分甘九死以不移者何意封事乖戍朝鮮生釁清
正復來釜倭未解重貽　宵旰之憂大動遠近之
役語曰主憂臣辱今　聖主憂矣星何敢愛死不
以報君父乎故自入獄以來因徒為伍夕死為期

甚至九歲幼兒遠戍烟瘴人非木石能不動心而
猶苟活至今不少怨尤者竊欲借踈愚獲罪之迹
惕東征秉鉞之心假　廟堂震怒之威懾遠夷觀
望之膽則不佞雖在獄猶之乎在官也前局未結
後效可圖生而不屬為人死而尚可為鬼昔比干
剖心達時寧俞甘愚成事星固匪倫意亦竊附頃
見報章清正幾擒救兵獲免然魄落糧匱似可收
拾倘乘我兵戰勝行長聽命審運機宜使朝鮮脩
好消釁日本休兵歸島遼薊專意備虜戍師量減

省費此皆今日易事惟相國圖之於時論功行賞
首及當事而罪愚或得比吐蕃刼盟張延賞永落
編氓或得比寧夏剿平魏總督放釋歸里遠比王
劉而司馬白頭瘴癘故事此罪人之幸然不敢必
也若夫十歲孤兒一恩未沾永戍不還罪人不孥
竊望　聖恩惟相國是念至于諸旁觀者未亮不
肖處東西多事無米難炊之時以誤國罪名見遺
星萬死不辭祇足見今日當事者之苦心開後来
任事者摸稜之路耳臨書悽息予讀其詞悲之夫

日與死隣乾坤何等時猶諄諄欲容運機宜以結
前局使朝鮮修好消釁日本休兵歸島公之志報
國豈以死生變故動心哉公居官甚廉而在南大
僕時停羨金二千故事以充交際或歸私槖者公
封識以去兵部總兵陳璘以奇物獻麾之去特疏
叅之戶部有鮮金而穴以銅者可數十金兩侍郎
請公窮治之公曰不可株連者何代之償衆皆
恱服公自為諸生時夢入一廟禮之甚恭問之曰
岳武穆也命公卜不當叱責六十後禮公如初覺

猶慄慄汗下公之生與　詔獄豈偶然哉公自入
獄惟日望朝鮮報乃偶疾知不起遂手書寄子曰
我以迂愚至爾子母坐蠻烟風雨中良苦初意猶
望解網得教爾躬耕讀世世不忘　聖恩顧貽丘
隴今已矣生前無以遺爾没猶使爾壓北顧憂言
及至此今死猶曉爾善自保護我才短識淺任重
福過無所逃罪至于欺君萬死不敢　今上神明
仁慈必鑒之不使爾母子流離異鄉也且我而在
士大夫彼此相軋僣我開釁今我已歸大化夫豈

無有心人憐我迂愚念爾飄零與家門凋落者爾
善自保護書成未幾卒檢箧中有詩云摸稜非我
頭報國是生平北闕夢魂遠天王自聖明秘不傳
時己亥九月初七公子茂恩在粤西偕母坐月明
中忽雷雨昏迷一大星自東北墜地閤閤有聲噫
怪哉經紀後事同邑李侍御思孝韓駕部魏而田
洞馬樂王司馬世揚温大中丞純皆痛哭失聲旁
觀者人為雪涕蔡方伯詩輓云不料中原有爭鬬
如何能使外夷平諸司輓者頗多不具紀所著有

奏疏詩文若干卷

論曰石司馬歷事三朝四十年謇謇蹇蹇削平寧夏勞苦功高矣乃以與國禍連憂深兵食至欲以一使勝百萬兵此必不可得之數也身膏圜土妻子戍瘴鄉世謂公愚然又謂愚不可及彼巧為驕牆者勝受上賞不勝亦無後禍齮齕者能之公為之乎異哉公之夢岳武穆也武穆主戰而以和屈司馬主封貢而以戰屈兩人趣操殊而形之夢寐豈時事各有當耶顧行長清正返也戰之力哉秀吉死倭去朝鮮存皆天也非人力也公心自若

聖恩自寬豈弟君子宜有同心焉

書東泉公傳後

公下 詔獄予在里居報者洶洶予涕泗不知其幾已聞公獄中無恙稽首北向曰

天王聖明公幼子戍瘴鄉人言亦洶洶已聞公幼子在異域稍長亦克荷戈稽首西望曰

天王聖明常私念曰元某庚寅入長安席未煖遂我者如衞綦客公斯諸大臣共爭議不合乃獨疏元某當重用 上詰責公不少屈此雖大臣事然公能左右予于衆怒羣猜曰予不得一眂公于顛沛流離時又不能效昔人築臺哭友人此豈鬚眉男子事真含愧欲死會公里門人今大中丞李公百泉奉使文江予晋謁即首問公家事中丞具言公子零丁孤苦狀令人酸鼻魂搖中丞常折簡欲予傳夫公以赤心任國事予柰何不以毋筆紀公苦心萬一使後世有知公心者即蒙譏讒亦所不計兩愚相遭令人捧腹嗟乎中丞不忍忘公真心其風可師然亦所以為國為天下非為私也

亞中大夫光祿寺卿贈戶部左侍郎震崗丘公傳

老子曰無名天地之始有名萬物之母夫天地非始安能毋萬物萬物馮生未有不自渾沌醇龐始我司徒丘公渾沌醇龐人也與予四十餘年莫逆當恨世無有知者壬辰棠以循良第一名矣而令之遂巡津涂家園廿餘年無復有開千古之目置公踞要地為國掄材握憲使知荀覘成弘間人一

再出予每私自恨曰大璞布于市而不置之清廟明堂宜普人抱刖足之悲而惜乎不可作矣作丘少司徒傳公名度字志中號震崗山陽人也登丙子鄉試丁丑成進士授南康李南康在豫章寂僻陋城門惟縣枯魚數盎不及壯縣一聚落耳公至若與性相安也者而恬不為意執法嶽嶽即竿牘百至不少貸有官奴殺人私占民田者諸悶官首鼠公竟歸民田而抵奴法闔若讋服故御史劉臺削籍家居有仇家乘江陵指誣奏下兩臺兩臺藉其家屬公并司李二人公鬱鬱不樂逡至則它司李凌辱其家萬端臺父故受御史封矣白髮鬖鬖摶顙階下乞憐它司李磨牙擦手罵喇喇不休公從旁微咲而已行呼封君至輿以手攊胸者再曰此行我勾當公事而已湛湛青天則吾豈敢淚數行下令劉氏譚及公曰此吾家慈父匪公則吾劉姓者無噍類矣公既别見兩臺兩臺目攝之公亦自如徵入竟以前事授戶部主事會予亦以賜環至入公室草屨竹筒不減兩人試政時也大

司農霸州王公刻意率屬會有九江鈔關之役度次遴公公至亦如南康時帆檣賈舶歌舞載道諸璅屑及乘風宵渡者俱不問而額亦不乏王公大喜得人方擬調銓以病歸己丑陞郎中汝寧知府汝寧州縣綰十有四公壹以清淨寧一移風易俗為務非公事下吏不得一言經年省會不一赴時有怒公簡而置下考都御史吳自新怒而曰以丘汝寧不足耶竟疏監司去公在任凡三年剷除夙弊殆盡壬辰以公清寡欲推天下第一擬陞光禄少卿而以憂歸報至即夕起行行之日老稚抱馬頭泣者萬餘人士縉祖于郊垧思公不得奉主入四賢祠祠皆古今名人至公而五題曰清肅乙未即家起補歸德府蓋歸德人士悉汝寧狀故以借公公至釋無辜賊數十人止斷支河之議一日有白衣冠闖道上者問為誰曰沈宗伯奴窖數十宗伯聞之喜而謝過聞者兩賢之公在任凡諸案牘兩臺俱不問以有公在可無覆核其見重如此晉陝西按察司副使備兵潼關公念觀察百吏之表

觀而自作不執吏何觀焉不觀即察而無庸謝絶諸饋遺其有至者易函報之曰無相市也秋當監試御史頗驕蹇公不下以病去甲辰起山西驛傳副使即僕歸不與一騎人亦無有能干者秦中有孝廉數人待御史薄公得情入以告御史竟得伸而明年有登第者德公不置又以病歸庚戌起補大僕少卿佐冏政數月時開府當推者數人客有諷公者曰當宁急公甚見即可得公哂曰有呈身都御史耶不開府不丘生耶復以差歸踰年晉光禄卿署官挾中璫為奸利劾奏罷去為諸屬定輪差法寺政一新會有事　皇太后山陵以中濕脾病作而公不可起矣訃聞　上晉公戶部左侍郎與合塋廕一子官生夫公生平蹇蹇奉　上與

上報公可謂交至元其有不慊者公涵養深厚遇事灼見其是萬夫莫奪論人品如燭肺腑以為端人即遺百折不能易意所少不能得公片言蓋如萬石之鐘不輕發聲擊之則聲聞遐邇又如萬斛之舟不輕負載載則風濤不撓古稱社稷臣推之

不來麾之不去公其人矣而惜予以半生精力浮沉薄書散秩潄枕烟霞者半之誰謂國家能盡公之用而真知人者之難遭真人之難逢世亦可概矣

丘少司徒傳後

予既傳丘公矣而有未盡載者憶予與公同試政比部予一僮一僕公一僮一僕相約同入曹共事客邸無水盥面公以一木梳子整髮僮負拜匣僕馬如是而已兩人視諸盛輿馬騶從者私相鄙之諸同年論事娓娓次及公公曰不知退而語予彰彰徵也公艱子家娶一姬侍已而還之猶處女也處劉御史事與予同處都門無微不譚絶不一及予歸而封公問公安否才得其詳予思念公持正扶忠其事不知不得一聞于上誼當愧死夫持正難持正而不言猶難公之權九江也守汝寧歸德也備兵潼關山西也諸善狀皆公所不有故人不得而名之世以廉節稱公者皆公之緒餘卒罕得而名公也世皆尊古卑今故不知公之貴重以予

祭公細行睎古之焚香告天琴鶴相隨者伯仲矣語云觀人于其所忽予嘗在夜郎鎮遠守問予同年中人品予首以公對守曰邵古愚亦深道之予曰何曰丘秀才舘于邵衙邵廉其貧欲周之可數百金丘公竟辭舘去曰邵公不知丘生丘生自有鼎不患貧也其貧時如此人有不為可以有為予於公益信又公與人處穆穆落落終日不吐一語一笑比黃河清世方重敏捷便給丘公能為世用哉兩人生平肝膽無兩庚寅一别今遂作千古人

嗟乎予何能已于懷也

光禄大夫太子太保南京吏部尚書贈少保

諡[illegible]見臺曾公傳

元其寄跡朝著桑梧閭黨在睽上九矣竊窺游津途者後先推轂若煦若沫每心相語曰睽必孤孤必睽此自然之勢見臺曾公雖鄉先輩予自為吏部郎數月即上書乞骸既請調選郎席未温忽奉旨逐家後予歸里大半從深山中了餘生與公同朝請亡幾而公薨子冏丞之可再四屬予傳

夫樂道前軌以詔来玆者予志也公名同亨字于埜别號見臺邑泥田里人先世詳銘狀中方伯梅臺公冢子方伯為吏廉而貧棄賔客時公年才𪗋冠赤手拮据獨頫首一經以戊午登鄉試己未成進士郎比部改儀部銓部郎晉太常少卿光禄卿大京兆巡撫貴州中忌者數年再起南太常晉大理卿工部侍郎尚書九門成加太子少保在告再起南吏部尚書加太子太保致仕公外貌恂恂人莫能窺其際至事關綱維確有畫裁銓曹時與陸

平湖李涇陽齊名會揆路大臣欲為王新建復爵地公實佐之冢卿揚襄毅痛惡諸贋儒公奏記曰贋儒可厭而中有闇脩者可念且諸君猶陽傳名義今所稱不贋者呈身取進計將安施時縉紳不至黨錮者繄公之力在京兆清羨金二千緡有奇備諸費畿輔頓甦提督壽宫調劑中官省金數十萬緡正位司空著條例十年可省金三十七萬節用愛人公實以之然公神情在總孽材品無論學行出公上者慇勤甚備閭有庐長必尉而薦之

水部郎誣中白簡力辨其枉其有欲得差中官爲從吏及僞增金數千者咨使之白而自新故入人以公爲親已又公久悉掌故凡大政事引往正來皆次第可施行在水部議置車器局沿邊杜汝安王橋稅之請在留曹如定勳戚之蔭移魏國之班寢助工之舉及率衆糺遼東稅監皆其大者世望公爲元宰容移世軸廼壓捥留銓計事歸而人猶若觖望者則其故可知已公天常宂厚與弟子健若師若友世稱曹氏二難諸親知自敵以下貴而不忘擻車羸馬周旋委巷曲徑間情文俱摯人不知故宮保也晚闢桐江書社與里人臣維末俗而險藉者甚衆總概公賦性慈愷與人語惟恐傷之愛其身愛人親其親及人溫溫恭人惟德之隅惟公有焉往公樂偕諸譚名理者游論世者于諸君子不無求多而公醇謹自敕老而一致漢時所稱萬石君不言躬行者有味哉言之也

論曰吾吉以功名顯公卿間者凡十餘人然優游名壽以終天年如公可數數見哉易曰天助者順也人助者信也公履信思順又以尚賢自天申之也宜哉長老術方伯初艱子禱岱岳而得公公長方伯扶以報神既夜夢周簡肅從嶺下而公相遭中道簡肅謝世公起而公者邑先輩傑特人也周以肖拔勝公以渾厚著維嶽降神語不虛夫

嘉議大夫吏部侍郎兼翰林院學士定宇趙公傳

趙公名用賢字汝師別號定宇蘇州常熟人也父承謙歷官參議公自幼奇敏可五齡參議公一日以朱子綱目試之讀晚即能背誦其大義者幾寸許公益奇之戊午中鄉試不第會參議公卒里人與參議有郤者無所發憤乘公侍婢暴卒遂中公直指逮甚急公赴理意氣閑雅誦讀不輟郡守縉雲李公見公寬而目攝者久爲公解公遂赴試登上第讀中秘書名稍次　穆皇遴而置之首服闋授翰林檢討丁丑冬江陵聞訃不奔喪臺省疏保留者紛紛公當箸竊嘆曰宰我短喪夫子不可刻不喪乎彼望風希諛之徒不獨不爲世道計且不

為相國進退計矣是時西南有星狀若拖練經月不滅公遂上言輔臣不喪天象示儆中云楊溥李賢在朝亦嘗起復然溥先還家省母而賢業已歸未有衍衍政事堂謂之起復者且堯舜不以五臣共職而替知人之哲文武不闕十亂居列而藥親賢之明　陛下留心采擇何患無腹心股肱奈何使輔臣乖父子之性傷天地之和哉疏上會同年編脩吳公疏先入公與吳朝夕徒步待　命大宗伯馬公手疏而喜曰詞林翩翩吾道之光聞欲杖

宗伯曲為公解江陵號而以手撚鬚曰公饒我公饒我宗伯退而飲泣　旨下杖六十編氓公狀甚肥杖後肉潰如掌妻陳恭人腊而藏之歸宴坐危樓不與聞戶外事江陵怒未解有直指激吳者受密諭將興大獄吳中洶洶公撫劍長吁曰吾得從子胥游不有餘榮哉不問而其人尋悔曰吾奈此靈知何以病歸復有代者抵毗陵業已露爪而以前殺安成劉柱史事遽去癸未用薦起六月晉右春坊右贊善時遷人輳集議論盈庭欲返江陵政

甚切淵朝積不能堪又群小翕訾乘間抵隙進熟為自固地而黨議侵公矣公疏極言朋黨之禍謂其開讒佞之端遏仁賢之路助陰險之勢消正大之氣引歸不允晉洗馬管國子監司業晉右春坊右庶子時東南大旱公夙擊民艱探其委曲卯列十四事意欲為東南細民稍稍息肩疏入
上令進士袁君黃入吳議會有忌者寢不行司寇陳公鍊而布之曰令後世亦知吾熟有抱先憂志如希文者尋陞南京國子監祭酒兼少詹事晉南

京禮部右侍郎改禮部左侍郎教習庶吉士陞吏部左侍郎而公歸公為祭酒彰赦貞執惟嚴舉高士鄧君元錫劉君元卿為士鵠脩忠臣黃公觀廟百廢惟新在禮部疏建儲疏宥言官李公沂流黙中官張鯨曰我終不以身之將隱而忘　君父海宇方徯公旦夕入相　天子而公歸矣公之歸以監生吳鎮許奏云鎮故御史吳之彥子初公在史局與之彥約婚既公以言事落職之彥恐不利已中悔遂遠去有告之故公遂以聘辭而其家大喜

為得計公起家又欲附麗公怫然曰是以交為市以女為餌不可相去十餘年女已字蔣吳氏始奏遂有起東中公者為公暴白者御史大夫李公世達少司農李公楨少宗伯劉公元震廷尉朱公廷益台省郎署幾二十餘疏皆寢格而御史大夫及侍御吳公銓司安公行人高公等至挂冠去夫以閨巷婚姻事一有司治之至冐瀆 宸聰昌言盈庭不能抵先入單詞正人去讒夫昌此不可得而究詰矣公自癸未起家乞休之疏數十上曰若不

歸謝忌者雖行如魯史操若夷由不黜不止至今而徵焉公素慷慨激烈剛腸嫉惡自其天性陳恭人輒懸所腊肉示徵公歸陳恭人迓而泣曰世欲腊吾夫子肉不盡不止我生女而益之刀俎乎嘔血數升卒尋公卒所著有文集數卷行世子四人能世其家鄒子曰國朝中秘戊辰最盛辛未取士穆皇首置公與 孝皇籲天求佳士者同意世皆以公為得人公雖不盡究其用然風猷凜凜與古名臣爭烈矣彼下石公者瑣瑣何足道哉

書趙學士傳後

趙學士沒其弟與諸子屬予傳草成黯然魂消門人曰先生慟乎予曰此非予所知曰得無以苦肉計慟耶曰苦肉計丁丑冬事癸未以後眎苦肉更甚荷 聖恩賜還置之生地矣吾等心如水之平也故設詞波之如鼓之無聲也故陽為擊之俾不得一日安其位眎六年時又更甚先生曰不去必不令完名去後卒若左券嗟嗟傷心哉先生何負國恐使跋躓至此予柰何不慟門人曰先生何如

人曰剛方挺直孝友彬彬天付與世之齷齪者為敵其為文睥睨一世大都如千將出匣侍其側者不容迫視至與小人相接小人以甘言美詞柔之往往不疑盡吐衷赤總之非玉鉉之人而雉膏不食之流也易曰鼎有實我仇有疾不我能即先生之謂矣曰得無以其剛耶趙內江剛而相何也曰子覩內江所遺予內江初起吏部郎南昌萬司馬公恭偕入而謁吾吉水周簡肅公延簡肅坐之左內江拂衣徑出大言曰我不知吏部尊如是杜門

不出闈之當路從徙去内江得不再辱若吾等當此時以仵堂官奏矣無論内江張馬平吳臨海董華亭癸丑起家丁卯幾何時其人不一年即署而開府者諸人未必皆純心純德也當時未聞議其驟遷吾等入朝拜一官羣仄目而視曰 特恩孤立一意輒曰悖德予是時仕未久亦以為 特恩巖居川觀遲来沐 特恩者何如大都在吾黨曰特恩在它人曰宜然夫即荷 特恩 上恩也受特恩宜有特報又曰悖德此又何說也又無論當

時張吳董三君子丘諸城為都諫有譏之者華亭怫然曰公休矣月林掌科言我好不聽華亭論外僚久磨勘世事氣斂心細不敢輕當時士猶可想見故當時從銓曹臺省起家者後多為名公卿則培之者固也壬辰一要臣入留都相見予喜動顏色揖者再曰吾為兄喜予曰何曰予辭陸冢宰冢宰曰何以教我予曰老先生不要用諸建言者便好陸公曰朱青州鄒吉水我好不用他陸公留意兄如是予不覺呀然夫建言豈盡謀國者亦豈盡

皆負國者惟在我衡而用之夫不聞告冢卿以拔茅彙征何道而惟告冢卿以禁錮吉士若而人也心公耶私耶平湖意婉而正與華亭答譏者意同夫二公涉世日久烱烱雙眸故能聯絡當時士為明天子使不遺二公則必方正倒置以譏者為忠謀而延之密室矣世間如此等者何限予不得聞者又何限奈何吾輩不晨入朝夕出内降逐之行不悽悽惶惶席未煖挈妻孥去也夫人臣獨立于朝者大都其人磊磊落落如千尋之木不屈不撓

與藤蘿裊依者不同惟在清朝培植而呵護之主于培養樸遬佇為喬木主于摧殘松栢竟同蕭艾日月悠悠江水滔滔先生骨已朽矣墓木拱矣思先生者息矣夫一噓不能汚天浮雲豈能掩日行見先生精神貫長虹而映日月予回首二十餘年事明窓淨几痛定思痛再書于末趙氏子孫在思自樹無忘祖父苦而讀予文不幸不得為良臣還朝者在審時進退無蹈予等覆轍有世道之責者當思爵禄祖宗爵禄非一家私蹻不可獨享其厚

賢方天下賢才非權門私人不可以勢而招與其過而錮之以釀子孫寃報不若過而用之以彰一代明德且孫鳳繒繳餘生使羣雞剥琢其閽鳳翔千仞鳳德奚損悲世道日凌替矣嗟呼予不獨為趙先生一人慟也

左春坊左諭德兼南京翰林院侍讀學士復菴吳公傳

學士吳公名中行字子道别號復菴常州宜興人尚寶丞吳公性仲子捉髮侍符丞飲客命對曰笛

聲林外轉公應曰杯影水中浮坐客大驚弱冠舉鄉試欲計偕公訶止之曰老生兀兀者何限孺子無躁公遂謝公車乙丑戊辰兩入穀會與兄檢討有鄰者抵公巻于地至辛未舉進士選讀中秘書授編脩歸省叚安人丁丑入都江陵迓而喜曰壁經今校原以屬子而柰何偃蹇不進公意固有在佯應退冬會江陵有父之喪故事輪同舘一人治喪公察江陵[illegible][illegible][illegible]之覬矯旨奪情事心愈怪意臺省有明大義者迺保留疏交章至矣公奮然曰豈其堂堂翰苑將遂無彝正乎遂閉閣草疏明大義江陵所恃以彈壓百僚者曰祖宗法度聖賢道理公剖晰父死不奔喪于理所不忍而法所不敢言婉而刺心意蓋曰江陵忌我不淺吾言行相與有成不行使萬古不可泯此議論疏入具副封進江陵所江陵曰疏入乎公應曰豈有未呈天子先入相公者乎江陵怒公遂退次日趙檢討疏入又次日艾沈二比部疏入而票杖譴命進矣公聞報南向望天而謝叚安人者再曰吾不能為

子急于人之為子者吾死有子代為子瞑矣相向拜毛孺人者再曰白髮在堂呱呱在室其以累子吾死矣毛孺人挽袂泣公割袂躍馬出而逮者以琅當至公語二三同事曰今必死賸不汗死死慰高皇帝所耳呼子亮曰酒來酒來酒至盡一卮而入時天霽忽陰黮天雷有聲杖畢公血噴鼻面衆爭謂吳編修且死忽秦中秘挾醫至按一七蘇是日予疏入而迫促公等日甚乃以扳闥舁公之潞河氷雪崚嶒魂魄為消越數日而叚安人訃適至

公泣曰天乎胡不死我從吾母地下乎嘔血數升抱疾逾奔廬于安人墓左孺慕者三年鄉人罕窺其面江陵怒未消客授計于直指使穽予等其人中悔去後来者業已布網其人又以前殺安成劉御史臺事覺逮而禍寢江陵死用言者薦起家入都晉宮允明年晉宮洗少司業旋晉右諭德充日講官世謂或可縻公而公天賦戇直不欲碌碌托老成為保禄位計晉講直指斥大臣阿諛不匡拂又受邊將賄賂掩敗為功聞者壯之而忌者且廿

心公矣會御史丁公此呂捜科場骫法諸黨上不無心動而冢宰疏參之于是言者侵及閣部徉托疾求去卿寺大僚復紛紛疏留公不勝悒結曰保留大臣此江陵故知此可留彼則彼亦可留此是交相固也言官去留取自　上裁特疏參言官此二百年未有事獨柰何今日見之此尚可與之並肩事明主乎疏爭綱紀甚力大史後菴謂公疏有撥亂反正之功顯而易見知言哉乃兩御史望　旨而擊公矣公即乞病免四疏得　俞旨賜公白金文綺乘傳歸一時臺省為公不平疏留公公歸仍竄身蘆葦中與漁樵薜蘿為侶而睠昔江陵時又加怒焉八年兩臺薦剡起南京侍讀學士公戲曰此以奪之之道與之也言者果至公屢疏乞身　旨擬公在籍聽用未幾公病卒将卒正衣冠呼諸子部署家事歌四闋長逝公長身玉立兩目烱烱氣雄萬夫不容逼視與君子處肝膈立見與小人處則辭色盡赤令之無所容故君子知公而小人萋菲亦由是故然千載而下彼小人與烟

雲俱散而公崚嶒正氣駕風鞭霆與世無極小人今亦得中公哉所著有賜閒堂稿存於家鄉元甚曰吳公以直投林不竟其用卒予聞訃而傷心者久之得公四歌公蓋達于死生之際又爽然自失矣

書吳學士傳後

復菴先生再起未一年歸竊聞之人曰是不可令之踞人上踞人上必亂政予哂曰客未登席遽逆其罵坐耶今政固在耶亂不在吳先生矣予俛仰

今昔邪之害正如水火黑白立見惟陽浮慕而陰肆排擠譬之幽谷深穽一墜足鮮有能驤首者然士君子惠心行不真耳心行果照暎千古而穽而錮皆歛德凝祥之基無論其他吾里羅文毅隱金牛與世無營人謂其以鄉約立置人死地鄉人欲奏聞至中道聞其喪止然耶不耶劉忠愍枉死獄鄉里謂其止一棺歸瘞予近覩其改瘞一簪挽髮膚骨泠泠白也二先生遭時坎坷鄉里人必欲黜之而其子與孫相繼登仕版不絕蓋其磅礴深厚

之氣不鬱不發不極不光彼一切秘計皆鬼神所使而為君子用者不足較也吳先生官品與羅劉二公同而諸子森森玉立視二先生後裔猶似未艾吳先生有知乎必哭曰我畸人與人畸我者吾樂受之矣再書于末俾讀者知凡論天下事與人非屬親聞見都屬烏有而野史與鄉里小兒語當併行磨勘無輕搖筆端為鬼神所使貽口業殃悔無及也

奉議大夫湖廣按察司僉事　慕崗馮君傳

語云滔滔者天下皆是而誰與易之若然則民皆魚矣天於斯世斯民困苦之際必挺命世之賢為之扶衰拯危斯人之茹荼履險以一身受其楚而能為國甦東南半壁天下隱憂幽叢臣之上軌徽顯者所必録也作馮僉憲傳　君名應京字大可號慕崗盱眙人也父世德官順德訓導以方正聞祀名宦鄉賢携陳安人就選京都感白兎異夢而生君訓導官七年卒陳安人携君歸貧不能供朝

夕自幼即知痛父而母之拮据以字育也刻厲萬方事母甚孝為名諸生至辛卯始舉應天試壬辰登進士即誓以身狥國當寧夏孛酋禍起諸守土者紛紛求解職去君上書請得降邊方幕職為國練兵驅賊言甚壯會賊平以母老乞疏歸省明年丁安人憂服闋授戶部主事督餉薊邊所至以勇敢倡諸士卒人人感奮咸擁車前欲一識君面歸葺戶部職掌大司徒奏議時倭起倉卒以才望移兵部主事即延攬諸材官有將畧者傾囊倒橐不

計[illegible]苦稅監陳奉當事恐地方叵測移公僉事鎮
武漢黃三郡意蓋曰三郡合楚冠冕三楚安則全
楚安而君聞　命無程以往洞悉民蕩覆諸狀至
則勞苦諸父老延見諸士民約束諸郡縣孳孳以
社倉保甲鄉約首奉中丞公旨力行之而陰於郡
邑留心民瘼諸勇敢有可當一面者默為綰結屬
邑令從學宮講罷厲言曰邑故無鑛而爾歲輸金
四千餘緡此豈地涌寶乎吾以三尺從事矣而令
退而具無鑛狀并達稅監稅監下令亟止之郎三

郡如兩邑然然一怒而百姓省數十萬錢誰之賜
也稅監憚而走鄖襄後先以儀進君揮不省已復
以黃金納甕中覆以醬君盡發其蓋藏于司道前
自是苞苴無敢望君門者在司綰印纍纍所以賑
荒維風發奸摘伏憐才者難更僕數蓋才既足有
為而氣復壯此皆君餘事不足錄也辛丑孟春六
日三司宴稅監稅監盛陳兵器舉砲火為戲目若
無人獨嚴重君意欲有所以中君君嚴肅自如萬
姓亦持挺護衛君相時而動稅監知公有備潛歷

歸諸民譟于稅監門者不散稅監內以鉤棘百餘
人剚其尸民益譁甚君乃疏稅監不法狀九大罪
稅監亦疏君阻撓國課惡語相加　詔譴君官已
臺省糾稅監罪初削籍已而逮　旨下初君聞譴
官報也闔室發舟楚民傾城抱男挈女泣者拚輿
者挽舟者哭聲震野數日不去君灑淚揮之去已
逮報至君以眷屬抵家而似　命中都隆興寺諸
撫按淮安內閣大小九卿人人疏寬狀而
上從給事陳維春郭如星疏議謫二公官而以稅

璫単詞鞫君刑楚備至無驗下鎮撫司獄君在獄
四年時同事華司理珏何司李棟如梁孝廉省衷
咸以師事君君從獄中約諸君子以尊　太祖高
皇帝守朱子成規所著實用諸書蓄艾篇皆可垂
典訓君在獄而楚之祔祠者幾遍合楚欲上書為
君鳴寃若士若師若弟子至衆君以血誠遜謝之
而武漢黃三郡民數百人持疏願死于　闕廷者
疏云陳奉馮應京來楚均　命臣也臣等何親何
踈乃奉之酷如鷹鸇京之保如慈母奉之削楚也

言言污　聖德事事剥民生京之治楚也言言宣
聖德字字念民生兹未治奉而逮京于獄臣等不
遠四千里叩訴　天闕乞釋應京而治陳奉罪追
其寄囤金銀助國用言甚壯先楚民遺税使殺伐
及奔馳勞苦死者甚衆君為文誄之曰官民之誼
同于父子生死之感同于去留予奉　命秉憲爾
土識見不逮孤負膏脂之供聞降即行不遑爾等
或攀號我車或奔訴都府雲擁于道自忘其身至
殺死多命嗟夫風化漸澆炎涼易態故有規避毫
髮之害依違背面之誅肯思去任之官犯當道之
虎不令而行禁之不止直以赤身蹈白刃予雖幽
囚尚在人世　聖怒或解旋家有期爾等遊魂飄
泊何所爾父兄骨肉不復相見不亦痛乎見者泣
下甲辰奉　旨寧家諸問學者無虛日卒之日天
黑晝如夜闔郡邑自守相以下咸為雪涕而鄰里
有罷舂者至人之生豈偶然哉君生事母幾古純
孝而居里細行必矜自辛卯贄謁予予覩君雙目
烱烱骨勁挺絕無一毫世習氣如松如栢意君其

人世或知君以楚事予期君接千古之緒開来學
不謂天不憖遺亦斯道之不綱也今譚及君即極
孱夫皆髮竪毛悚君之所裨於人國者大倘一時
無有如君者挺特其間則滔滔皆是之語實非虛
譚而吾夫子易斯世斯民之心冷落無人君寧獨
有功國家且有功聖門矣
論曰子不語怪聞君初生訓導夢馮京至家訓導
隱而不以告人以命名詰其故則以君在京生故
名今而乃知馮京故江夏人而君以隻手提全楚
濯之清泠之淵夢之神奇如此君鍾燕薊中都之
靈為萬曆間一代鼎臣有自哉

貴州中丞念所江公傳

新安海内名區也故稱財富今稱才藪名碩項背
相望以予所覩記若吾友江念所中丞者大節泠
泠置諸古司直中不知桂雎乃以用兵訕死予閔
世之人不亮其初終儇流俗之毀譽也作江中丞
傳
　中丞名東之字長信别號念所歙縣人也宋
有汝剛公者由三衢来倅歙遂寓歙長子孫其菑

裔汝揖為邑諸生封侍御者即公父有奇徵而生
中丞登萬曆丁丑進士為人魁梧倜儻初仕行人
輶軒所至咨諏詢訪不遺餘力既官御史勃勃有
埋輪志江陵柄政與馮閹表裏為奸兩人以徐爵
為轂江陵外言非爵不入馮閹內言非爵不出爵
又時以獨計令兩人交疑交懽兩人者不得而測
其倪嚴事之夜至禁門守衛者不敢訶問江陵死
益橫無忌公默自計曰夫此幺麽者濁亂海宇日
久而保以爵為腹心病在腹心不治即扁盧望之

而走密而疏爵不法狀　上怒而下爵理讞朝震
悚于是疏保者疏江陵逆僕逆黨者紛至而城社
肅清矣公益感激　恩遇知無不言疏王中丞宗
載陷御史劉臺事王得戍去是時王方掌院事公
以副封進王笑曰柱史復何言公亦咲曰為死御
史鳴冤王曰死御史誰氏公曰劉臺王愕然曰誰
尸之而誰冤之公曰即乃公王踉蹌歸邸舍待罪
至今烏臺譚之猶有生氣然人人目攝公矣奉
璽書督理屯牧畿輔畿輔人聞江御史名多咋舌

去會虜蹂躪黑谷關邊臣及諸帥掩諸骼以功聞
為按臣李植糾發　上命公輟屯政往蓋異數云
重臣復有為邊帥地者公矢心告曰東之生平不
敢負　國欺君亦不敢故入博名高說者懾而退
至則諸掩飾詳密無所得閒公佯出郭外覩園蔬
青映人立命健兒取畚鍤來掘蔬下窖死者枕相
籍而創痕尚血漬未乾諸將始伏辜公竟據實報
坐諸將死邊事大振丁御史此吕叅江陵科場諸
作奸者海豐楊冢宰謂御史言過誅求具疏叅御

史外謫公適自塞上歸攘袂起曰十年来以賢書
為奸藪者人知之冢卿獨不聞乎亦具疏叅楊言
有所為人不能堪公言冣多請蠲請賑請免徭役
及禁私宮皆不能盡紀每疏出都中爭相傳頌
上無弗嘉納也者有　詔江東之盡忠言事可加
其特擢以彰忠讜晉光禄少卿陞太僕少卿是時
諸官輦轂下者皆江陵舊人多回面內愧心熱又
恐人暴其短從旁揶揄諸少年不察遂有起而擊
賜環諸君者矣公曰諸臣無罪言江陵與不善事

新貴人其罪諸臣可議臣請與俱罷人遂以黨擊公公力求去 上使使至 皇極門 諭留又異數云亡何公又言 大峪山事羣起而攻公左遷職方員外郎出知霍州病免歸而有胡夫人喪大事既襄築室瑞陽之阿曰吾將老焉 上手詔起公知鄧州陞僉事備兵沅州尋轉南光祿少卿入丞大理晉左少卿署卿事所平反甚多會與銓曹異議陞僉都御史巡撫貴州擘畫多大猷惠民有局備荒恤武右文有田止鑛稅有疏障下流有堤

皆其鉅者首議建天柱銅仁二邑擒烏撒酋平高寨苗俘獲百餘人 上聞 賜金帛有差家苦心者播酋仇五司五司在黔門庭中日苦殺戮公以赤手捫腹鼓舞數千兵士即不支乃其心在報國足録而諸臣亦優疆埸乘公致仕以文墨繩公滑削籍報公遂飲恨死嗟哉元其兩入朝咸席未煖去與公跡甚疎心家偉公者一不能及公者二公艱子娶武林婦偵其夫固在也禮而歸之此所偉公者也同年舒比部疫死餘一子公入室抱其子

歸以子字之舒卒湯祀丁侍御以言論讒言蜂起公獨以身冒衆猜不計人問故曰朋友道喪吾將以身為鹹羊此所以愧公服公無能起公九原而下拜公也公子爾松痛先公沉鬱即世數使使來索公傳予折簡曰異世必有董狐為子尊人千秋者予即欲握管有懲于吻不如無傳爾松督之急予謹撮其大概觀室者觀其隅中之巍峩可知也爾松以為畧世必有野史以增吾未備者在矣

論曰江公以言被 上寵命數矣其被 寵命也

朝臣仄目者曰此必有陰為地者乃 寵者之獨不勝忌者之力一言而晉寧再言而歸三至而削籍有為地者如是乎雖以 明聖如 上亦不能不為投杼乃知藎臣孤立一意 明君樂讜言旌謇諤也予今日良難哉

書江中丞傳後

客有習中丞者曰以中丞風猷稍稍儉德當自完璧惜不習兵用兵卒取困予曰子謂中丞困乎人臣事君在盡心力否耳中丞撫黔誓不與酋俱生

天曰為昭倘遭其變為顏之罵賊馬之裹革其所
優為不能以一劍酬　主者天也客曰中丞如輕
發何予曰奔蜂攫體子搏之乎曰然曰子柰何議
中丞輕發耶首曰持干戈各萬蜂屯議聚川原厭
人之肉流人之血中丞若坐待其變無論不為城
池人民計即穴匈公所不計且辱國矣故議中丞
輕發者是處奧室未覩江潛風濤之悪而咎濟者
之善溺也曰吾固知江公苦心但當審而應曰子
以刃與挺較孰勝曰刃勝以一人與千百人較孰
勝曰一人而敵千百人其數不勝曰子既知如是
而復咎中丞不審而應乎曰古有以寡敵衆轉弱
為強者何術曰寡與衆弱與強非大相懸殊之謂
也黔與蜀貧富衆寡強弱何啻天淵總督太師未
臨播兵一指綦江城破殺而名將伏尸流江津重
慶騷動黔有之乎夫以一彈丸地無兵無饟公獨
以一腔血誠拮据搶攘中尉而為將市傭為兵死
鋒鏑者自父母妻子咸無怨言非得素拊循士卒
能然乎客曰然則中丞一無遺議與曰有曰何曰

吾聞自古未有無居中調護而能成功于外者公
自閣部及要人皆與之齟齬一有磯中時露白簡
即功其孰與我人而不仁疾之已甚以夷治夷從
古已然安之與播蟠互糾結其來已久即罪當聲
討孰為後先不廢力而縻安驅安而與播合隂以
抗公顏行播固播也肘腋之播不可邇也是公不
濡忍縻夷而過之深也公之意曰吾以　天朝殲
此小醜如泰山壓卵然不知泰山高不可邇即一
播後来諸君子所以請兵請餉左覊右縻數年艱
辛萬狀者何如矧公直而播為之阨哉九原而作
公當以予為知言雖然公清風愷澤遍于黔人黔
人聞公沒至樹棹楔思公吾友郭中丞相奎繼公
後亦謂公遭時之艱極身無二慮可念沒世不忘
于公見之此豈可知力為哉客曰不以成敗論人
而中丞一腔真心得先生益明先生言公而核非
先生徃履黔習黔事不悉也請籍之異世當不謂
先生阿所好者

閩中丞石樓徐公傳

夫慈祥醇衷者可與字牧不可以權變揮霍宏猷
者可與權變不可以循度此非夙植道氣淂于涵
蓄深厚鮮有兼者我中丞徐公是已公初任文江
政追古循良颺歷岳牧卓有賢聲洒以開府七閩
輿要臣不相下至使公志不别白予懼後来者猥
隨俗之毁譽而使良臣蒙疑来兹也作徐中丞傳
公名學聚字敬輿别號石樓浙蘭谿人也大父白
谷公為名孝廉父某由進士官水部早世兄弟方
幼一無所遺公時手一經泣曰是先公遺我者敢

不敬承之誄憤下帷丙子由鄉薦登癸未進士初
仕浮梁調吉水浮梁盜賊充斥窯鎮無良之徒多
竄宅其中而民又喜鬬爭先是溺其職者比比公
至大治兩臺察能調吉水吉水眎浮梁雅襍霄壤
顧勢家巨豪各欲自雄長其口語亦能雌黄令善
敗公至若無聞也一以公正清敏從事民大悦不
久介親魯源公有虞州觀察命且至例當避公急
戒行李吉民皇皇走長安訴狀時司空見臺曽公
言于銓曹重用觀察于淮曹而留公以字百姓公

淂蔑紓其所欲為丙丁戊己閩苦水旱者四年穀
價騰涌斗米千錢諸奸商往往興販出境媒厚利
公盡法懲之不少貸境内留有餘粟又手書簿令
三老募民出粟濟荒賚糜民籍以生活不流溝瀆
者無筭訟至不數言如懸秦鏡贖鍰自登報外斥
以葺文興閣隄河畔十餘里人稱曰徐公隄察民
苦清軍以老胥藏匿其夙籍每勾攝牒下縣欲中
其子甲者有無多寡高下其手民間係軍故輙縮
首杜門不敢應甚至逃之它境雞豚米菽盡飽其

腹公立取老胥于廷囊以三木欲置之死老胥不
能匿歸家挖所謂夙籍者至則塵埃盈帙不知何
年代物也公盡淂其主名手一一識之其户多寡
與戍遠近故絶者盡與豁除凡數千餘家其有丁
及有丁而在戍所者止六百餘户单户如解倒懸
矣公政譽日騰而意在孜孜與人為善先是江陵
毁書院盡以其隙地貿之民間諸當事代予償其
價予辭而請闕舘以待来學公復自捐俸剏仁文
書院集逢衣博帶長者式臨焉諸長者司斯會自

王石首與羅文恭會後茲可謂中興矣槪公政大
都慈而敏明而能容公而恕悲人情不盡之情以
故君子懷德小人懷惠非偶然矣六年 召入為
禮科給事中所奏多關大體李豊城以高才蒙忌
至以莽因報功不副下獄公首疏白其枉中當路
忌黙為長沙僉事人謂公枉公曰一書生去令幾
何時薄方岳耶壹意官下如初令時東魯興學政
得趙殿撰東忠人謂公知人移西江糧儲為吉民
劃去南允羨餘浮米數千石公在列省嶽嶽為名

方岳由閩方伯推擇為中丞時而臺久虛無人奸
民吳建乘虛糾白蓮教數千人旗幟部署既定應
時而動公以方伯未握兵權設計擒吳建置之死
黨與解散不動干戈七閩安如覆盂狀聞
上晉俸二級 賜白金文綺已塡撫命下紅毛番
駕倭船數隻欲從中國通市先以方物種種嘗公
公拒其方物力逐之還疏聞晉副都御史公疏辭
上允公疏中官高寀為地方患公疏其不軌事數
千餘言寀憚公不敢出一辭倘公疏行後來挾撫

臣之禍寧復至是李豊城老成炎方公念其年老
百計維之促歸其為地方禔福者如此類至如疏
請延平從祀後竟得從祀則又惟古人是師此其
有關于道術人心者不尠小而睎世之哆張以慱
才名孤孑以市廉聲者何如也夫世之論人者言
自言世之有為者行自行當其言也誰復亮行者
之心夫公之為給事也趙文懿親也佐銓曹公陞
僉事去後文懿叅政欲援公入內公力辭之以功
陞副都公又力辭而允為 天子使臣持節萬里

波濤至危矣公與閭閻事與之角其誰能悅之所
急功名者如是乎公於情既有所拂則於時必有
違宜乎不竟於世而歸卧蘭谿之陰也雖然中丞
由閩無因而蒙議者凡數人說者歸之地利公嘗
折簡予曰予思西江如浪子思鄉豈無謂哉
論曰予知徐公也以令故不知公者以塡撫故公
又常自謂予生平於塡撫盖竭節以酬官下無二
慮耳昌黎所謂大得意則大怪豈政事亦然哉則
予難言之矣嗟乎世握斧鑕要者不委蛇以逢世

難哉

太常卿一崖郭公傳

公名汝霖字[redacted]恩江層山里人層山盤亘百餘里勢由虔邑諸山蜿蜒卓豎而来中多洞洞崆岈玲瓏獻奇萬狀說者以為仙靈窟宅郭氏世居其下罔有顯者母夫人夜夢明星在天白鬚翁執杖指示母曰爾兒也公始生巨目奥隆然下垂臚背宏濶識者咸异為非常人為諸生有聲聞聶貞襄譚新建學欣然獨往起家癸丑進士官行人授吏

科給事中疏條陳三事又疏邊事纚纚當人心會有朝鮮之役議它屬者其人思一葬魚腹遂沉沉海島中誰復知吾姓名乃疏叅宜不法事

肅皇帝怒而戍遣之移而屬公客為謀者曰為人臣子誼不避難拜　君命不宿于家以險且難者屬它人宜白其事公謝客曰吾骨宜付波浪中不琉球亦死獨海島能死人哉至閩會倭擾江上舟不得發例故與副使各一舟公約曰吾兩人死則俱死何必副舟遂併舟造省費數千金至朝鮮禮

成　王儀公賻黃金百公辭曰使臣不敢拜金為

天子羞　王亦憚公以金報　上　上仍璧其金别賜有差蓋異數也晉光祿少卿順天府丞城通州以公為政議者謂非得金數十萬不可公費可三萬餘金大司空上功晉俸二級　賜白金文綺已何晉南京大常卿會大夫人春秋高遂歸公先在都門惟與諸耆俊為同志會歸而開太極館華金牛遺蹟自講課外無別嗜焉乙亥赴青原講長者問公渡海事公以海喻學言昔所聞琉球事既

種種知聞皆不足信適知學不行猶不足語知也又曰初之海也覩稽天澎湃之勢心如舟已飛入而覺太虛已盡吾身亦無盡如一葦飄蕩大海中無少怖若予自海上歸来于死生毀譽深沉從不置念非不置念念欲熾無從也說者曰公得海遊深矣世迂儒或以公繩護壹稟東魯而好習笁乾家言不知公實有見與吾儒已异同者皆佛舉頭覩明星見始拈華示大千公之来其必有自難與膠儒道也

論曰世宗朝恩江有三大卿宗大理予未面然閩之長者豁達磊落人也陳太常如翠竹碧梧野鶴飄蕭望之亭亭物表公如名岳巨峰崢峙雲霄中胎靈孕育不可涯涘此皆吾里典刑也軻氏曰遊聖門難為言觀海難為水以海遊得窺聖奧使公今日而在再問公公且有言乎哉且無言乎哉

王給事傳

給事王公名亮字稱王號樓峰浙臨海人也為人昂臭聲洪坦衷濶畧不事小節起家丁丑進士初

仕進賢令以強項聞江陵廢田役興大中丞恫喝諸郡縣諸郡縣惴惴然莫必其職守公獨以優游竣事凡境內諸賢或以忠而被播遷如劉侍御梁山人皆為護持入閩及居當切礪所得多名士劉宗伯幼安鄒侍御汝聖熊督學[illegible]皆表表者江陵覺察能　召入為兵科給事中時與同邑王恒叔及予二三人意氣相許故事副封多先白長吏是時長吏故籠絡江陵餘氛猶在封事一惟其順指予與公等計曰若然畢世不能吐一衷詞謂職

守何遂決志孤立有疏下而長吏不知諸長吏譁曰同室秦越吾輩握空篆何為客有語于公宜稍遜遁殊免中格公嘆曰王生東海鑒儒知有天子那知有它一僉憲落吾事矣客覆公口曰無妄言諸寅長一日會宴醉而拍桌語曰异哉逞諸新進得細君必先關白令我輩載酒為驩今且不聞知禮乎蓋寓言也公挺身持盃酒勞曰告則不得駁矣長吏改容而通席大為抵掌公在省垣所條列事最多一日思青田有開國功至令孫世延

下同罪隸妻子啼饑號寒非所以勸功臣為後世觀疏入奉　溫旨雪世延寃世延得　旨後盡發舒其抑鬱疏侵諸臣諸臣無如世延何者從中為難蜚語盈　廷矣乘公發科場事觸世忌陞湖廣僉事丁學博公憂再補四川轉苑馬少卿公於秦蜀拔寃理枉禦虜賑荒各竭節官下卒不勝瞋目者衆且多蹩躠一官有由然也或曰稱王為給諫風彩有餘藩臬風猷似稍遜鄒子曰驥騏有繫其足者一日千里胡可得也王君不足自有餘中来

倘為夕郎不足白首三事安見不有餘也予退耕二十餘年常思臨海二王矯矯班行無諂臣媚子相未嘗不為神王故作王給事傳不稱公它官而稱給事者以公能其官嘉其致也二王給事名士性亦未幾踵公陞少叅積官至鴻臚卿為人沉毅有畧惜以辭中丞未竟其用卒

論曰天台以嶔崎閧自正學先生外代有偉人如公與恒叔可數數見哉記並遊者榮顯不少今同歸于無譚及公輩一時義氣凜凜者九原可作吾

將疇依焉

侍御兆野傅公傳

公諱霈字應霖號兆野山西太原人也舉丁丑進士與予同出山陰朱公門公丰神凝重不妄言笑同儕骫㞕者輙厲詞色拒之予私計曰夫夫端人必能為國家肩鉅履鴻相視莫逆于心未幾而予以狂言杖　闕廷瀕死辱公顧護有加予竄夜郎去公亦拜咸陽令尋丁母憂補華亭令兩地皆南北劇邑公一切以應静鎮之咸陽捄饑興梁士民

歌誦而在華亭單櫃頭苦諸巨室賴以生全保獲穆如清風所稱神明宰近之矣以治行高等

召入為御史一巡倉漕再巡蜀枇郤導竅恢恢遊刃其所條次國家便宜狀皆其巨者西蜀有巨帥以重金嘗公公以杜後患文糺之債帥望風解印綬去其溺職者郎尚虗名不少貸竣事還朝聞仲兄病遂請歸仲兄痊而伯兄藩叅公中計事公義迫于中疏云臣兄治兵塞上且久勞勩家著沉塞迂滯臣方痛心疾首不能蠲嫌薦揚為國大用今

中以考功令臣兄何罪獨臣令華亭與柄臣郤其罪耳罷兄不如罷臣便　旨下部議而有引例難公者遂鐫公職一級公議雖不行士論韙之夫藩叅服官至久且貴也以計免不過免官非死生危急之介也銓臣至尊寵也御史雄司也公捐其雄要與尊寵者亢官可罷兄寃不可不白即藩叅與公服官久近尊卑不計公之襟度豈喪所思哉嗟嗟世衰道喪鬩墻釁作無論販夫販婦縉紳家貴盛而愈隙分門割戶至通宵披清索嗤杯酒骨肉

曾不淂一沾其餘澠焉又有明詩書口譚性命若數家珍至薄一切倫常方且軒軒以為于道有聞所厚者薄視公何如也公雖落職家居乎然偕伯仲塤篪迭奏怡愉觴咏里閭傳以為吉祥盛事海內有習公者旦夕引領公出而胎育元氣增光廟社而公遽謝世悲哉夫人凋三光貫金石質神帝千萬年惟此真常一念耳公此一念即起古先諸名碩大儒挈德比誼何後先焉聞公為諸生時父西崗公忽中寒病不能言公夜哭而摶顙醫門按

千金西崗公立起聞母夫人訃憂病中時時寱語而見大夫人飲食之公孝友結繾自其天性夫世固未有不孝親而能敬長者亦未有敬長而不根孝親者詩曰我宜圖之仲山甫舉之公之謂矣予嘗怪太史氏不別立孝友傳豈其謂無關國是不知孝友者三極之維紐也先正曰求忠臣于孝子之門知言哉我　國家以孝友為諸臣鵠金匱石室不知有載公前跡者否予悼公亡恐其湮滅不著敬為之傳俾司教者采焉

鄒元其曰予束髮嚮道老冉冉至矣而知孝友為聖學樞筦百行總萃云書曰是亦為政言孝友即政也予昔期傅先生勳名為國家磐石爛然旂常乃其豎立家庭閭宏遠如是雖齎志沒百世下鄙薄亦當興起矣論勳名哉

粵少叅容菴伍公傳

予與公幸同年譜兩人多在山林往里符卿孺東徐公言必曰我父母伍公竊恠公何淂此家後聞公所至清風凜凜勁節亭亭已悉公為人遍從粵

歸相遭江介從江介覲公如巨嶽崢嶸不可廹視柔媚成風以介特者為不善宦又間襲齟齬餘跡者多不能無欲公奉官如洗表裏粹白蓋吳獻臣班輩中人獻臣在當時揆路大臣援置在事公棲遲外服未竟而老予懼高風緜邈作伍公傳讀予文者亦刮頑之金箆也夫

公名袤華字起聖別號容菴蘇州吳縣人也其先子胥苗裔而大父其以丁丑進士起家公亦以令上丁丑成進士丕繩祖武人為公喜公歸而殫

精於學庚辰廷試初仕貴溪令邑故稱難治先令
滿職者數人而公以茹苦刻厲從事始豪家不無
望久而習公廉慈曰真我侯也令凡六年如復象
山疊山兩先生祠及制大成樂平賦清役皆其大
者最難者張真人橫行閭左偽篆事起公置于理
中丞欲末减公奏記頭腕可斷爰書必不可易往
覆數次諸郡縣咸為吐舌所得羨金悉以散窮民
入計囊無長物散舊圖書而已業 内召以孤立
歷授兵部主事一月即以終養歸服闋補原官時

吳縣去位大倉再相公奏記大倉翊 儲召見諸
事多大計大倉亦陽受之而常熟趙少宰忽為宵
人訟于朝言官望風嫭少宰公力疏爭之諸言臣
心不甘亦不能有加于公掌武選李寧遠欲入掌
金吾大司馬陰有成言公言寧遠勢大甚不宜再
入禁中事寢公在曹亢直衆已不堪會省丁叅知
詔獄當事意不平欲黜公以知者力沮陞浙僉事
亡何改視學政時士子浸淫彼教所為文多回譎
不經公一以令甲從事即名士不難落籍世皆駭

之後從公陶冶者多名人人始服公藻鑑凡藎臣
端士沉埋已久公為之置祠恤後而至于風化者
即府怨不恤陞湖廣叅議分守湖南會楚苦陳璫
公奏記兩臺當併稅并絕其交際使有所懾不敢
肊兩臺意相左遂拂衣歸越四年起治兵海北又
復與李璫搆璫故掌珠池諸擇使因緣為利者如
咆虎公縛置于獄李不能堪欲有所中公而公以
賀行旋乞休不允再至雷陽會署篆者興大獄贖
鍰千金武弁青衿死與戍者數人衆知其枉不敢

祀公再至盡釋之又建祠祀海忠介祠成竟歸公
歸銓曹猶冀公再出懸缺數年而公志不可奪矣
總概公仕有五如豫章如午曹如江右如三楚如
南[redacted]凡[redacted]義者若食之求飽非名義者若將浼
焉里中兩[redacted]及權倖可榮辱生死我者若浮靄往
來太虛一不以芥于沖襟蓋不但無榮辱相亦無
死生念所謂氷心鐵腸公其人矣公自為諸生蔡
觀察春臺相期曰此异日名世蔡公可謂知人矣
獨憶蔡公在三吳以所遭不偶黜之去匯諸君子

力白其枉蔡幾不免為世戮人而公宦轍所至人罔不知公為廉吏為貞臣每過貴溪貴溪人耄倪挈漿餉公百里視蔡公所遺何如也

論曰予嘗之吳門世皆謂其百物所都予過之寂如也聞其地有大湖諸峯崒嵂嵺亘宵即震澤波濤而底定自如公豈其靈氣所鍾耶不然何傑特如是不與時汩沒也者志士仁人于公可以興亦可以觀

浙廉訪肖讓蔡公傳

公名學易字汝通一字道生别號肖讓閩同安人也先世中州人宋有十七郎贅梧州平林因家焉凡十餘世至公父子而益顯著祖曾祖文周祖宜勳代有隱德父宗德號兼峯官台州别駕公故名儒鬱鬱不得志常撫公頂而曰某無所得罪于天天或者以吾兒舒吾志常屬洪淑人曰兒可教爾無忘吾言既兼峯公以補官卒京邸洪淑人卒辛勤教公甲子舉鄉試戊辰第進士授揚州江都令聞洪淑人訃歸服闋補浙崇德令崇德夾諸壯縣貴游結轍相望公一以凝靜澹泊從事諸貴游無所加初至諸里甲以供應器物進甚腆公卻曰吾起家措大一官如寄耳靡而退察邑民故苦差徭強有力者爭倚豪右為藪不得差而公著畫一法貧富適均民至今便之邑有大盜聚衆含山水為亂聲息洶洶諸使者欲兵之公言曰察諸亂民脅而往亂非其本心此可折箠走矣用計擒元魁餘黨鮮散所全活至衆又復包角軀建尊經閣為人文地崇德士至今彬彬咸公力五載晉南戶部主

事嘗京倉公日從糠覈中收支必親必信抖擻衣冠猶埃塵映几席不計也轉員外督滸口倉如京倉時轉祠部郎革諸教坊司例費陞寧波守寧波故相卿公禮闈出文敏門下文敏為桑梓計請銓部而得公公以書奏文敏曰吾師之用某蓋為里人德然里人惟強項為政使閭左人怒而不敢一言則實郡邑使者不職吾師其戒舍中兒無以師故而撓守三尺則不但守法得申而相門家范亦將世世為口實文敏報可已文敏遺群言欲復金

塘大樹謂可得腴田二萬頃諸上官業欲與大工
公廉得其實力持不可奏文敏文敏慨然曰匪公
言幾敗乃公事說者謂公有執而相國有度至今
賢之諸武弁表裏群胥歷軍餉數千公清而置之
法諸魚稅故屬郡帑公以置鄞定二縣明守不得
私靈門外浮橋左右隙地豪家占而窺利會水齧
橋墮溺死者百餘人公以文祭死者盡復諸侵地
六年晉貴州憲副捖驛傳驛傳清又攝學政學政
舉而即轉其省叅知境內故與安酋相轄安酋袖

欲中公久而知公毋敢犯攝司事搆運甓亭志不
敢嵕逡已轉浙按察使會湖州董范二家事起公
默默獨持大體曰彼雖縱家人子魚奪民產諸不
法事然可緩而理急如絞繩亡不絕後竟如公言
入計中言者鐫一秩公不補飄然歸曰吾有子親
國復何憂且吾砥礪半生而言者不知我復何顏
而立百司上乎歸而出囊中金搆居一所為佚老
計未及成而卒鄒子曰予嘗覩蔡公稠人中敦龎
寬博長者雖未及與公接慇勤然心嚮往公矣已

與公子體國君聯袂而處接輪而遊習公家世甚
洽公官三世貴至大中大夫歸而囷不盈畝鍾體
國補官至不能具囊中裝乃知世人無有能知公
者予接八閩人士多篤實澄厚篤實則無機心巧
態澄厚則不外飾盜名世之人多懸鈴而走貪而
繩人以廉也邪而繩人以正也虛而繩人以實也
薄而繩人以厚也比比然矣公父子間悛悛質有
其行有古先民之遺風焉公所未盡之報是在體
國矧體國方以學行為世球琳浸浸未艾也姑傳

以竢異日

贈江西叅知對山葉公傳

越中故才藪然紹興為冣其地山岳奇峻川光明
媚君子秀而文大則能為國肩巨履鴻其次亦慷
慨磊塊所至流芳樹徽即未見之行事而抱璞以
卒識者亦知其為異品焉若我對山葉公是已對
山名應暘字叔文中乙卯鄉試試禮闈一不遇而
卒年纔二十八學士大夫屈指越才賢必首公且
惜公早世何者彼其孝友才誠信諸士大夫心故

也方公父比部公未膺封而薄宣化歸遇盜寇矣比部公怖甚公曰無怖此其志小可賄而走耳不然兒以身代既而遇官兵猝至比部公始得脫夫死生存亡呼吸間欲以身脫父于鋒鏑不疾不徐非孝而何而卒能寬比部旦夕憂則其才識偉矣友俞生同之粵為盜掠去公不難以重金贖之歸俞生終其身戴公再生恩不敢忘倭寇寧紹間會選諸故官有才而棲于家者督戰艦甲胄之役比部公與焉公曰吾父往役義也然吾父年高未可

瘁以外事以身代比部公役上官大悅公遂以過劇衂血卒君子曰公之代親仁也急上義也一舉而仁義具焉可謂得死所矣公卒時別無它語覩宜人　今大夫奕父在手而曰孺子可教吾未盡之報在此在親友所負責諸券其悉焚無隱錢孺人尊公教令奕父隆隆而起謂葉氏種德深厚宜其後愈積而愈昌也又公家有廢當比部官宣化時有僕盜宣化金而逸欲捕之公白于翁曰已之恐捕未得而良民先受禍害其為諸生有惡少侵

公者公不校後三十年奕父官水部其人蒲伏請罪錢宜人以好語慰勞之去嗚呼公之寬裕有容豈獨著于身而儀刑于後者蓋深遠哉初封為承德郎再進中憲大夫三晉嘉議大夫

論曰當公偕伯兄翩翩皇路何壯也伯兄第而官二千石公遂早世人謂天道無知迺公所鍾祥衍祚于奕父為世大鏞者今且浸浸未艾語云人事邇天道遠信然吾輩惟操脩其邇俟遠者之定而已它何知哉

三義傳

語云悖恩者不祥故一飯厚報史書必載彼豈重一飯哉蓋昔人云當困迫時故望公等甚深元某以脆弱男子入癰鄉去死者有幾倘非有二三好義者朝夕垂憐不死者偉耳故紀義

司朝相衛指揮使胸中無數點墨汁人咲其戇獨善視予予出入多步行朝相置一烏珠馬伺予出入必遣人護予移居問月樓樓後即曠埜多盜警與朝相宅隣朝相聞犬吠聲穿大布袍持一長戟

呼予童子曰天吠急起急起得一佳蔬果必以饋予朝相無子止一女嫁楊千戶希堯予閔而哀之今恨不以雞黍過酹其墓

沈雲翰衛舍人百戶沈應麟父常茹蔬念彌陀予編管正百戶宿所雲翰及應麟父子見予傴僂恭敬六年一心昔張馬平晨方睡其所一百戶過馬平馬平未起其人厲聲曰我正本管豈宜踞見長者馬平快快氣衝冠走而訴戴觀察觀察呼本管重治有差馬平起總漕淮上猶告語人人以為談

資

周系遠衛舍人後襲指揮使其人多讀書筆亦通曉以馬代步與司等而六年無失禮亦與沈等蘇御史為江陵人衆情洶洶謂既螫劉安成後必及予而予思無一可以蔑罪端者或以寓張司馬書院為言予遂買村居三間而系遠從吏內弟千戶王三聘以地鬻予而自拆前屋三間佐其成予以數金酬之居三月蘇客死而予得報歸時周尚未襲今不幸死家甚貧乏

或問曰子居匀久獨三義者何也予曰諸縉紳明詩書知義理不勝書也諸門人執經相望者衆相與無相與不必書也昔予里有龍叅軍從獄中相予及傅侍御予師鑑塘朱公按吉州大旌之此非為予等起念吾黨從大爐冶中陰陽搏擊誰無不必然之遭褒者獨而興起者衆蒙褒者暫而垂范者遠為孤臣遷客留一線生路此盛德事不然俠客周人危急者史不絕譚而與予同以詩書發家不過欲媚津人甘心必欲俾刃予輩者蓋不可令

武弁三君見矣

中翰餘山秦公傳

夫造物播蕩寰宇識人心示之顯道也神且晰哉居嘗無事孰不曰我正也非邪及試之小小毛髮利害輒縮舌匿影自擇便利即夙知不顧此豈獨庸愚然號為賢智者亦曰明哲保身道故然爾若然則世所稱慷慨赴難急義者難其人矣餘山秦公無錫人也名柱字汝立太保鳳山公孫太守次山公子為名諸生博物洽聞有知者習其才學羅

而授中秘非其好也中秘華貫官者多袖手不事事閒策騎過諸貴人奕酒遥相歡呼徵逐為樂公恥不為家好急人難高新鄭為次相逐去公獨走百里護送遇邏者曰報而主吾中書秦某也當事目攝之亡何而予友子道先生首疏奪情事過而以後事屬公敬諾　旨下凡所為緹帥左右居閒者纖悉具備先生幾死賴公挈醫百方調劑得不死邏者聲息洶洶公亦報邏者曰語而主吾中書秦某也吾與編脩生死共之矣未幾出為魯府審

理中翰陞王官亦自公始公慨然策款段偕妻子歸人咲曰捹一官佐友人緩急從井救人亦大愚事公曰吾里正言友范故在豈公為正言我不得為正言友令田君風致冷落不大傖人我自安之君無譙也公自昔受産不薄諸以慕義至者不難剉産應之里有友以名帖寄者二十年後知其子成立挈而還之有貧而妻子餧不能養母不能塋悉一一周之閩人有依于閭左者復一一為之所有仇家誣而置于理者挺身為之白公又非饒于貲也閭戚釵釧為之里中人復姍笑曰幾何在獨自苦耳公荅曰人以為苦不知我心正自暢愉不為苦厥後公示疾終家若洗令君蕭産始得襄事始足以見公矣愚嘗思有謗家正言于伊川先生者先生曰人當於有過中尋無過不當無過中尋有過若志完與日月爭光是時想亦有謗吾家正言者故先生言如此蓋閭左氣習忌畏人脩自古已然當吳先生不見容于鄉也無足異矣公豈中行獨復者耶愚又嘗思田君與正言語此自千秋

名理然非取給口辯必生平蹈道履義故與正言友史臣特挈之以悚千古倘不然者安能與正言並傳人以公左右先生為一時義氣不知生平孝友天性伏義輕財醞釀于德行者素哉其與先生並傳何疑

論曰天之道猶張弓乎吳先生崎嶇萬死一生抑之死諸子林林起為王國禎遂中公以藩佐又復置之計籍也歸而坎壈食貧謂不復陽矣公之子令君今與諸吳後先競爽豈非天哉人亦溫而臣

之乎天夢夢爾昭昭爾予故曰造物播舞寰宇至
神且晰感時者可以惕矣

潮二守致菴莊公傳

大夫莊公名誠字子化別號致菴成都華陽人也
先世閩莆田人祖某贅黄氏黄氏從家成蜀六世
祖寶瑯好奇遊以親故從之蜀遂家焉生子昇卓
有大志以文學為材官阨塞不得白偶御史行道
上軹道請試御史大怒謂無禮立試二目改容檄
入庠明年舉鄉試登景泰辛未成進士授御史有

耿直清白聲載國史以公事蕆憤卒舟過楊子夜
遇盜諸盜詰而曰是固官東魯不私寄金者舍之
去公止一子隨櫬歸而家人物色不得以為葬魚
腹矣方且為遊魂計而公忽至人謂天其以孤昌
爾莊乎公果領鄉薦左官于浙生子三相繼領賢
書而一變公官亳州恥玄言致菴公以家督從幾
廢學一旦歸自奮曰夫吾家以詩禮箕裘豈其自
我隕墜也者不得比為人遂挈家藏書茹苦深山
者五年會吾師衡廬胡先生督學至得公卷驚曰

此吾黨中人遂挈與出入商確大義而諸孝廉從
公學者日衆公亦自震竦凡褆躬矢志一尊廉隅
客至必恭患難告則周困戚有無告者心必盡卽
典衣負責咸樂為之里人盡詡為迂曰從胡先生
學貧耶先生咲曰吾道不貧矣自丁卯計偕至丁
丑始乞祿得楚公安諭公盡洗齷齪淟涊態而惟
勅士是急試士得袁太史卷曰此天下士何論一
邑亡何袁公果魁天下入史局世咸羨公知人見
楚名宦志庚辰移徐豐令豐濵黄河巢與窟者兩

苦公捍治有畧得不苦又請諸戶口戶口清蕭碭
兩邑爭以戶口累公公請避而諸民固請公承命
兩邑復德公如豐勘蝗各邑籍公甦者甚衆銓曹
方擬公應　召以寡援移趙州守瀕行盡括諸贖
金幾二千緡為民抵逋賦諸送行者追公于境外
請公及夫人像並祀于廟過而式者曰父耶母耶
莊公繫民思如此單車之趙趙俗襍夷男居守而
以女為市公毅然曰夫使民內外異位而俗不長
厚者是在守俗遂丕變凡所為實塞彌盜脩邑乘

閫節烈者甚具一日偶譁叛兵過趙叛兵挾二守爲質所過屠劉民多鳥獸散公下令曰守在民寧舍守去守與民遂不再徙又下令諸叛兵曰趙雖彈丸地亦有戈矛在爾不聞制挺撻堅甲利兵乎諸兵戒不犯趙皆公力時劍江李見羅中丞倡學于滇西昌鄂青螺司馬倡學于閩公與下上其議咸服公學有源委既而聞公出胡先生門曰眞先生弟子陞潮陽一守趙攀卧者如豐至潮校胡先生集及新建年譜揚新都全集行世而公于潮議

將議兵議守禁通番不遺餘力會繡衣使者至公署篆全活無辜者甚衆蓋公以素練老吏而又以愷悌潔守故若迎刃若承蜩即公亦不自知耳先是職橋稅者咸不登而公獨以寬和慈惠溢額當事者驚問策公曰偶盈耳人加其不伐之野寺及義塚覩白骨稜稜捐俸掩之公不自以爲德曰道當如此盧守者閩樸愿人卒于任公始終其事臨別白衣冠步而送之江滸參將江某者病危執手與公訣公曰無憂我終不令死者憤而生者負愧

江死少妾本吳人諸家人疑妾私藏公括其藏也識于冊者三一遺妾一遺諸宗人而一自藏又召妾父至至始蘋喪妾得不辱而參將昆弟至俱無後言且焚香祝公後者再武陵人歌詠盈卷此兩者可觀公德矣乃公以一疾卒囊無長物賴賻始得歸倘天賜之年則公所以爲世道蒼生者不知何似而公已矣以其餘駿蔭諸兒雲蒸霞蔚公之澤有涯哉公喜唫咏在滇與方督學子及唱和甚多人或覩公諳習吏事不知公偕諸先生泳游名

理如之深山大澤杳無窮際世或以一崖一壑見公不知此公緒餘惡足盡公

論曰莊公家簪弁數世矣皆以慈廉愷悌著聞豈獨性然哉家庭淵源師友切劘所由來苑矣予嘗疑胡先生峨眉一行無有火傳者迺得公益信胡先生學有徵也夫

尹別駕顧所君傳

牛田在禾邑東極其道二一自盧陵胡陂援山入一自義山入松杉蔽日猿猱虎豹跳躍孔道諺云

寧走滇黔莫走牛田難之也其地多膏田人倚山種樹有木數萬章便敵素封軒然自足不復知人間世榮枯矣獨别駕時欽出軒豁豪爽異里人趨操年十五而孫捐貲入大學宗伯尹公一見奇之歸而思曰我所稱大學者安在豈謂華衣美食烜閭左哉聞劉三五先生陽明高足折節師事之先生殁又以事塘南王先生世星名二先生門籍不難以身為謗讟而時欽檢押若處子絕世闊眺朗諸態醇如也越二十年拜貴州經歷予時戍都匀

凡縉紳士聞予名多咋舌去親故不能遠者陰陽萬狀時欽曰予不難得一官一官而得當鄉先生幸甚從鎮遠逢人問起居備賚還往甚浹未數月予以　詔歸劉中丞禮予歸而巡按傅順孫者遠巡畢節君促予歸自令一人代僕往巡按受密指穽予聞予歸責其人下牒急追予衆皆皇皇君毅然身當之傅巡按亦不能有加于君予時時致書曰君居是官但無署篆無撓稅務斯奉職為兢兢君致書曰謹受教蓋諸從事多出而撓府事與稅

立可致千金而官謗亦由是豈君屢承命力辭名聲大振藩司貯金若干年左右轄畏損名歷久未結舒中丞習君才以屬君庫吏夜以金人遺君君怒曰爾謂我見金不見人耶是金固人也金人雖緘口適公獨不愧心乎三麾去庫金一清又中丞暴酋罪狀播告諸司立待數千通左轄忙不知置對君應曰夜多取人剞而行則辦矣藩司如君言中丞大悅尉薦于朝丙戌陞景東别駕君喜而可知也至則汲汲為民興利除害廢田改學弭亂化

敍瘞旅櫬諸美政行之殆盡上官大夫以不闌白不堪遂中君左遷歸歸不能無怏怏生得失適鼓其餘勇葺宗譜以其幹官下者幹家刺史汪公張公習君素行會大脩白鷺青原禮而屬君君感知捐囊為倡而寺院欝然為一郡美觀君雖受知諸使君乎相見逡巡絕不一干它事鄉里有大爭訟咸藉君片言解君至誠又公足服人人願聽君指授夫君之利益人官者不獨在官下譬之甘泉所至人飲其澤而年不登上壽宜郡邑咸為君慟矣

子六人長諸生次國子生能世家
論曰太史公傳陳平曰割肉俎上時意固長遠矣
別駕自童時即能捐重金勑祠聯族此其意中寧
復有阿堵芥蔕胸次卒所至以令名顯而因以顯
其宗使學士大夫不甌脫牛田者則誰之以人自
樹厥惟志哉

贈九江李仁齋趙公傳

夫大道渾渾淪淪沕沕穆穆非人所能倪然明章
善類鎦銖靡忒故士有金玉其相琁珽為業即不

獲取效于身而未嘗不貽穀來哲今于趙贈君事
益信予不知贈君知贈君子司李君君以使軺過
軺過螺崗訪予山椒譚及贈君事淚簌簌下一日
遣門人李孝廉請予不朽其先人予遂為趙贈君
傳

贈文林九江司李君名廣字思居別號仁齋巢縣
人也其先鄉舉明經顯者凡數人至平山公亦以
明經授楚臬倅而君其季子公每授以書穎敏異
常兒十歲善屬文弱冠補邑諸生數試高等餼于
庠人謂平山公績學不大顯而官又廉且貧食公
報者在君君蔡憤曰吾父捧檄一吏僕僕風塵中
不能令妻子一飽天或者振我宗乎下帷取古藏
書抑首受業與諸友結社角枝竭蹷執牛耳為前
盟而每奇于數輒掩闌泣曰高堂其謂我何安所
稱為人子久而一鬱無聊寄情于酒為主先容醉
不問客為賓先主醉不問主或酩酊而瞑賓主兩
忘醉後叩缶矢口而歌人或嘲之曰子不覩風之
起乎調調刁刁各以天籟應未嘗如今之人嘔心

碎肝句比字櫛吾舒吾臆耳人有以事衷者敷腎
布腸必期于盡議論依名節凡事有關係衆所却
步躊躇者以身獨任不辭難世間機械詭譎態吞
吐萬狀恥而不為諸素封家人所爭趨公獨屏跡
人問之曰彼多收數斛麥何與吾事吾鄙架上自
足初或人不能堪久而莫不習曰仁齋長者方將
次第以碎薦上公車一夕疽蔡頞卒卒時惟張目
執母手曰兒棄母不孝旋目司李君曰吾報君親
在此子遂卒闔邑之人盡為酸鼻司李君告予曰

往試夜夢必侍君側而一入豫章門吾父英容不復入夢思豈吾父一生坎壈相予一經以竟其志故於予吏事也不以介懷抱歟亦山川縣邈吾父之神爽不時至歟不然何不夢予父也說者謂君之靈無間幽明而司李之孝無間窮達是足以傳

論曰江北伸皋與區鍾為人士被褐懷玉者如君不有令子則宿嶔不章者衆司李君之澤淌潯陽譽翔士林有以也夫君以文學禪家而未究厥施迺今有子隆隆而起天有顯道豈顧問哉

贈泰和令補齋徐公暨馬太孺人傳

夫世有抱璞懷珍緼蘊含懿如兩儀絪緼亭毒萬有翁而必徵理固然者予所覩贈文林公徐補齋隱君及配贈馬孺人是已予不知隱君而知西昌徐令君令君故西昌慈父孰知有衆父衆母如兩尊人惡可秘而弗傳作偕隱傳

公名其字其別號補齋姚江人也姚江徐故仕族而自曰仁先生出則海內望徐氏如鄒魯云公幼習名宗家笵業舉子有聲矣以伯仲蹇于儒棄而逐什一佐伯仲讀公雖逐什一乎然好施予絕諸齷齪態稱廉賈矣贊亦日起歸而與伯仲共之亡何病幾不起寐中有神危冠盛服掖之起起而慨然曰神君生我宛然吾心目間吾聞西北名區多有至人或庶幾且莫遇之吾將攝衣請事焉遂北走秦晉韓魏燕衛之墟如是者庚午年卒無所遇歸而授令公書杜門為園凡名花奇石羅而置之園中時貧甚忽有給百金挾而逸又豪家中以危法公一亡所聞惟手一經授令君曰爾以乃翁為

園樂乎直寄耳予以商佐兄讀不得令其責在子望爾目穿矣令君尊翁教惟謹果弱冠以儒士舉于鄉又越十餘年成進士令君每計偕歸曰吾子不足者非才惟時未至耳令君既成進士得增城令進而勅曰士先志官先事吾與子偕行觀吾子吏事矣已御齋忽得危病令君皇皇公猶命令君持諸大牘試令君何狀令君一一剖斷當公指公始解顏曰是矣臨終惟手宗譜示令君曰予半生隱居殫力者在此昔以子入官將老山林畢予志

令無及矣子力行之遂卒卒之日增城人士哭盡哀配馬孺人眉山故族歸贈君時年甚少而事翁姑有禮姑性嚴鮮所當意孺人萬方得其懽心乃已贈君嘗有奇遊公為贈公事尊人生事死葬如禮贈君歸謝孺人無後悔孺人曰吾盡吾婦道于君何與當翁姑喪時大浸計無所出有進毋以干族人或可辦毋奮然曰彼不應吾面目何施黽勉有無大事竟不能為母憂時以機織佐令君學仕者至老年一日而寂好督令君以古道令君一所

與游者方正先生則治覈核以進諸佻薄少年一登其堂令君疎遠乃悅令君第孺人猶苦操作令君跪而請曰兒幸從縉紳後宜稍節慰兒心孺人告曰兒誣矣吾身諸姒範也老者供事則少者不敢逸爾不聞公父文伯母乎令君不敢請孺人相贈君敦倫行義事者甚衆多不具載而竟與贈君後先偕死宦邸不但生平拮据苦操同又不欲後贈君獨享其榮施偕隱而偕逝天作之偶豈偶然哉

論曰鄧文潔嘗語予昔典　恩綸諸子孫請者皆述其祖父隱約潛德狀初未之信久而習世有與者亦有天道存焉予先承德及先孺人與贈公及母事秋毫相類傳公與母蓋淚簌簌下予徒以腐儒老無能報我雙親而令君所彰徽贈公與母者蓋恢恢未有涯涘也

徐丞傳

徐丞名良仁寧波鄞縣人幼業儒孫而為族人馮凌躡蹻入燕習其能者引入掖垣掖垣諸給事愛

其才屬之掌書記并偵內外機務事丞曉暢亡不立應丁丑冬江陵不奔喪欲言官留丞對各給事言外議橫甚會臺疏先上都給事陳三謨亟具疏命丞上丞故置亂書中號曰侍再探公論何似而以身潛竄室中意有它疏或可止會工科都給事其致書陳同各疏輻輳六垣獨後棄何諸科踉蹌催本至陳三謨怒而索丞急甚丞故從容假寐起整冠從亂書中取本上上而曰我本忠主公主公怒我吾心盡矣終陳身丞不為丞用晚而見丞西

湖上曰悔不用予言故至此丞于六科人品燭照
數計一日都給事某呼丞曰来今年例誰屬丞歷
歷數某某都給事故應曰不已疏下一一不繆又
呼至曰爾何知丞曰吾以舉動章疏觀之或自取
或不為津要人歡耳吏科遜而心忌之遇計事聞
有正人為人中蜚語載副封者恐阘人聽聞輙又
竊去其護持善類往往如此予初入垣丞輙喜而
相予曰某言然而心不然宜遠之予不聽一以誠
心待之卒為其人所中南謫去予歸来思丞忠我

不置丞以積勞選工部所副會寧夏亂大司馬東
泉石公昌言許諸人直言丞具疏言事甚切大司
空阻不得上陞鉅野丞又以救荒捕盜著聞鉅野
赤地千里縣官縮朒不事事巡撫縉雲鄭公入其
疆怒曰縣蕭條如是縣官爾爾民寧獨天災坐而
躊躇四顧丞稟曰白事鄭公推案曰何事丞條對
甚悉鄭公初而怒稍解久而悅又踰時而不知席
之前也令丞畢陳所見携而之左右遇諸觀察曰
不幸遇茲地荒幸而得一丞可為邑主方欲具疏

請得陞丞令鉅野以仇家阻為邑除數十年鉅盜
則猶膾炙人口左遷榮府典寶王欲以夙章宵入
陛典伕當用寶丞不應抱印逃而之他王大索數
日始得不能難竟拂衣買舟從洞庭歸若丞所謂
所至不溺其職者非耶世士大夫明詩書知義理
往往怵于權勢不知四維何物至媚竈傷正不難
以身為之予故傳丞事使列士君子之林令人有
所覽鏡焉

論曰寧波濱巨海為宇內雄觀故所鍾多瑰傑士

如金如袁卓犖旂常丞以瑣瑣卑職所至以正齟
齬然亦何負丞倘得依日月際風雲功名可勝道
哉

贈中洲藍君傳

余門人藍光祚幼而孤屹有巨人志嘗向予語及
先斷事君泣數行下曰不幸而孤又恨父不得覩
其成也乞予作傳予憫其孝為之傳傳曰
君名欽字敬敷邑南坊丁田人也自幼誠確不並
凡兒會太保東塘毛公里居有女長欲得佳壻業

有他屬矣君無意偶同塾師登公堂徙倚庭階公
偶覩問誰氏子君具以名對公目攝者久之入而
語夫人夫人從屏間窺曰此真吾壻蓋公先之入
夢龍環繞柱礎雲氣蓊鬱覺而以為祥起睇庭階
惟君儼然服儒衣在焉里中人至今相傳為異事
是時太保以威望燀赫海內稱貴重臣世皆榮君
而君泊如也毛孺人歸君亦謝去鉛華與衆同操
作里人至今稱其賢君初授一經為博士弟子謁
選人得陝西布政司經歷陞廣西都司斷事君清
勤奉公兩邑稱賢署恭城署荔浦各有惠政民至
今思之上官方欲破格擢君君聞憂歸歸而病卒
其自昆弟宗人下哭皆盡哀貧者曰吾恃為外竈
奪我食耶愚者曰吾恃為嚴師奪我師耶兄曰弟
克恭是未嘗片語逆我奪我友弟耶君賢可知已
光祚嘗術君欲建祠手葺譜未竟皇皇欲承君志
則君未竟志有托也君子二人長光祖任淶水丞
孫登瀛皆恂恂世其家鄒子曰予未交君然交君
數世矣南海叅軍校光州少府光憲校魁梧倜儻

光憲儒雅朗抜皆有殊擢而卒此俱不可鏡已然
君歸皆不罣吏議仕猶海也維舟為儒奚論崇卑
哉人謂太保夢龍之兆不盡驗予竊謂天道遠此
難數數論也

曾仁山君傳

仁山諱應祥字　聞耆儒講仁者樂山章因號
仁山業學成而以父兩崗公耄秉家政不竟學仁
山承累世廣積稍稍發舒明得意誰能禦之而君
布衣葛巾木牀竹几兢兢不敢錯先民尺寸覩少
年徵逐鮮衣怒馬吹竹彈絲者輒郄而走常聚族
訓曰吾家世蕃碩惟去奢去泰以故子孫無大斁
廢夫祖宗遺澤猶之澄淵然淵澄則靜風徽鼓之
則文生文不止則波波溢而滔滔不知底止且驕
奢淫溢所自邪也子孫戒之哉而家有廢弟狂誣
君于理君挺身對薄事竟白弟後無賴甚卒哀憐
收之曰此吾同氣也或曰非昔置子理者耶曰吾
弟騃不曉事可念里中人人益服君長者每歲歉
時出蓋藏露覆之人人待君炊者無算然君不自

以為德人亦忘其為德穆如也兄弟三人國學生臨老而獨君扶侍如子未嘗頃刻違左右晚而與翁源薄白髮相對融融淺淺時課其子姪學子来賀為諸生有名時偕名士如孝廉叔正甫曾天復黄秋槐秋桂為縉帶交君愛諸生如子諸生憚公為祭酒有司欲賓公托諸生示意君曰吾田間人不習貴人禮其無苦我有司不能奪一日予過君君椎牛刲羊留予飲予曰君號仁山者何也曰玆山朝夕庭户每見其巖嶪層霄雲樹蓊鬱心與之

契神與之交以為予得而私之蓋不知其所以然而然矣予曰東山片雲不崇朝而霖雨四野君高卧不起如蒼生何君咲曰予山民也得托跡莽流之野足矣安能比昔人為予又曰君性顓一淳樸宜于玆山有契然語云仁者見之謂之仁知者見之謂之知夫無動無静曰山曰水其致一也君謂玆義何曰予老矣不能解其指先生其勤以曷吾子予退而思君無粃言無浮行顓顓守一意名不星于縉紳行則高于士林者非君其人歟作仁山先生傳以貽来賀

論曰予之仁壽鄉覩故家遺俗禮樂雍容彬彬質有其文歸而曰不置仁山公一門父子兄弟恂恂秩秩鱗鱗振振名山大麓千章扶疏其植根者茂矣

徐其順傳

鄒子混跡里閈庸庸焉墨墨焉世莫能窺其畛然情不能亡匿者非匿也心有所折也作徐仲子傳

仲子城東人名嘉忠字其順號存與仁峯公仲子

偕兄祖生同鄒子辛未為諸生祖生矢口多言親友不無生得失仲子以温文劑之每試輒為諸使者賞識入闈屢不利諸罷仲子者如徐中丞沈陳兩侍御者凡十餘人咸咨嗟嘆息曰昔賢良方正茂才異等有仲子其人乎然知仲子者曰仲子奚必仕語云是亦為政仲子事繼母陳孝子其猶子慈庭以内及里閈亡告者藉仲子有起色如新澤宫及議除坊里之苦咸仲子為之畫此亦道行邑屋何必仕識者以為知言顧仲子名燥甚然不亡

忌者咸以異齋調笑之鄒子曰異哉吾所聞同者
同乎人之性也異者異乎人之情也仲子内行循
備于性亡忝假彼眈眈此亦眈眈彼逐逐此亦逐
逐仲子惡得不異睽君子以同而異以末流之波
稍不染塵情者而知去之仲子幾于道矣仲子友
誼甚摯季先華夭仲子睠其孫疹如華存日元某
戍貴竹時舉世以為不復陽矣仲子過而存予母
潘學博卒于任仲子助之歸郡中名士如甘丙伍
承慰同邑周廷吉廷旦某某皆降心與之交諸慕

義来者庭無虚日仲子今年六十衆欲舉賀仲子
辭之堅予姑檃仲子素以當壽觴仲子遠心卓識
卒未竟萬一云
論曰世憑缘而生者也仲子之取於世也凉矣予
聞至人乘頤庡世於世未數數然仲子之謂歟若
然則仲子之所從来終不得而窺其涘不然天於
仲子何如哉

劉龍渠傳

鄒子曰予髮鬖鬖白矣盖不勝先進思云亡論海
内即吾里諸姓可想見者里惟四五姓同井而食
聯屋而居往肅肅雍雍如家人父子然迺近淳澆
撲散二三惡少年為政播棄長耇曉聚如蟻論人
短長半屬烏有即深夜猶酣杯為懽蔞菲貝錦蕩
敗先世善物恬不為怪夫子曰吾從先進予柰何
不先進是思哉作劉先生傳
劉先生名窒字汝正别號龍渠麻石人也麻石劉
代以簪纓著其人多掀髯鼓腹張空拳酒後耳熱
吵譚先世事劉先生獨折節為長者常訓誨家子

弟曰何之無才風氣直轉圜耳且先人骨已朽以
朽骨為雄則吾不敢父辭空先生以才高一代計
偕卒于淅之中涂劉先生生一年而孤長而聞其
故淚簌簌下曰嗟吾父嗟吾父我之不辰天其謂
何聞其聲者曰劉先生孝事繼母辛勤萬狀繼母
卒不能難人皆曰劉先生孝難孝繼母猶難為諸
生二十餘年才在過不遇間既而有四方志會兄
丞齊河遂鬻囊為泰山遊捫日觀吊孔孟遺墟歸
而遂謝諸生籍着田間冠人又曰以劉先生才猶

可庶幾且莫遇之淂無大螢從事乎劉先生咲而曰此非君等所知元其高其致延為弟子師相處十余年模範端凝寂為先大安人敬禮予居嘗持劉先生事訓戒人曰當劉先生年少時時冏丞仲父艱予以劉先生為予劉先生鬱鬱不樂曰禮為人後者比于亡國大夫敗軍之将室何人斯而為此會元配熊孺人即先安人姨毋與先生同趨操遂辭冏丞歸而奉解空先生慈嘗冏丞曰予去乎吾業已嗣子田園室廬我何愛焉後冏丞有子劉産竟不一及先生卒無单詞老屋磽田朝夕為供嗟乎此其胸中寧復有今世埃壒哉人又言劉先生力活人者三嗟乎此不獨有懿行且有隱德矣吾聞隱德者不在其身在其後劉先生有子君錫予門人也能世其家

論曰劉之先有卧廬先生者篤行名儒常與家明府濳然公切磋諸論學書可覆數也吾里故多淳龐有由然哉卧廬公後有慕廬先生後學多嚴事之然剛不可近至詰其行端毅無一閒辭先生與

物油油然人不得而覩蹠之起諸君共先生一挽流風執鞭吾欣慕焉

解陽東傳

陽東子名文炳字知甫城東鑑湖人父 諸生 四子陽東子其仲也諸兄弟循循如先輩風度陽東子隆準髙鼻聲聞四隣礿承祀台州丞未冠為諸生平平無足奇也長而屈首授經入試棘闈者凡數次不偶陽東子雖閒筆戰而才髙能善治生産又多情里中銖両事淂陽東子一言解宗祠圮率衆㪯祠祠成悉陽東子為政衆不譁又請祠祭學士闔城以故家為坊長予先世與解聯姓為首每歲供役者割産應之予與君夙憒謂民窮苦無已時會黄梅汪太守下車孜孜民隱君同家弟元楹等聞之府予從中力賛而四方甦息者至今三十餘年予偶仁文會君多經紀其事又葺仁文志是皆君之大者予嘗語君曰君倜儻廓落使淂早綰民社亦稍露其奇而惜乎老矣君咲曰解生尚堪鞭箠昔有薦布衣登三事者此公等事両人大

咲城中蓮蓮分齊見君及徐其順等與里中融形骸忘物我一茗一酌咸必共君善飲飲至醉醉歡大觥輙飲飲後又喜大嚼席上得君有生氣醉後人咸呼曰學士公予問曰何若曰口口祖春雨公耳予曰詩云念爾祖政恵人不念祖而何必哂君持觥賛諸君曰君等有學士公念鮮生不敢阻人又大咲家大兄與君同年六十逝君常舉觥示曰同庚者作脩夜人予猶潯浮白與諸君為歡不醉恐為庚兄咲羅給諫與君同日生初度壽君詩曰

東山迢遞到江城少長羅生有鮮生同日不須論甲子選時還自讓庚兄丁丁伐木聞啼鳥冉冉流光映菊紞歲度再能逢潤九與君酣醉樂昇平越數年終

論曰邑多豪傑非常士以予覩記君與其順其家也君與予言事予神豁意輿諸人政自憒憒耳才難知才之難能得幾人

朱節母劉氏太孺人傳

里諸生朱君正才不遇一日淚不禁曰世儒之阨止其身廷相阨豈獨其身我母艱闕百折受人世未有楚者難言矣予遂為作朱節母傳傳曰母名某出五都劉氏年十六歸東崗府君東崗故苦學以過悴卒時年二十四遺子廷相田數鍾敗屋數椽耳而旁有覬覦者強母它適母氣凜凜誓以死誓彼方揶揄曰此為貌耳今不之它以攜諸篋笥夜踰垣走者無乃以強項塗人耳目乎母聞而咲曰請君且以棘庋墻我左足窺即滅趾可也捷闈惟□織是急家人罕窺其面渠許無所之會大役

興陰中君正兄弟逮于獄君正以東許于令令釋之歸私念困蕭墻無已時乃奉母之玉峡外氏樓焉會督學使者臨君正陰赴試選擇為邑諸生者始偕母歸歸猶惴惴不勝左右顧也已而君正抱子母且春秋高矣君正傳經有名脩脯日腆集親友上壽母灑泣語君正曰人謂母之必踰垣去也今爾有室有子孫我欲踰垣潯乎又出諸篋笥曰此吾于歸時物也是爾家故物否大哭其人慚皇無所容諸族親聞而□、母與子媳亦泣泣何以天

年終
論曰予於母知天道之不爽也人扼之天固信之今曾孫遶膝誰謂天道懵懵哉吾輩志道不永心鐵腸愧此鬚眉矣令甲節皎閭里者必闡褎特旌母貧如洗可旦夕致然心誠無愧亦聲施後世無涯矣

贈宜人陳氏郭太母傳

詩曰無非無儀惟酒食是議蓋言閫德不外彰也語云子不語恠懼其無徵以予所覩記郭母事豈

曰無徵而患不彰作郭母傳
傳曰母姓陳大學士莊靖公裔孫父某當產母時有奇徵絕憐愛之凡妁至輙謝去一日以郭封公請公陰察其貌而奇之曰吾壻也許之母適郭時年甚少善事其姑而嫂新寡母曲事之得其驩心郭故素封封公倜儻好客喜周人急母咄嗟立應稍不如意封公怒竟日母無一語似公辯始告之曰得無遽乎封公意得謝曰君言是母數產兒晚而得令二守南雄君甫彌月封公常客舘所遇有

以劍遺者受而遺母乃夜半床頭劍錚錚有聲忽躍于匣幾中南雄君母以身庇君而身自與劍敵隔房聞鬭擊聲以為盜破戶而入劍遂卧地矣舉火而矚母血漬床簀者可掬而猶忍痛手南雄君曰兒無恙兒無恙頭搶地祝天者再茹楚恐傷兒心諸耆宿聞其事曰是兒必奇封公自舘歸快快于衷謂為不祥事乃有儇巽從它家忽至公宅判一詩云冶匠當年鑄寶劍凜然霹靂震騰騰只今暫耀芒寒氣會建功勳任遠行公疑始解方外人

善秘術聞欲得之而說公此非室中藏欲酬以重價者公許之母謹護曰似吾兒長而有知劍而不忘我足矣以故南雄君常佩以出入覩斯劍時為泣數行下君今以二守奏最得　誥贈母為宜人制詞曰劒躍宵分變生意外臂甘迎刃脫子于危緒延如綫而效用于國夫以閭里隱約事得昭徹九重亦奇褎矣士夫爭蹤其事歌詠盈卷友人蕭都諫賦擊劍行曰匣中悲鳴似躍冶蒯緱左右隨五馬嶺南循良課稱最煌煌　紫誥從天下憶昔

此劍舞蹁躚赤光照母詔令年母令去兒兒報母
天語傳奇耀重泉而禪師憨公賦詩曰床頭龍劍
久生塵風雨時時泣鬼神自是雌雄求配合飛騰
何必問延津兩詩膾炙人口鄒子題其卷曰神物
開先
論曰南雄君有軼才人謂斯兆當以武功顯令傴
蹇一官又嶺表何說或曰君攝郡守相行事宰劃
新法與虎而冠者為敵數年此與摧鋒陷陣者烈
不可同日語或職是故予謂劍神物也昔曹武職

盤時手提劍竟日不少怖武惠卒為宋名將第一
夫神物故不可以世耳目測其倪者且母子以一
劍著孝懿聲千古廑　明天子褒寵賢公卿稱說
取類亦宏矣哉

定遠侯簡所羅公傳

夫世蔽蒙邑屋未之郛都者此未知英豪之所纏
也禼崗巘鑿豈亡璞遨子孑深菁未始亡礎明堂
者在此其才可限量數而世以資尼英豪者正類
此予悲羅君才志不竟作定遠侯傳君名一敬字

以脩號簡所廬陵大安人大安井竈繁膴代有簪
弁父南窓名榜以君贈水軍左衛經歷喜延師課
子督之急君試偶不利經衛麾之出而盡鑰諸門
君逡巡簷溜且泣且思曰翁激我耶又思世羅才
多塗轍而何必簷簷經術進擔簦走楚遂由藩司
椽入而辦事銓曺諸曹郎與諸人語俱憒憒無可
當意與君語獨當意遂引為左右手有一檄可得
金百鏹屬君有忽内閣所屬風鑑至與君爭君不
勝風鑑退語曰是夫終當以五馬顯百金非其利

也吾故與之爭人私笑曰一椽而五馬耶久之君
用資拜官南京予與習司業皆在早晚君無弗從
也者一日與司業壺而飲司業笑君曰巡徼官司
矢予笑曰翰林先生那能得此予得一道羅君必
為我有君舉巨觥歌而飲曰羅生司徼當使公狼
烟盡掃刁斗不鳴兩人絕倒酒別忽報予轉南職
方職方正轄諸衛君首率諸同事見予大笑諸郎
亦爭笑為佳話未幾予轉銓曺君亦判無為州庚
寅予起選郎君以小漁舲迓予釆石醉而語曰予

能斗酒恨亾百篇羅生能詩即下從此老遊予笑曰此老遲對飲者甚急君去從此别矣君笑曰恐即席不能進退兩難呼謫仙者再羣客皆笑又會霍山令以墨敗君署霍有能聲兩臺使奇而請得從君令英山　詔可未視事以憂歸補滇定遠令予送君曰一令為百年殊典海内所屬君者萬耳萬目顧對應以答殊恩君對曰公誣矣羅生屹屹數十年冒霜露披荊棘此而不載黄金滿車歸歸而遊山何資予方憂之乃君至滇苦益甚行李蕭

然始知君寓言也君既竭節官下衆或易君不習文乃君所較士黎然辨也人始服曰羅君以文學餙吏治昔特借資耳三載將奏最諸大吏欲有所巽君不應遂乞歸諸民灑淚江介豎祠志不忘君歸覿予笑曰咄咄羅生終不以簠簋損志公計過矣君届六十過予水田酒間泣下曰世皆謂先生胸大知許着羅生何事予撫髀子睐曰此君差不俗君拍案唱恨天涯流落詞推胸者再磊磈遠矣越數年卒

論曰豫章多軼材萬宗伯驥況蘇州鍾英表表而況則名臣矣近黄清刻厲蘄司所至有聲而治河猶著海以内百餘年間止楊果一人今復得定遠皆不竟其用歸世豈乏才蔽蒙之為害也然君不得左衛公一激又安能百里而君豈止百里才也

湘潭令松江吴公傳

予從鍾陵得交都御史北潭熊公雖數月而偉其勁骨泠泠既交侍御饒公行素比部三明侍御巡粤西清風習習稱名御史比部以言事仵政府兄

弟因之偃蹇椒聊數十年今又聞吴湘潭蓋有趣操人也作湘潭令傳

湘潭令松江吴公也稱令者傷世察吏不精而公以循良蒙鬱結也公名某字某學者稱為松江公世有令德由丙午鄉薦仕為湘潭令再調鄠縣令初公將謁選時元配謝世里鉅公方握銓政間使人通曰願以弱息託公婉辭謝曰齊天非吾偶也客有諷者曰公薄州大夫耶公笑曰不方州不吴生耶客大哂　試已謁選何廣昌方典選於公同籍

使人問所欲公謝曰不敢以故人累公遂得湘潭湘潭於星沙為壯縣舳艫蔽江烟竈繁盛而豫章人半之調劇之難為法法之難為情公茹苦攖衝法在則申法情在則衷情聽訟理逋民不知苦先是以積逋年年寢俸公任未幾業及額而當事猶難之公哂曰先事後食者何人乎黽勉官下無二慮澤宮圮則脩澤宮無城則瓶城蓋公既晰形家說而又飭束身以宥此而大役歌薪樵咏子来邑至今彬彬文物誰之賜也乃有短公才者蓋公以

眎猶子病二守下邑得過中公時陳大中丞習公素曰此吾里樸茂士得改鄠縣至鄠一日問俗覩蓬然而翁鬱者問之曰義皇墓道也取酒漿下拜曰吾得與民遊義皇之天幸矣又復瓶城城成民至今賴之其邑差殺于潭而公政如潭不以其故而有二心未幾奉大夫人諱歸矣歸而依伯兄如父一起處食息不忘人謂有涑水風里人覩公蕭然無所遺也亦以才見讓公艷然曰我何無才乎我為令者二而為邑樹堅城新澤宮皆不顧身與

家烏得無才里人曰正公所以無才也夫成城與澤宮稍留其半亦歸而飽妻孥潤閭里何自苦如是且當時江陵為政楚要臣開目如是何國之令不入其門不入其門則爭走向要臣私門得華貫者不少子自甘枯槁柰何不困而歸也公呀然笑曰茲所以無才也子言是矣雖然子覩當時華貫者今安在眎我危巾岸幘衡門時與二三父老無怍顏者則我之無才正天所以全我而得終其天年不愧諸鄉先達者賴有此子無得迂我諸君子

聞而曰吳公真有道者歟彼其胸中蕭然無一物足以閡其中辭鉅公婚時已定矣何論官哉

論曰惟造物時以不測之權鼓鑄萬品使人莫得而窺其倪吳公用心官下大困而歸苦矣然天道無親常與善人予眎公子孝廉蓋慱學宏才而骨勁挺人也謂公以一令名哉

和州學正文水先生傳

公名嘉字休承別號文水蘇州人也先世出吉州徙衡州衡徙杭以武功顯再徙吳則自太將軍仲

子惠始隱居為里中祭酒生子洪以孝廉署教諭
涞水涞水生温州守其中丞其各起家進士為世
鼎臣太守仲子翰林待詔徵明則公父也公自少
古樸有督河中丞唐公来訪待詔軍容甚都公閲
曰君何官何偕来之衆也唐公曰謹受教人皆驚
評公自如為諸生有聲連蹇不遇去而就選人得
吉水訓導吉人聞公至或曰名家世胄不無薄一
氊而公由由然待諸生秩如也輿臬訢訢如也諸
生有問業者則惟取王唐諸先輩法授之曰如是

法不如是非法從公指授者皆後先取科名去會
分宜奉　旨抄沒使者禮公鑑别諸名畫公品隲
甚當閲有小品使者悉付公公正色辭天威咫尺
吾何敢使者屈服底家閹家奴唱新聲者得其本
非良問物詰之曰從閹道出立取焚之其介如此
有觀察欲得公畫公以病辭問故曰吾惡其畫吏
我也邑有銓郎同僚約往見衆衣素公獨衣紫端
坐旁倪同寅曰諸君誤矣子弟從我輩我輩賓師
也義不可少貶有繡衣使者及觀察與公語語快

意時捧腹大咲觀察置公上座遂坐繡衣過文江
每指諸郡邑曰此鴻儒吏隱遊戲人間非凡例也
特檄入棘闈取其卷而大惜之重加獎焉數年間
人人坐春風中獨元某沐公知冣深公晚得子元
善欲擇師而并顧得友時予可十餘齡有以元某
對旁有問者曰是子僻而戇在舘日與諸童子不
相下稍拂意即别去公頷之折簡予曰真吾兒友
也至舘鑰門立試三文一論予援筆立成公立召
張夫人見予夫人曰好學生好學生當不知吾兒

能相礪否夜燃燭以三義甲乙大為許可而多多
益善論則公親搆示楷每語先大夫曰朝夕共吾
兒饘粥何所不可而先大夫必欲親致之張夫人
時時使女奴以茶果餉無倦容未幾諸鄉先生聞
而羅予與諸友結社矣公陞湖州諭數年陞和州
學正一日致書予曰曩子在衙齋也先世圖書狼
籍貴地未嘗一寓目焉之此地一夜為人盗去僕
不難去一官而難去累世家藏世翰予致書寛公
公旋書曰吾業得其人不問而閲以槖中裝璧其

学矣其豁度如此公在湖與和常自言曰吾寔亥
水寂樂豈吾先世靈鍾斯地耶在學摹文山先生
真蹟于庠令為世寶公内行寂篤一日招予飲闢
公哭聲予大驚既而公出泣涕如雨問故曰先公
忌辰也事伯兄寂謹邑有自金陵歸者問博士公
顏色佳則大喜早年辭博士讓産一事世兩高之
夫世澆淳散樸舊矣如公者蓋成弘間人望而知
其為周敦商彝蓋先世自溫州公以下皆醞釀醇
德清風故所鍾為人彬彬先進而其後之人予得

接孝廉郡丞三四公及諸博士弟子班班輩出一
種清淑之氣腹笥今古與它氏不同說者謂別有
一種靈氣予竊謂此天之元氣聚于一門自待詔
公至今未艾也公所著有文水集而藻績流布人
間與待詔並傳元善雖不永年然子孫皆績學飭
行天之報公者政有在

論曰漢庭推萬石君躬行君子然此義寢微如文
氏數世及公即趑萬石君比德何後先焉

文林郎廣濟令元沙劉公傳

予讀書青原山中得交公從弟大僕卿扶生及成
進士又得交公仲少泉憲副已知有元沙先生然
行履未悉也及歸田間公伯子瀚及仲子洋數枉
予論心常述其尊人清貞狀予於公有遐思焉公
名則唐字欽甫弱冠銳志舉子業會其尊人一泉
公以貢試為丞丞職卑而不善媚遂挂吏議逮于
獄并收公公從獄中侍尊人匕箸無恙乃草書數
千言上郡太守太守奇公才翁遂釋人莫不奇劉
氏子才尋為邑弟子員屢試高等至辛酉始舉于

鄉即率其同儕誓於神謝謁請謁既再上春官弗
第同儕忌不便己迫之仕乃仕初任為通城諭遷
桂東令丁外艱歸服闋再補廣濟令其為諭與令
也壹則古昔於世所謂脂韋纖媚之態及朘削細
民實橐裝者非惟不為抑且不知以是窶益甚無
何再丁内艱歸歸遂以毀成疾而卒探其囊如洗
諸含襚之具悉憲副公為之畫喪欲逮貧公之謂
矣吉州自六一信國表著於時風之所漸匹夫匹
婦猶恥以非義辱廬陵郡首邑也入我明猶有泆

節死義如曾御史顔沛縣其人蓋在洪永間爛然
盛矣宣成以後茲邑士大夫登巍科陟膴仕者非
乏然皆以名位眩赫里中小兒求頡頏先哲不媿
六一信國者寥寥焉乃見川劉公起為郡守稱廉
吏而公復起為令先後同符今月旦於兩公無間
言豈彼巍科膴仕能薰灼當日者不能紀姓名身
後此其故可思矣予稽郡乘所載諸先達或位列
上卿或官至二千石以上及謝政皆產不踰中人
數椽僅蔽風雨長子孫務敦詩書循禮讓不亦力

作務本業傳數十世而不替正嘉之季其風漸替
而食舊德者亦亡幾而獨光祿象賢為時循儒公
之子辟薦孝廉咸彬彬質有其文它日所以表公
者未艾而公者其若執左券俟之矣邇廬陵諸士
紳各循其天之所至錚錚一時直軼駕宣成後諸
老而上之雖一時盛際而二公一綫之延其功固
居多哉

高塘王氏世紀

桐岡先生諱天球字以珍世為高塘人高塘邑著
姓科名素封代有聲稱先生美鬚豊碩為諸生亡
不以大受器之而奇于素不偶常摳趨聶貞襄羅
文恭二公門恂恂雍雍能不黜門籍者予邑明府
尹求菴諸生趙子良王著久與先生鼎峙其間稱
醇儒太保曾見臺公折節友之家貧常傳經閩左
而城東解熊二姓至廿餘年不再師而家子姓不
況大學士中丞宗范者咸推轂王氏衣鉢與諸上
世姻戚輙娓娓敦睦不忘大王母予高王姑也每
向先承德公道上世淳龐事輙為泣下予在都門

上疏傳言洶洶先太安人哭重死先生齋戒為予
蓍得大蹇朋來爻喜而語先太安人曰爾瞻壯志
今必不死朋来中節此正節義事予母收淚而謝
先生常為予言先生德不置予西走夜郎北走燕
南走石城棲棲外境聞先生與諸君子濟濟文水
未嘗不喜歸而先生老且逝矣至今人稱予弟從
之孝弟忠信未嘗不首先生為躬行君子云所著
有日録皆濂洛關鍵并多自得語初娶蘭溪曾孺
人賢而繼娶劉孺人同水鄉劉某女與公祔葬事

尊章稱孝婦生二子鉉文諧卒然以血暈逝時先生舘穀于外愁腸屢結欲死賴諸師友寬之哭之詩曰幾同欲灑湘原淚恐見呱呱血抱兒聞者悲酸鉉字君貫以丁酉舉江西計偕三入縠其一擬魁選不果為人莊重醇厚有鄉行諸孝廉一滑雋馳騁輿馬魚肉佃民傲倪前行君貫小心翼翼擇地而蹈二十年破屋磽田如先時即仕不改其舊太保曾公延為弟子師自郡邑諸縉紳亡不推為里中祭酒人謂綽有父風娶徐孺人城東大樹徐

其女偕君貫事繼母志物備具訓子植家茹荼履辛人稱雙璧君貫起人謂天所以旌純孝也而惜乎徐孺人年復不永子三長某次某皆名諸生可翔奮九霄奕世家學桐岡先生澤未艾也

贊

前雲南按察司副使贈通議大夫兵部右侍郎石巖蕭公贊

喈喈羣鳥宗于靈凰偉矣我公百夫之望國運不造八黨鴟張惟公矯矯節著神羊怒撻留臺觀者如堵白日黯慘公肉良苦朽骨章甦奪我簪組十載明農逍遙衡杜皇紘重整閣憲肅清殫我忠悃惠此黎民再捧滇檄望雲心驚　詔許終養而需持衡渭波不起梁木告傾史書忠鯁邦頌典刑謂

若朱雲請劍批鱗謂若王尊叱馭全身貞不違俗進不忘親不竟其身駿蔑後人煌煌司馬膺山溫綸天佑忠賢奕葉儒紳載瞻載咏似公之真

吏部郎乾所趙公贊 有引

乾所趙公關中偉人也初令滕縣教民種樹給牛課耕種穀至二萬石可與古循良比烈矣以治行異等推擇為吏部郎四年間持廉秉正脇讒取忌歸吾友金谿吳公以一官爭之力亦遂歸天下高吳公友誼亦服趙公之能信乎友如

是一日吳公過我言曰趙公絶無粉飾蓋剛腸自其天性予曰君子知微知彰知柔知剛萬夫之望公綽不欲夫子猶欲文以禮樂趙公雖剛而無欲然不能使其身安　朝廷之上非公等之責乎吳公唯唯容有竊咲者曰鄒先生明於語趙公而暗于自為先生何不立　朝端耶猶過趙公不佞聞而歛容謝曰歸山二十餘年折肱久矣顱頭黷已改空貟　君父不能不嘆趙公亦同病相憐譚虎色變之意云偶得趙公像

書數語以志向往

俗貟也公胡方俗柔也公胡剛俗餌也公胡潔履氷霜端笏巖廊厥貌昂藏柰何不遂而行唫楚湘噫使得手致公廟廊肅彼紀綱公輔之望倘予二三友而在公左右領進公抑之章公庶幾與道相當吁嗟乎公徒知華嶽千尋突兀層霄亦瞻彼黄河之滔滔無涯誰淂而量

方山薛公贊

學博而莊氣邃而昌早以文名噪四方晚以史學擅三長漱百家之芳潤挟千古之秘藏雖權倖耽耽來覽公志然歸而韜鋒歛芒鄰架琳瑯桃李芬芳於公奚傷守則古之狷志則古之狂雖未叐公門墻然拜公德容知汪汪千頃其難量

李敬吾國博暨元配曹孺人像有引

夫人貫斗極爍千祼者此心耳心之精為神神必有所寄寄於君無適非君也者寄於親無適非親也者此自完其赤衷者則然而人人往往它有所寄秋之於奕伯倫之於酒稽康之鍛此

何與吾事而溺於其中是謂倒置之民惟仁人君子自墮地依依膝下而長而壯而老一啓手一啓足一出入食息不忘其親此豈有所為然哉父子之恩無所解於其心不知所以然而然是故以之推此心事君事長仁民愛物皆從此真性流盎無二道也說者謂梁公再造唐室沐天浴日始于望雲一念何者人而純孝天助之人順之雖欲䦨其光不可淂矣予婣友人本晦氏自童孺抱勁骨奇志性寬仁孝一步趨一頓

咲數有親臨之不敢茍弱冠舉于鄉計偕歸中
道聞毋曹夫人病徒步數日歸而奉湯藥與毋
訣既㝵第敬吾國慱又以天年終本晦至語及
淚眼欲枯讀禮山中恪敦古禮本晦學有基矣
今以謁選赴銓曹乃圖其兩尊人像奉以朝夕
請余弁其上予謂兩尊人貌不可追而寄之圖
君以形求耶以非形求耶可見者兩尊人像也
而不可見者兩尊人所以像也像不在圖而在
本晦之身子輿氏括守身為事親之大君朗東

馴行守身不待言啻守之義大而徵詩曰孝子
不匱永錫爾類本晦一展圖叅不匱之源廣錫
類之仁即兩尊人千秋如生之日也敬為之贊
曰

猗歟我公實中其聲言行雙清先民風度儒者章
程寂寞一纏桃李敷榮

猗歟我母溫惠慈懿謇而能施克相君子為世名
儒希蹤大家光範里閭黽勤令子父耶母耶雙璧
照映日侍京華 帝寵近臣恩賚無涯

詔旌德壽甘泉妻翁像贊

鶴斯髮顏斯蒼儀服楚楚
帝命斯皇瑰意奇行名不脛而走四方噫芳聲不
在留題處知公遺澤在江鄉

楊貞淑贊

予一別貞淑久覩其像敬為之贊

是何人耶長者之度君子之容藏華於愚抱盈以
冲我憶之矣三十年前青原會上曾共遡江流以
撫長松一瀏別幾何許今睹面而相逢是常處紛

華澹若寒素栘窘迫而意甚從容以詩書為圃孝
弟禔躬者耶

叅罩祀溪龍公贊

少鷹揚於翰苑晚棒檄乎珥海胸次披豁襟度慈
愷婆娑一官所至為宰才可揮斥八極而不盡其
磊嵬森梓六詔食公之澤者如雲之彀嘆老成之
凋謝覩音容其如在言題遺像載瞻卑衆搜奇闡
幽此焉可採

黃肅菴公贊

賦才卓犖負性慈祥蜚聲黌序譽比珪璋晚遯丘園惠洽于鄉千頃汪汪醉心者曰今之叔度實行循循式廬者曰古之彥方翩翩暫嗣為麟為凰行膺

特恩譽命煌煌翼翼德容示我周行

草亭胡公贊

維吉之陽風俗美淳被褐懷玉而多隱淪偉矣胡公任天之真儀度雍雍被服恂恂誼高邑宰行重鄉許哲人既萎惜此老成濬蕟于後克嗣家聲我題其像九原猶生

劉雙洲像贊

予昔竣罪夜郎之濱兮人睎若飄塵君知宣室必召誼兮于予乎交親思高誼未酬兮撫遺像以沾巾君心孔慈而持身則循兮何媿古之逸民極目莽蒼兮今此哲人

曾先醒半影

目炯炯神翩翩身寄塵寰內心遊邃古前吾不知誰之子說者曰是虔南曾醒先

夏侯恬隱君暨配蕭孺人贊

文江之上瀧水之源代有介士身退名尊漢漢深谷夏侯隱君慈惠成性孝友克惇有美孺人既淑且溫偕隱而老何媿鹿門我登其堂懿範斯存載題其像德容罔諼

孫東崖翁贊有引

翁與先大夫莫逆先大夫為儒而蹇翁儒而被讒忌見抑兩人星斗交輝下常談至夜分嘻吁不自禁予時以童子侍側翁指予曰君揚眉有日先大夫聞之喜今言猶在耳回首陳跡偶覩公容為之贊

崚嶒磊砢者公之貌炯炯雄英者公之神詩書之澤自公昌明世之偉人家之忠臣彼齷齪者故不得與公論重輕即峩冠而尾瓚者又難與公論孰屈孰伸憶我先子與公結盟敬題斯語聊寄微誠千載觀者顥氣如生

龍母賀孺人像贊

拮据相夫儒以成名驅馳從宦萬里南征和丸斷機子孫振振易曰家人利女貞豈曰女貞實惟母

儀僉而能慈有而能施盈而能持是天付毋祚矣
軍開衞祚于無涯

勑封詹事府主簿文林郎復菴先生像賛

司馬光隅先生經濟名碩而孳孳問學以其學
孚于州里訓于庭闈其家嗣復菴世其家學本
至行予嘗敬信之每悼其不永年俾後進無所
觀感而其子自開能讀父書馴謹如君拜官以
績奏贈君如其官覩其遺容喜為之賛
處濃而淡履順而循孝友儀于鄉邦仁厚洽于宗

親遠塵若逸即之如氷肫肫慈愷就之如春不知
者曰此誦詩讀書濁世佳公子知者曰此履仁蹈
義克繩家學之先民爰有肖子
帝命維新宮學華秩貴于九京煌煌司馬削去浮
華颺歷中外作鎮王家是父是子世澤無涯

國博文瀧夏公賛

少年角藝冠羣英鄉國猶存舊典刑扣甪風流誰
似淂廿年[redacted]頌泉諸生

又

林下歸来鬢未絲春風晝永日遲遲案頭撿點無
長物和淂陶家課子詩

名鴻臚念龍公賛

公賛予業為公子壻邦良賛矣茲其子守玄復
以前賛偶遺予再為之賛

桓桓恭簡作鎮名臣念龍嗣起世稱偉人被服儒
雅孝友循循周匱濟乏閭里稱仁肅叙鷺班名在
士紳晩寄林泉興溢松筠年不配德高風未泯有
美哲嗣麟趾振振再題公像肖公之真貽爾雲仍

奕世猶新

施梁州隱君像賛 有引

君謝世有子繼盛而孫令繼盛克家為里中善
士君有子矣常念君早世泣數行下予嘉其人
與其志敬為賛以慰之

陶然物外足生平鄉里猶傳孝義聲惆悵高風人
不見戴瞻遺像倍含情 其一

床頭剩有遺書在幾向空山聽鷓鴣為問同遊年
少者箕裘此日似君無 其二

參軍冠山陳公贊

矯矯長松陳冠山不知何事落人間琴囊收拾無一物空做浙江河南兩任官所至遺恩碑記在好與兒孫作樣看磊磊落落奇男子長才聊爾試一班我題遺像作話傳松風謖謖使人寒